Dr. John Coleman

LES GUERRES DU PÉTROLE

HISTOIRE DES GUERRES PÉTROLIÈRES DES ÉTATS-UNIS

L'impérialisme américain est un produit fatal de l'évolution économique. Il est inutile d'essayer de persuader nos voisins du Nord de ne pas être impérialistes, ils ne peuvent s'empêcher de l'être, quelles que soient leurs excellentes intentions…

El Universal, Mexico City, octobre 1927

John Coleman

John Coleman est un auteur britannique et un ancien membre du Secret Intelligence Service. Coleman a produit diverses analyses concernant le Club de Rome, la Giorgio Cini Foundation, le Forbes Global 2000, le Interreligious Peace Colloquium, le Tavistock Institute, la noblesse noire ainsi que d'autres organisations qui se rapprochent de la thématique du Nouvel Ordre Mondial.

LES GUERRES DU PÉTROLE

HISTOIRE DES GUERRES PÉTROLIÈRES DES ÉTATS-UNIS

WE FIGHT FOR OIL
A history of US Petroleum Wars

Traduit de l'anglais et publié par Omnia Veritas Limited

www.omnia-veritas.com

L'histoire des guerres pétrolières américaines est un travail en cours qui a commencé lorsque le président Wilson a débarqué les troupes américaines à Tampico. Les historiens du futur pourraient bien avoir à combler les lacunes. L'histoire de l'engagement des États-Unis en Perse (aujourd'hui l'Iran) et en Mésopotamie (aujourd'hui l'Iraq) est centrée sur la quête du pétrole et son contrôle en tant que ressource naturelle indispensable. En gardant cela à l'esprit, le lecteur pourrait bien arriver à la conclusion que les informations provenant de sources américaines (et britanniques) doivent être prises avec un gros grain de sel.

La diplomatie pétrolière est régie par des considérations commerciales et, éventuellement, militaires. Ainsi, tous les présidents américains depuis Woodrow Wilson ont formulé la politique étrangère des États-Unis de manière à prendre en compte les intérêts pétroliers. Le président McKinley a déclaré que "l'isolement n'est plus possible", et le président Wilson a fait écho à ce sentiment en déclarant : "Nous participons, que nous le voulions ou non, à la vie du monde. Les intérêts de toutes les nations sont aussi les nôtres. Nous sommes partenaires des autres."

Par conséquent, ce livre touche ou devrait toucher chaque Américain, car le pouvoir international moderne est économique, tout comme toutes les guerres sont d'origine économique. Souvenez-vous-en la prochaine fois que vos fils et vos filles seront appelés à se battre pour le pays. Si l'Iraq ne contenait pas d'énormes ressources pétrolières, les États-Unis seraient-ils embourbés dans ce pays aujourd'hui ? La crainte d'une pénurie nationale de pétrole semble être la force motrice en jeu. La lutte des Américains pour les ressources étrangères est devenue le principal facteur des affaires internationales. Ce sont les questions examinées dans ce livre qui devrait être lu par tout Américain intéressé par l'avenir de son pays.

CHAPITRE 1

La quête du pétrole par l'industrie pétrolière

Nous avons certainement besoin d'un guide clair, concis et facile à comprendre sur le "conflit" de longue date avec les nations disposant de gisements de pétrole brut. Le 16 avril 1855, Benjamin Stillman de l'université de Yale et George Bissell ont proposé de "l'huile de roche" aux investisseurs après avoir reçu des rapports faisant état d'une épaisse boue noire visqueuse dans certaines zones de Titusville, en Pennsylvanie. La Russie avait précédemment mentionné des découvertes similaires à Bakou. Bissell a immédiatement ordonné à Edwin ("Colonel") Drake de forer pour trouver du pétrole à Titusville.

Personne n'avait d'utilité pour la "boue", à l'exception de John D. Rockefeller qui était le seul propriétaire de la société commerciale de Cleveland qui vendait le produit. Plus tard, il a été rejoint par un partenaire, Henry Flagler, dans une société de produits, qui l'a vendu comme huile de lampe, et emballé d'une autre manière, comme remède contre le cancer. La société a rapidement atteint une valeur de 450 000 dollars, une somme astronomique à l'époque. En fait, c'est John D. Rockefeller et sa Standard Oil, dans toutes ses innombrables variations, qui sont devenus une menace, non seulement aux États-Unis, mais dans le monde entier. La Standard Oil a simplement absorbé ou détruit une grande partie de ses concurrents à Cleveland, dans l'Ohio, puis dans le reste du nord-est des États-Unis.

Rockefeller s'est vu attribuer le surnom de "marchand

d'éclairage" en partie parce que son produit appelé "Brite" allumait des lampes dans chaque foyer américain, mais aussi en référence sournoise à son appartenance à la société la plus secrète du monde, les Illuminati, qui regroupait la soi-disant "élite" mondiale.

Le 27 août 1859, Drake a trouvé du pétrole sur son site de forage. Soutenue par des financements émanant de Kuhn Loeb et du géant bancaire français Paribas contrôlé par Rothschild, la Standard Oil (1870-1911) possédait ou contrôlait 95% de toutes les raffineries de pétrole en Amérique en 1870, année de la fondation de la Standard Oil, et en 1879, la Standard Oil possédait et contrôlait 90% de la capacité des raffineries américaines.

En 1863, John D. Rockefeller rencontre un chimiste du nom de Samuel Andrews qui a inventé un raccourci pour raffiner le kérosène. Andrews s'est engagé comme partenaire et a été rejoint plus tard par Flagler dans un partenariat appelé Rockefeller, Andrews & Flagler.

En 1906, le gouvernement américain a tenté de démanteler le Standard Oil Trust de Rockefeller, car il détenait le monopole de ce produit stratégique qu'est le pétrole. Le public y voyait une entreprise néfaste et il y a eu des attaques juridiques par un État ainsi qu'une révélation d'Ida Tarbell en 1904. (*The History of Standard Oil*) Le Sénat a demandé l'aide du ministère de la Justice des États-Unis et, en 1909, un procès a été intenté devant la Cour fédérale, affirmant que la Standard s'était engagée dans les méthodes suivantes qui équivalaient à des pratiques monopolistiques :

> Rabais, préférences et autres pratiques discriminatoires en faveur de l'association de compagnies de chemin de fer, restriction et monopolisation par le contrôle de pipelines, pratiques déloyales à l'encontre de pipelines concurrents, contrats avec des concurrents dans le but de restreindre le commerce, méthodes de concurrence, telles que la réduction des prix locaux aux points, lorsque cela est nécessaire pour supprimer la concurrence, l'exploitation de fausses

compagnies indépendantes et le paiement de rabais sur le pétrole dans le même but.

Le 5 mai 1911, la Cour suprême ordonne la dissolution du monopole de la Standard Oil Trust. Les juges ont dit :

> Sept hommes et une machine corporative ont conspiré contre leurs concitoyens. Pour la sécurité de la République, nous décrétons maintenant que cette dangereuse conspiration doit prendre fin avant le 15 novembre.

L'exposition de la pieuvre en leur sein par le récit de John D. d'Ida Tarbell, publié en 1904 dans 24 numéros du *McClures Magazine*, avait alarmé trop de gens et il semblait enfin qu'une action résolue contre le Rockefeller Trust était sur le point de se produire. Mais hélas, ce n'était qu'une illusion. Ne se laissant pas intimider par une bagatelle telle qu'un décret de la Cour suprême à son encontre, Rockefeller se contenta de diviser le géant en sociétés distinctes, conservant une majorité de 25% dans chacune d'elles. Cette scission a en fait enrichi Rockefeller, surtout après que William Burton, de la Standard, eut mis au point un procédé de craquage thermique qui augmentait le rendement de l'essence à partir du pétrole brut.

L'État corporatif était arrivé au point où le fascisme corporatif serait désormais l'organe de contrôle de toutes les grandes décisions de politique étrangère, même les plus importantes de toutes, la guerre et la paix. Le Mexique a été le premier à subir le fouet de l'impérialisme américain peu après la découverte, en 1910, d'importants gisements de pétrole le long de la côte du Golfe, centrés sur Vera Cruz et Tampico.

Tout a commencé lorsque le président Wilson, agissant pour les intérêts de la Standard Oil, a envoyé des troupes à Vera Cruz sous le plus transparent et le plus léger des prétextes. Les États-Unis n'avaient pas l'intention de prendre le contrôle du Mexique, mais de s'assurer que le pétrole mexicain resterait sous le contrôle des entreprises américaines.

Fomentant une révolution après l'autre, les États-Unis maintiennent le Mexique dans un état d'agitation tandis que les intérêts de la Standard et de la Grande-Bretagne pillent son pétrole en toute impunité. John D. avait une fois de plus fait un pied de nez à ceux qui craignaient sa "dangereuse conspiration".

Les intérêts britanniques ont été pris en charge par Lord Cowdrey (Weetman Pearson), dont une escale fortuite retardée à Laredo en 1901 lui a permis d'obtenir du pétrole mexicain par l'intermédiaire de la société Mexican Eagle Petroleum Ltd, qu'il a fondée en 1910. Après la première "révolution" mexicaine, Weetman Pearson a vendu tous ses avoirs pétroliers au Mexique à Royal Dutch Shell, une société multinationale d'origine anglo-néerlandaise. Shell était destinée à devenir une compagnie pétrolière "super-major".

La guerre en Europe a donné un répit au Mexique et a permis au président Carranza, dûment élu, de rédiger une Constitution nationale approuvée en 1917. Contrairement aux déclarations des chacals des médias américains, le général Venustiano Carranza n'était pas un révolutionnaire sauvage, mais un homme érudit et bien éduqué issu d'une famille aisée. Il a été législateur d'État et vice-gouverneur et était, au dire de tous, un véritable patriote du Mexique. Le point noir pour Standard et les barons du pétrole est le paragraphe 27 qui confère à la nation "la propriété directe de tous les minéraux, du pétrole et de tous les hydrocarbures, solides, liquides ou gazeux". Désormais, la seule façon pour les étrangers de faire des affaires au Mexique était de signer un accord pour respecter et obéir entièrement à la loi mexicaine. Pour avoir défié les États-Unis (Rockefeller), Carranza est assassiné en 1920.

S'ensuivit une campagne calomnieuse de désinformation qui a atteint le niveau le plus élevé de la dépravation, afin d'arracher le contrôle du pétrole mexicain à ses propriétaires légitimes. Mais lorsque cela a échoué, toutes les grandes compagnies pétrolières occidentales ont boycotté le pétrole mexicain pendant les 40 années suivantes.

Le Comité des 300[1] est entré en scène lorsque les Rothschild français (Alphonse et Edmond) et la société suédoise Nobel ont tourné leur attention vers la Russie en 1870 en créant une société pétrolière appelée The Far East Trading Company. Mais les frères Nobel avaient devancé tous les concurrents pour le pétrole à Bakou, où ils s'étaient installés. Ludwig Nobel est alors surnommé "le roi du pétrole de Bakou".

La maison britannique de Windsor et la maison néerlandaise Huis Oranje (maison d'Orange) se sont associées pour se lancer dans cette activité et, en 1903, elles ont conclu un accord avec Shell Oil pour former l'Asiatic Petroleum Company. Les efforts déployés pour apaiser les tensions dans les champs pétrolifères de Bakou entre la Standard Oil, les Rothschild-Nobel et certaines petites sociétés russes n'ont pas abouti.

La Royal Dutch Shell Petroleum Company est créée pour exploiter le pétrole à Sumatra, en Indonésie et ailleurs en Extrême-Orient. Leur appartenance aux "300" leur ouvrait toutes les portes.

Le "Comité des 300" a placé les affaires courantes entre les mains de Marcus Samuel de Hill Samuel et, en 1897-1898, le prospecteur et foreur Mark Abrahams, engagé par Marcus Samuel, a trouvé du pétrole à Bornéo. La banque d'affaires londonienne et sa société commerciale affiliée, Samuel Montague, s'associent à Edmond et Alphonse Rothschild et fondent l'Asiatic Petroleum Company. Les Rothschild ne restent pas sur place et vendent leurs parts à Royal Dutch Shell. En 1892, Shell expédie le pétrole brut des mers du Sud aux raffineries européennes via le canal de Suez.

Il ne fait aucun doute que la société Royal Dutch Shell du "Comité des 300" est l'une des plus anciennes et des plus importantes de toutes les compagnies pétrolières opérant dans le monde aujourd'hui. Son chiffre d'affaires en 2005 était de

---

[1] Cf, *La hiérarchie des conspirateurs, histoire du comité des 300,* John Coleman, Omnia Veritas Ltd, www.omnia-veritas.com.

306,73 milliards de dollars. La défunte reine Juliana des Pays-Bas, Lord Victor Rothschild, le prince Nasi d'Afrique Sir Ernest Oppenheimer, les Samuels de Londres et la Maison de Windsor sont les plus grands actionnaires de Royal Dutch Shell. À la mort de Juliana, ses actions ont été transmises à la Maison d'Orange (Pays-Bas).

Le récit historique de l'industrie pétrolière nous entraîne dans les méandres de la "diplomatie" (mensonges, fausses promesses, chantage, double jeu, pressions politiques, brimades et vols déloyaux) des terres et du pétrole irakiens, convoités par toutes les nations, mais surtout par une Grande-Bretagne impérialiste, industrialisée et privée de pétrole, qui s'est immiscée dans les affaires intérieures de l'Iraq et de l'Iran pendant près d'un siècle, séduisant, cajolant et soutirant des concessions, l'une après l'autre, sur la base de promesses jamais tenues et sous la menace d'une main de fer dissimulée dans un gant de velours.

Avec la découverte de riches gisements de pétrole brut en Iraq et en Iran, un état de conflit prolongé avec les États-Unis et les deux pays s'est poursuivi au cours des 95 dernières années.

CHAPITRE 2

Une vision des navires de guerre à pétrole Sir Edward Grey fomente la Première Guerre mondiale

Juste avant la Première Guerre mondiale, une réaction en chaîne qui a suscité l'intérêt pour le pétrole a été provoquée par le rapport d'un officier de la marine britannique, le capitaine Fisher, qui affirmait que l'avenir de la marine résidait dans des navires de guerre fonctionnant au pétrole. Il est devenu plus tard Lord Fisher, premier Lord de l'Amirauté, assez astucieux pour voir les possibilités offertes par le liquide noir et épais découvert en 1882 à Titusville, en Pennsylvanie, et à Bakou, en Russie. John D. Rockefeller avait vu ses possibilités comme nouveau carburant pour les lampes à huile et l'avait baptisé "Brite".[2] Il a ensuite créé la Standard Oil Company pour exploiter cette nouvelle découverte.

En 1904, le capitaine Fisher souhaitait que la marine britannique passe des navires de guerre gallois brûlant du charbon à ceux brûlant du pétrole. Son idée n'était pas nouvelle, très probablement inspirée du fait que depuis 1870, les navires russes de la mer Caspienne brûlaient des "boues de pétrole" appelées "mazout". Cette évolution avait également été remarquée par le baron Julius de Reuter (le patriarche du Reuter's News Service)[3] qui avait signalé cette évolution. En 1872, de Reuter a obtenu

---

[2] "Brillant", NDT.

[3] La fameuse agence d'information Reuters, NDT.

une concession de cinquante ans pour explorer et forer du pétrole en Iran. Il a appelé sa société la Anglo-Persian Company et en 1914, sur les conseils de l'amiral Fisher, elle a été rebaptisée British Petroleum Company (BP).

Le contrôle des mers est vital pour la Grande-Bretagne afin de sécuriser ses longues lignes commerciales et l'amiral Fisher plaide auprès des lords de l'Amirauté pour que les navires de guerre britanniques soient équipés de moteurs à pétrole, ce qui, selon lui, leur donnerait un avantage considérable sur la puissance navale allemande. En 1870, l'Allemagne menace de supplanter la suprématie commerciale britannique. Les dirigeants britanniques, comme Sir Edward Grey, considèrent cela comme un "crime" qui mènera finalement à la guerre. Le capitaine Fisher a fait remarquer qu'il faudrait beaucoup moins de temps que les 4 à 9 heures nécessaires aux navires à charbon pour atteindre leur pleine puissance ; les navires à mazout pourraient atteindre la même disponibilité en 30 minutes et atteindre leur puissance maximale en seulement 5 minutes. Le gros problème est que la Grande-Bretagne ne dispose pas de réserves connues de pétrole brut. Elle devrait importer son pétrole des États-Unis et de la Russie, ce qui n'est pas un problème en temps de paix, mais en temps de guerre, ce serait peut-être plus dangereux.

Plus tard (1912), Churchill, qui a succédé à Fisher en tant que Premier ministre, a déclaré :

> "... Si nous en avions besoin (du pétrole), nous devrions le transporter par mer en temps de paix et de guerre depuis des pays lointains."

Néanmoins, Fisher poursuit son rêve, soulignant que s'il fallait 5 jours à 500 hommes pour "charbonner" un cuirassé, l'utilisation du mazout ne prendrait que 12 heures à 12 hommes pour accomplir cette tâche. De plus, la portée d'un navire de guerre alimenté au pétrole serait jusqu'à cinq fois supérieure à celle d'un navire alimenté au charbon. Mais les seigneurs de l'Amirauté considèrent Fisher comme un simple rêveur — jusqu'à ce qu'en 1904, Fisher soit reconnu et promu Premier

Lord de l'Amirauté après que les services secrets britanniques (MI6) aient envoyé des notes au gouvernement soulignant l'importance du nouveau pétrole brut. Fisher est autorisé à former et à diriger une commission royale en 1912 et à former un comité chargé d'étudier et de faire des recommandations sur la meilleure façon pour la Grande-Bretagne d'assurer ses futurs besoins en pétrole.

Lord Palmerston fait connaître son point de vue : les intentions de longue date de la Grande-Bretagne à l'égard des pays disposant de ressources pétrolières brutes seront fondées sur un nouveau credo : nous n'avons plus de principes permanents, mais des intérêts permanents que nous poursuivons à l'exclusion de tout autre. C'est une attitude qui sera soutenue à cent pour cent par Winston Churchill, qui ajoute :

> "Nous devons devenir les propriétaires, ou en tout cas les contrôleurs à la source d'au moins une partie du pétrole dont nous avons besoin."

"Jackie" Fisher, qui présidait la Commission royale, s'était hissé au rang de Premier Lord de l'Amirauté après des débuts modestes. Il est né en 1841 à Ceylan et a été baptisé John Arbuthnot Fisher. Il rejoint la Royal Navy en 1854 et se concentre sur les développements techniques. Il est généralement considéré comme l'un des plus grands amiraux de la Royal Navy, suffisamment astucieux pour superviser la construction du super cuirassé "Dreadnaught". Fisher est considéré comme un homme de grande envergure, avec une attitude supérieure qui ne plaît pas à ses collègues. Le comité Fisher recommande que le MI6 joue un rôle de premier plan en Russie et dans les Balkans, et c'est ainsi que Sydney Riley (Sigmund Georgjevich Rosenblum), l'un de ses meilleurs agents, est envoyé à Bakou pour obtenir d'importants contrats pétroliers pour la Grande-Bretagne. Riley a également été chargé de négocier avec un Australien d'origine britannique peu connu du nom de William D'Arcy Cox, qui semblait avoir sous contrat une part importante des ressources minérales de la Perse. William Knox D'Arcy (11 décembre 1849 - 1er mai 1917) est né à Newton Abbott, une petite ville anglaise. Son père était avocat et en 1866, la famille a immigré en Australie, s'installant à Rockhampton, dans le Queensland. La famille D'Arcy était directement liée à Lord D'Arcy of Knayth, le juge en chef et gouverneur en chef de l'Irlande au 14e siècle.

William a commencé sa carrière en rejoignant le cabinet d'avocats de son père, mais il s'est tourné vers la spéculation foncière. Il s'est associé à une société qui a eu la chance de trouver de l'or. Le partenariat a financé la découverte d'or en ouvrant une mine appelée Mount Morgan Gold Mining Company. William Cox a fait une fortune substantielle avant de retourner en Angleterre en 1889. En 1900, il décide de rejoindre Wolff, Kitabgi et Cotte et de se rendre en Perse pour chercher du pétrole. Il commence à négocier avec le Shah d'Iran, Reza Khan Pahlavi, en 1901.

D'Arcy a obtenu un "firman" (contrat) du Shah lui donnant

> "les pleins pouvoirs pour sonder, percer et forer à volonté sur le sol perse, en conséquence de quoi tous les produits sous-pétroliers recherchés sans exception resteront sa propriété".

Une équipe de forage dirigée par George B. Reynolds est envoyée en Perse et D'Arcy commence ses recherches. Une société a été créée, D'Arcy apportant 500 000 dollars de son propre argent.

En contrepartie, D'Arcy a payé la somme de 20 000 $ plus des redevances de 16% au Shah Reza Khan Pahlevi annuellement. Mais les choses ne vont pas bien et en 1904, D'Arcy est contraint de faire appel à la Burmah Oil Company qui met 100 000 $ à disposition pour permettre la poursuite du forage. En 1907, sans succès, le forage a été déplacé à Masjid-I-Sulaiman, où le forage a commencé en 1908. En avril, alors que l'entreprise était sur le point de s'effondrer, du pétrole a été découvert à 11 800 pieds, la première découverte qui allait faire de la Perse (Iran) le plus grand pays producteur de pétrole au monde. En 1909, un oléoduc relie le champ pétrolifère à une raffinerie construite à Abadan. William Knox D'Arcy a réussi un coup qui a ébranlé la Standard Oil jusque dans ses fondements.

Avec beaucoup de persévérance, Reilly a trouvé et rencontré D'Arcy, juste au moment où il s'apprêtait à signer un contrat avec le gouvernement français arrangé par les Rothschild de Paris. Par quelque moyen que ce soit (et ils étaient considérables), Reilly a en quelque sorte cajolé D'Arcy pour qu'il signe un contrat avec le gouvernement britannique (au nom de la Maison de Windsor) juste au moment où D'Arcy était sur le point de signer avec les Français.

En 1909, une société est créée, l'Anglo Persian Oil Company, dont les principaux actionnaires sont la Maison de Windsor, la Maison d'Orange et le Baron de Reuter, avec D'Arcy comme directeur. Le contrat britannique est un coup de maître réalisé par Reilly, et il lui vaut une position d'autorité spéciale lorsque la révolution bolchevique est lancée. Il est chargé d'obtenir des contrats du gouvernement bolchevique pour les minéraux et les métaux stratégiques. Avant cet événement capital (1902), le géologue de la reine Victoria avait certifié l'existence de vastes gisements de pétrole en Mésopotamie (rebaptisée Iraq par le mandat britannique), qui faisait alors partie de l'Empire turc ottoman depuis 1534.

La reine Victoria a joué sa carte de la "diplomatie de la canonnière" en stationnant des navires de guerre britanniques au bas de la voie navigable Shaat al Arab, sous le règne du corrompu Mubarak al-Sabah, qui était arrivé au pouvoir en assassinant ses deux demi-frères en 1896, et a informé la Turquie que le territoire (appelé plus tard Koweït) était désormais un protectorat britannique.

L'étape suivante de la sécurisation de la zone pour le gouvernement britannique a été la signature par le cheikh al Sabah d'un accord avec "le gouvernement anglais impérial" pour la concession pétrolière. L'arrangement a été consolidé par un "bail à perpétuité". Il a été suivi d'un deuxième accord signé avec le cheikh al-Sabah selon lequel "aucune personne autre que celle nommée par le gouvernement britannique" ne recevrait de concession. Il semble que l'approvisionnement en pétrole de la marine britannique soit désormais garanti. Dans tout cela, on a oublié le fait indiscutable que la terre appelée "Koweït" appartenait à l'Iraq, comme elle l'avait fait au cours des quatre cents dernières années, et que la "frontière" nord du Koweït traversait les champs pétrolifères les plus riches du monde à l'époque, le champ pétrolifère de Rumaila qui appartenait à l'Iraq.

C'est ainsi qu'a été piratée une quantité très importante de pétrole provenant de l'ancienne nation de Mésopotamie, devenue l'Iraq lorsque les Britanniques ont inventé ce nom pour leur nouveau mandat après la Première Guerre mondiale. La marine allemande n'avait donc aucun moyen connu de s'approvisionner en pétrole pour mazouter ses navires de guerre, dont la conversion avait commencé en 1909 avant celle des navires de guerre britanniques "Dreadnaught" fonctionnant au pétrole. Les plans de l'amiral Fisher pour la conversion de la marine britannique ne sont plus les songes d'un rêveur et les premiers navires de la nouvelle classe "Dreadnaught" sont commandés par Winston Churchill, qui succède à Fisher en tant que Premier Lord.

En 1911, Churchill exhorte son gouvernement à reconnaître qu'une forte présence dans le golfe Persique est essentielle si la marine britannique veut continuer à "dominer les mers". En 1912, le Parlement britannique a mis en place une commission royale sur le pétrole et le moteur à pétrole, présidée par Lord Fisher. Il était reconnu que le pétrole jouerait un rôle décisif dans la guerre à venir. Ce fut le début d'une conduite perfide, également appelée "diplomatie du pétrole", qui allait se poursuivre jusqu'à aujourd'hui. Dans le même temps, la Grande-Bretagne entreprit de se procurer du pétrole pour sa marine et pénétra dans les champs pétrolifères du Mexique et du Moyen-Orient afin d'atteindre cet objectif. La politique pétrolière impériale de la Grande-Bretagne a été décrite dans un mémo secret rédigé par Sir Arthur Hirtzel :

> "Ce que nous voulons mettre en place, ce que nous aurions dû créer à cette époque, c'est une administration avec des institutions arabes que nous pouvons laisser en toute sécurité tout en tirant les ficelles nous-mêmes ; quelque chose qui ne

> coûtera pas très cher et que le gouvernement travailliste peut avaler conformément à ses principes, mais sous lequel nos intérêts économiques et politiques seront assurés.
>
> Si les Français restent en Syrie, nous devrons éviter de leur donner l'excuse de mettre en place un protectorat. S'ils partent, ou si nous apparaissons comme réactionnaires en Mésopotamie, il y a toujours le risque que le roi Fayçal encourage les Américains à prendre le contrôle des deux pays..."

Cette politique impériale sournoise a déteint sur les États-Unis qui ont pris le relais avec beaucoup d'empressement. Il ne peut y avoir beaucoup de personnes ayant une connaissance réelle de l'imbroglio en Afghanistan et en Iraq qui ne savent pas que la seule et unique raison de la présence des forces armées américaines dans ces deux pays est le Saint Graal du pétrole et des autres hydrocarbures. Dans des conditions top secrètes, le gouvernement britannique a acheté une participation majoritaire dans l'Anglo-Persian Oil Company, même si à l'époque elle était proche de la faillite en raison du manque de succès dans la recherche de pétrole en Iran. Aujourd'hui, la société s'appelle "British Petroleum" (BP) et est l'une des entreprises phares du Comité des 300.

Alarmé par les prouesses industrielles croissantes et l'expansion du commerce international dont jouit l'Allemagne, le roi George, qui a succédé à la reine Victoria, effectue le 14 avril 1914 une visite très inhabituelle à Paris, accompagné de son ministre des Affaires étrangères, Sir Edward Grey. Fils du lieutenant-colonel George Grey, Sir Edward a fait ses études au Balliol College d'Oxford et a été nommé en 1892 secrétaire aux affaires étrangères par William Gladstone. Le but de la mission est de persuader la France de se joindre à l'Angleterre dans une alliance militaire secrète contre l'Allemagne et l'Autriche.

Le roi n'a pas dit au gouvernement français que son pays était en faillite, sinon aucune alliance n'aurait été conclue à l'issue de cette visite. En fait, l'état de faillite a été consigné dans un mémorandum du Trésor britannique au chancelier Lloyd

George, daté du 12 mai 1914, qui expose le fait en termes clairs.

L'histoire montre que la conclusion d'un accord avec la France n'avait d'autre but que de servir d'excuse pour "venir en aide à un allié" en temps de guerre. (Le même subterfuge sera utilisé en 1939.) Grey fait de la défense de la France contre l'expansion commerciale allemande le principal axe de la politique étrangère de la Grande-Bretagne. Le fait que les promesses faites à la France soient négociées en secret suscite de nombreuses inquiétudes parmi les membres de l'opposition au Parlement, notamment Charles Trevelyn, qui démissionne en colère, George Cadbury, E.D. Morel et Ramsay McDonald. Leurs doutes s'avèrent fondés lorsque, à la veille de la Première Guerre mondiale, Grey déclare au Parlement qu'il n'a "pas d'autre choix que de remplir les obligations de la Grande-Bretagne envers la France" en participant à la guerre de la France contre l'Allemagne. C'était la "diplomatie par la tromperie"[4] dans sa forme la plus hideuse et la cause directe de la Première Guerre mondiale, avec ses massacres hideux, ses pertes énormes en vies humaines et la destruction gratuite de biens. L'histoire montrera peut-être un jour que sans Edward Grey, la Première Guerre mondiale n'aurait pas eu lieu. Le péché impardonnable de l'expansion commerciale de l'Allemagne et son désir de créer son propre système commercial et son propre mécanisme d'échange devaient être freinés, du moins de l'avis de Lord Grey.

Le pacte franco-britannique, fondé sur la politique étrangère du seul Sir Edward Grey, conclu en secret, a préparé le terrain pour la Première Guerre mondiale, la guerre la plus sanglante jamais connue. Le 28 juillet 1914, à peine trois mois après la signature de l'accord militaire franco-britannique, l'archiduc François Ferdinand d'Autriche est assassiné à Sarajevo. La politique de Grey prévoyait que l'Allemagne soit pratiquement anéantie et que la Grande-Bretagne obtienne les ressources naturelles dont elle avait besoin pour atteindre l'objectif d'un nouvel ordre

---

[4] Cf, *La diplomatie par le mensonge — un compte rendu de la traîtrise des gouvernements de l'Angleterre et des États-Unis*, John Coleman, Omnia Veritas Ltd, www.omnia-veritas.com.

mondial. La nécessité d'assurer l'approvisionnement en pétrole dès le début était un élément essentiel du plan, le seul détail qui ressort de tous les documents de Sir Edward.

En août 1914, l'Europe s'est enflammée dans les flammes de la Première Guerre mondiale, la guerre la plus brutale et la plus horrible de notre époque, avec des dizaines de millions de victimes qui défient l'entendement humain. L'assassinat de l'archiduc Ferdinand alors qu'il visitait Sarajevo en Serbie a été la deuxième utilisation flagrante de nombreuses "situations inventées" qui devaient être mises en place pour provoquer des guerres, et ce n'est pas l'Allemagne "non civilisée", mais la Grande-Bretagne "civilisée", et plus tard les États-Unis, qui ont été les auteurs et les planificateurs de cette terrible stratégie. Tout au long de la Première Guerre mondiale, le pétrole allait jouer le rôle clé dans la poursuite de l'impérialisme britannique qui avait commencé avec les guerres de l'opium en Chine et s'était poursuivi avec la guerre anglo-boer (1899-1903). En 1917, il n'y avait pratiquement pas une seule nation industrialisée qui ne soit pas pleinement consciente de l'importance du pétrole, et l'on se souvient de l'appel pressant du président Clemenceau à Wilson pour qu'il envoie du "pétrole" à la France :

> *La sécurité des Alliés est dans la balance. Si les Alliés ne veulent pas perdre la guerre, alors au moment de la grande offensive allemande, ils ne doivent pas laisser la France manquer de l'essence qui est aussi nécessaire que le sang dans les batailles de demain.*

Le 6 septembre 1914, les journaux londoniens sont pleins de comptes rendus sur l'armada de taxis parisiens du général français Joseph Gallieni, pressée d'assurer le transport des troupes vers les lignes de front. Sans "essence" pour l'armada motorisée de taxis et d'autobus qu'il avait réquisitionnés, la France aurait été vaincue quelques mois après le début des hostilités. À ce stade de l'histoire, on commence à comprendre pourquoi le roi George et Edward Grey ont signé un pacte avec la France.

Il s'agissait de donner à la Grande-Bretagne l'excuse indirecte de "venir en aide à la France" pour attaquer l'Allemagne. John D. fut prompt à répondre à l'appel de Clemenceau pour du "pétrole" et expédia d'amples fournitures américaines aux forces françaises à un moment où l'Allemagne était coupée de son ancienne source roumaine, qui avait été complètement détruite en 1916 par le colonel "Empire" Jack Norton pour empêcher Bakou de tomber aux mains des Allemands. Comme l'a déclaré Lord Curzon, ministre britannique des Affaires étrangères, dans un discours prononcé lors du dîner de la victoire du 21 novembre 1918, dix jours après la signature de l'armistice :

> *Les Alliés ont été portés à la victoire par un flot de pétrole. Sans pétrole, comment auraient-ils pu assurer la mobilité de la flotte, le transport de leurs troupes, ou la fabrication d'explosifs ?*

Comme les nations qui détenaient du pétrole sous la surface de leur sol allaient bientôt le découvrir, le pétrole ne serait désormais plus un atout, mais une malédiction grâce aux puissances impériales rapaces. À l'insu du monde, la Société des Nations n'est qu'un véhicule à peine déguisé pour l'accaparement massif de terres, l'une de ses premières victimes étant la Palestine. La Russie ne devait pas être un partenaire, un fait qui a été découvert en novembre 1917, lorsque les bolcheviks ont trouvé une cachette de documents secrets montrant que la Grande-Bretagne et les États-Unis avaient formalisé un plan pour dépecer l'Empire ottoman et le partager entre eux et quelques puissances "alliées" choisies. L'accord secret avait été conclu en février 1916, au beau milieu de la guerre, dont l'armée russe était la principale victime.

La conduite perfide de la Grande-Bretagne impériale et des États-Unis s'est poursuivie jusqu'en 2006, lorsque les États-Unis, dirigés par un président du Parti républicain soi-disant conservateur, G. W. Bush, ont affirmé que lui, et lui seul, pouvait ordonner une "première frappe" contre une nation qui n'avait fait aucun mal aux États-Unis, en désobéissant totalement et délibérément aux lois américaines, à la Constitution et le "droit des gens" de Vattel, ainsi que toutes les Conventions de Genève et les Protocoles de Nuremberg. Ce livre est un récit de l'agression impériale à peine déguisée de deux des nations les plus puissantes, les États-Unis et la Grande-Bretagne, aidés et encouragés par des complices, qui ont sondé les profondeurs de la dépravation et de la tromperie pour atteindre le riche prix du pétrole. "La vérité est plus étrange que la fiction" et l'impérialisme pétrolier des États-Unis, qui s'est enraciné dans la politique officielle en 1917, a été à la hauteur de ce truisme. Harold Ickes était le coordinateur du pétrole pour la défense nationale en décembre 1942 lorsque le département d'État a affiché ce qui suit :

> "Nous sommes fermement convaincus que le développement des ressources pétrolières de l'Arabie saoudite doit être considéré à la lumière de l'intérêt national général."

C'était la première fois que la sécurité nationale des États-Unis était liée à une nation étrangère très éloignée de ses côtes. Il a marqué un grand pas en avant dans les actions impérialistes des États-Unis, passant d'un état passif à un état actif. L'Iraq confirme la validité de ce postulat. Les États-Unis ont commencé à jouer, en ce qui concerne le pétrole irakien, le même rôle que la Grande-Bretagne avait joué au cours du siècle dernier. Au cours des quatre-vingt-quinze dernières années, nous avons vu la Grande-Bretagne et ses alliés impérialistes ne jamais hésiter à s'abaisser à la dépravation la plus élémentaire pour obtenir le premier prix pétrolier convoité et désiré depuis si longtemps.

L'histoire de la Grande-Bretagne est le récit d'une nation riche et puissante qui conspire pour dépouiller des nations plus petites, plus pauvres et plus faibles, et c'est une lecture très pénible. Cela ressemble de plus en plus à une répétition de la guerre britannique contre les Boers en 1899. À l'époque, le conflit portait sur le refus de la nation boer de remettre son or. Aujourd'hui, le "conflit" porte sur le refus de l'Iraq de remettre son "or noir".

L'exploitation pétrolière de l'Iraq a évolué sur fond de situations inventées, d'accords secrets, de tromperies, d'interférences politiques, puis de la dernière "diplomatie" de toutes, celle du canon des fusils. Rédigé de mon point de vue d'économiste et d'historien qualifié, agent sur place, et étayé par 25 ans de recherches, cet ouvrage confond les propagandistes grossiers qui ont soutenu les barons du pétrole. Je vous assure que le "conflit" avec l'Iraq aura une tout autre allure, une fois que vous aurez lu cet ouvrage informatif, basé sur des archives historiques secrètes non accessibles au public, sur les papiers privés et personnels des riches et sur le compte rendu infâme des guerres d'agression impérialistes des États-Unis pour sécuriser les approvisionnements en pétrole brut.

Une chose que nous apprendrons rapidement est que depuis 100 ans, les États-Unis ont suivi une politique d'agression contre toutes les nations qui disposent du pétrole comme ressource naturelle, avec des efforts intensifs pour les miner par l'instabilité et des actes d'ingérence directe dans leurs affaires intérieures, comme cela s'est produit dans le cas du Mexique, en totale contradiction avec le droit international et la Constitution des États-Unis. L'industrie pétrolière a dicté la politique étrangère des États-Unis qui a coûté au peuple américain des milliards et des milliards de dollars, depuis l'intervention des marines américains à Tampico sur ordre du président Wilson.

Cette politique a récemment reçu une confirmation étonnante, qui montre que le monde a largement dépassé le stade de la "conspiration" pour devenir une "conspiration ouverte". Au milieu de l'année 2006, l'auteur John Perkins a publié un ouvrage étonnant intitulé *Confessions of an Economic Hit man*,[5] qui confirme une grande partie de ce que j'avais déjà écrit de manière assez détaillée depuis 1971, sur la manière dont les États-Unis agissent pour faire tomber les gouvernements qu'ils n'aiment pas et qui ne se plient pas à leurs exigences. Je cite des extraits du livre de Perkins :

> Au cours des 30 à 40 dernières années, nous, les tueurs à gages économiques, avons réellement créé le premier véritable empire mondial (les États-Unis), et nous l'avons

[5] Cf, *Les confessions d'un assassin financier*, John Perkins, ARIANE, 2016.

> fait principalement par le biais de l'économie, l'armée n'intervenant qu'en tout dernier recours.

Par conséquent, cela a été fait de manière plutôt secrète. La plupart des Américains n'ont aucune idée que nous avons créé cet empire et, en fait, dans le monde entier, cela s'est fait très discrètement, contrairement aux anciens empires, où l'armée entrait en force ; c'était évident. Donc je pense que la signification de la chose, le fait que plus de 80% de la population d'Amérique du Sud a récemment voté pour un président anti-américain et ce qui se passe à l'Organisation Mondiale du Commerce, et aussi. En fait, la grève des transports en commun ici à New York, c'est que les gens commencent à comprendre que la classe moyenne et les classes inférieures du monde entier sont terriblement, terriblement exploitées par ce que j'appelle l'aristocratie des entreprises, qui dirige vraiment cet empire, les États-Unis.

Perkins explique ensuite ce que signifie être un tueur à gages économique :

> Ce que nous avons fait… nous utilisons de nombreuses techniques, mais probablement la plus commune est que nous allons dans un pays qui a des ressources que nos sociétés convoitent, comme le pétrole, et nous allons arranger un énorme prêt à ce pays par une organisation comme la Banque mondiale ou une de ses sœurs, mais presque tout l'argent va aux sociétés américaines, pas au pays lui-même. Des sociétés comme Bechtel et Haliburton, General Motors, General Electric, ce genre d'organisations, et elles construisent d'énormes projets d'infrastructure dans ce pays ; des centrales électriques, des autoroutes, des ports, des parcs industriels et des choses qui servent les très riches et n'atteignent jamais les pauvres. En fait, les pauvres souffrent, car les prêts doivent être remboursés, et ce sont des prêts énormes, et le remboursement de ces prêts signifie que les pauvres n'auront pas accès à l'éducation, à la santé et à d'autres services sociaux, et le pays se retrouve avec une énorme dette, tout ça intentionnellement.
>
> Nous retournons, nous les tueurs à gages économiques, dans

> ce pays, et nous leur disons : "Écoutez, vous nous devez beaucoup d'argent. Vous ne pouvez pas rembourser vos dettes, alors donnez-nous une livre de chair. Vendez à nos compagnies pétrolières votre pétrole à bas prix ou votez avec nous lors du prochain vote de l'ONU ou envoyez des troupes pour soutenir les nôtres dans un endroit du monde, comme l'Iraq." Et de cette façon, nous avons réussi à construire un empire mondial avec très peu de gens qui savent ce que nous avons fait.

En expliquant le fonctionnement du système et la façon dont il a été employé, M. Perkins a révélé qu'il a d'abord été recruté par l'Agence nationale de sécurité (NSA).

Mais Perkins a été rejeté au motif qu'il avait "un certain nombre de faiblesses dans mon caractère" et il a donc été envoyé travailler pour une société privée, en commençant par Charles T. Main, une grande société de conseil à Boston, où il a débuté comme économiste avec une vingtaine de personnes.

> Mon travail consistait à convaincre ces pays d'accepter des prêts aussi importants, à faire en sorte que les banques accordent les prêts, à mettre en place les transactions pour que l'argent aille aux sociétés américaines. Le pays se retrouvait avec une énorme dette, et ensuite j'y allais avec un de mes hommes et je disais : "Écoutez, vous savez que vous nous devez cet argent. Vous ne pouvez pas payer vos dettes. Donnez-nous cette livre de chair."
>
> L'autre chose que nous faisons, et ce qui se passe en Amérique du Sud en ce moment, c'est que dès qu'un de ces présidents anti-américains est élu, comme Evo Morales (de Bolivie), l'un d'entre nous y va et dit : "Hé, félicitations, Monsieur le Président. Maintenant que vous êtes président, je veux juste vous dire que je peux vous rendre très riche, vous et votre famille. Nous avons plusieurs centaines de millions de dollars dans cette poche si vous jouez le jeu à notre façon. Si vous décidez de ne pas le faire, dans cette poche, j'ai un pistolet avec une balle avec votre nom dessus, au cas où vous décideriez de tenir vos promesses de campagne et de nous jeter dehors."

Je peux faire en sorte que cet homme gagne beaucoup d'argent, lui et sa famille, par le biais de contrats, par divers moyens quasi légaux. S'il n'accepte pas cela, il lui arrivera la même chose qu'à Jamie Roldos en Équateur, ou Omar Torrijos au Panama et Allende au Chili, et nous avons essayé de le faire à Chavez au Vénézuéla et nous essayons encore. Nous enverrons des gens qui le renverseront, comme nous l'avons fait récemment avec le président de l'Équateur.

Dans les années 1970, Torrijos faisait beaucoup de bruit et les gros titres du monde entier, car il exigeait que le canal de Panama soit rendu aux Panaméens. J'ai été envoyé au Panama pour le convaincre qu'il devait jouer le jeu à notre manière. Et il m'a invité dans un petit bungalow à l'extérieur de Panama City et il a dit : "Écoutez, vous savez, je connais ce jeu et si je le joue à votre façon, je deviendrai très riche, mais ce n'est pas important pour moi. Ce qui est important c'est que j'aide mes pauvres." Torrijos n'était pas un ange, mais il était très engagé envers ses pauvres. Alors il a dit : "Vous pouvez jouer le jeu à ma façon ou vous pouvez quitter ce pays."

J'ai parlé avec mes patrons et nous avons tous décidé que je devais rester. Mais je savais que le monde entier observait Torrijos à cause de la question du canal de Panama et que s'il ne se ravisait pas, les chacals seraient susceptibles d'entrer en scène. Non seulement nous perdrions le Panama, mais il donnerait un exemple que d'autres pourraient suivre. J'étais donc très inquiet. J'aimais bien Torrijos, et l'une des raisons pour lesquelles je voulais le faire accepter n'était pas seulement parce que c'était mon travail, mais parce que je voulais le voir survivre, et comme il n'a pas joué le jeu, il a été assassiné.

L'avion s'est écrasé dans un incendie et, par la suite, il n'y a eu aucun doute sur le fait qu'on lui avait remis un magnétophone en montant dans l'avion et qu'il contenait une bombe. Je connais les personnes qui ont mené l'enquête par la suite, et c'est assez bien documenté dans de nombreux endroits, et j'étais personnellement au courant de ce qui s'est passé. Notre ligne officielle était que, bien sûr, ce n'était pas

> ce qui s'était passé. L'avion a simplement heurté une montagne. Mais il n'y avait aucun doute et nous nous attendions à ce que cela se produise.
>
> Nous avons également essayé de faire cela à Saddam Hussein. Quand il ne s'est pas montré coopératif, les tueurs à gages économiques ont essayé de le ramener à la raison. Nous avons essayé de l'assassiner. Mais c'était là le point intéressant, parce qu'il avait une sécurité assez loyale, et en plus, il avait beaucoup de sosies, et ce que vous ne voulez pas être, c'est le garde du corps d'un sosie, et vous pensez que c'est le président et vous acceptez beaucoup d'argent pour l'assassiner et vous assassinez le sosie, parce que si vous faites cela, ensuite votre vie et celle de votre famille ne valent plus grand-chose, donc nous n'avons pas pu atteindre Saddam Hussein, et c'est pourquoi nous avons envoyé les militaires.
>
> Saddam Hussein a été dans la poche des États-Unis pendant de nombreuses années — mais nous voulions un accord final, semblable à celui que nous avons conclu avec l'Arabie saoudite. Nous voulions que Saddam s'aligne vraiment sur notre système, et il a refusé de le faire. Il a accepté nos avions de chasse, nos chars et nos usines chimiques qu'il utilisait pour produire des armes chimiques… Il a accepté tout cela, mais il n'a pas voulu s'aligner sur notre système de manière à ce que nous puissions faire appel à d'énormes organisations de développement pour reconstruire son pays, comme l'ont fait les Saoudiens à l'image de l'Occident. Et c'est ce que nous avons essayé de le convaincre de faire et aussi de garantir qu'il échangerait toujours le pétrole contre des dollars américains, plutôt que des euros, et qu'il maintiendrait le prix du pétrole dans des limites acceptables pour nous. Il ne s'est pas plié à ces exigences. S'il l'avait fait, il serait encore président.

Perkins explique beaucoup de choses sur le fonctionnement de l'"empire", mais je pense vous avoir donné, à vous lecteur, suffisamment d'éléments pour vous convaincre de la manière dont ceux qui poursuivent la politique impérialiste américaine traitent les pays étrangers. Un autre exemple de premier ordre révélé par Perkins est le plan Marshall. Après la fin de la Seconde Guerre mondiale, le plan Marshall a été mis en œuvre, prétendument pour accélérer le redressement de l'Europe, en particulier celui de l'Allemagne. Ce que l'on sait moins, c'est que la majeure partie du financement du plan Marshall, soit des milliards de dollars, est allée à des sociétés américaines pour acheter et sécuriser des fournitures pétrolières pour les États-Unis qui n'avaient rien à voir avec le redressement de l'Allemagne. Les archives du département d'État montrent que pas moins de 10% des fonds du plan Marshall sont allés à Standard Oil of New Jersey (EXXON) Soon-Vacuum (Mobil), Standard Oil of California (Chevron) Texaco et Gulf Oil.

On leur a dit de se déployer en Équateur, au Vénézuéla, à Bakou, au Pérou, en Iraq, en Iran et aux Philippines, tous des pays qui ont subi les assauts des États-Unis impérialistes. Au lendemain de la Seconde Guerre mondiale, un mouvement anticolonial a vu le jour en Inde et s'est répandu dans le monde entier, les nations décidant qu'elles ne toléreraient plus l'accaparement de leurs ressources naturelles pour lesquelles elles ne recevaient qu'un salaire de misère. Mais ce mouvement n'a pas réussi à arrêter la marche du fascisme des entreprises, qui s'est poursuivi pratiquement sans relâche.

Aujourd'hui, en 2008, nous sommes témoins de l'acharnement contre l'Iraq, l'Iran et la région de la mer Caspienne — dans le cadre d'une guerre impériale visant à obtenir le contrôle total des ressources en pétrole brut. Nous avons entendu les faux appels au clairon de George Bush, repris par le flagorneur Blair, selon lesquels l'Iran est une menace pour la paix mondiale, alors qu'un récent sondage à grande échelle de l'Union européenne a montré que les Européens considèrent le président Bush et les États-Unis comme la véritable menace pour la paix mondiale. Voilà donc une autre série de politiciens qui diffusent leurs faux messages sur les ondes. Au cours des dix-sept dernières années (depuis 1991), lorsque l'ancien président Bush a entraîné cette nation dans une guerre impérialiste, anticonstitutionnelle et illégale contre l'Iraq, et qu'il n'a pas réussi à prendre le contrôle du deuxième plus grand producteur de pétrole au monde, le peuple des États-Unis a été soumis à un barrage constant de propagande contre l'Iraq. Cela nous rappelle ce que le leader bolchevique Bakounine a dit en 1814 lorsqu'il a mis en garde contre le type de propagande scandaleuse dirigée vers le peuple américain par les barons voleurs de l'industrie pétrolière :

> Le mensonge par la diplomatie. La diplomatie n'a pas d'autre mission. Chaque fois qu'un État veut déclarer la guerre à un autre État, il commence par lancer un manifeste adressé non seulement à ses propres sujets, mais aussi au monde entier.
>
> Dans ce manifeste, elle déclare que le droit et la justice sont de son côté et elle s'efforce de prouver qu'elle n'est mue que par l'amour de la paix et de l'humanité et que, pénétrée de sentiments généreux et pacifiques, elle a longtemps souffert en silence jusqu'à ce que l'iniquité croissante de son ennemi l'oblige à mettre son épée à nu. En même temps, elle jure que, dédaigneuse de toute conquête matérielle et ne cherchant aucun accroissement de territoire, elle mettra fin à cette guerre dès que la justice sera rétablie. Et ses antagonistes répondent par un manifeste analogue, où naturellement le droit, la justice, l'humanité et tous les sentiments généreux se trouvent respectivement de son côté.
>
> Ces manifestes mutuellement opposés sont écrits avec la même éloquence, ils respirent la même indignation vertueuse, et l'un est aussi sincère que l'autre, c'est-à-dire qu'ils sont tous deux effrontés dans leurs mensonges, et il n'y a que les imbéciles qui s'y laissent tromper. Les personnes sensées, toutes celles qui ont une certaine expérience politique ne se donnent même pas la peine de lire de tels manifestes.

L'un des mensonges les plus gros et les plus souvent répétés dans le manifeste de la junte pétrolière Bush-Cheney est que l'Iraq a "gazé son propre peuple". Cette affirmation maintes fois répétée, qui a été reprise à maintes reprises par Blair, fait référence au gazage des habitants d'un village kurde. Il s'est avéré que les roquettes contenant du gaz neurotoxique qui se sont abattues sur le village ont été tirées par l'Iran, ce que l'Office of Naval Intelligence (ONI) a confirmé par la suite, soulignant que le type de gaz toxique utilisé (gaz neurotoxique somane épaissi) ne provenait pas de l'arsenal irakien.

Mais cela n'a pas empêché le mensonge d'être répété encore et encore, afin de convaincre le peuple des États-Unis que la guerre de la junte pétrolière de Cheney contre l'Iraq était une "guerre juste au lieu d'une quête impérialiste pour le contrôle du pétrole de l'Iraq". Ce qui suit est extrait de *World In Review Insider Report* d'avril 1991, Volume No I :

> La vérité est que les gouvernements américain et britannique ont trahi les Kurdes. Après les Palestiniens, ce sont les Kurdes qui ont vu le plus de promesses d'engagements solennels non tenues par Londres et Washington. Il y a peu de temps encore, le peuple américain n'avait aucune idée de l'identité du peuple kurde ni de l'endroit où il vivait. Tout comme la nation irakienne, les Kurdes étaient une nation inconnue pour les Américains.

En 1991 a suivi la guerre impériale contre l'Iraq, qui a entraîné un génocide de la nation irakienne et dévasté ses terres. Au lendemain de cette guerre, le gouvernement britannique, qui a une longue histoire de répression des Kurdes, a promis à Bush de réarmer les guérilleros kurdes pour les utiliser comme mercenaires américains afin de renverser le président Hussein. Mais le complot a été exécuté prématurément et n'a pas abouti, ce qui a amené Bush à mettre précipitamment de la distance entre son administration et les Kurdes trahis. Une brève histoire du peuple kurde pourrait aider à replacer les choses dans leur juste perspective. Situé dans le coin nord-ouest de l'Iraq (et notez qu'il s'agit de l'IRAQ), le Kurdistan a toujours été le seul État semi-autonome de la région.

En 1900, à la suite d'une intervention britannique généralisée dans les affaires de la Turquie et de la Perse, la Grande-Bretagne a pris le contrôle de vastes zones de la région qui ont été fixées par un traité signé en 1907. La Perse n'est pas satisfaite de cet arrangement et envoie une délégation à la Conférence de paix de Paris tenue à Versailles pour demander l'abrogation du traité de 1907 qui donne la transcaspienne, Merv, Khiva, Derbent, Erivan et le Kurdistan aux Britanniques, mais ces derniers parviennent à bloquer la demande d'abrogation. En 1919, les Britanniques envahissent Bagdad. En 1922, les Britanniques concluent un accord militaire avec l'Iraq. En juin de la même année, les Kurdes se révoltent et combattent les forces britanniques pendant toute une année. Les Britanniques ont eu recours à d'importants bombardements aériens et à des gaz toxiques pour réprimer la rébellion. Un rapport adressé au Premier ministre britannique indique que le gazage a eu un effet "salutaire".

CHAPITRE 3

La Grande-Bretagne acquiert un pouvoir sur le pétrole perse
Bush pousse à la guerre au Moyen-Orient

Le pétrole est découvert en Iran en 1908, dans le champ de Masji-i-Suleman. Cet événement allait complètement changer le destin du Moyen-Orient, de la même manière que la découverte d'or en Afrique du Sud allait condamner la nation boer. D'autres gisements de pétrole sont découverts dans la province de Mossoul (district en Iraq) et à Bassora. Les Britanniques ont envoyé des experts pétroliers déguisés en archéologues de la Palestine Exploration Society pour espionner les champs pétrolifères en développement. Les espions sont arrivés à Mossoul et ont contribué à la création de la Turkish Petroleum Company en 1912, qui a été reconnue lors d'une réunion du Foreign Office à Londres en mars 1914, à laquelle participaient des délégués britanniques et allemands ainsi que des représentants de banques allemandes et néerlandaises. Bien qu'il ait semblé qu'il s'agissait d'une société avec une participation de la Turquie, en réalité, la Turquie ne faisait pas partie de la société.

Avec le déclenchement de la guerre, Churchill a déclaré que le pétrole était d'une importance capitale pour la Grande-Bretagne. Cette déclaration a été renforcée par un mémo de Sir Maurice Hankey, secrétaire du cabinet de guerre britannique, à Arthur Balfour, dans lequel il déclarait que le contrôle du pétrole iranien et irakien était un "objectif de guerre britannique de premier ordre". L'armée britannique a envahi l'Iraq en 1915 pour atteindre ce "but de guerre britannique de premier ordre", sans tenir compte de la souveraineté de l'Iraq, en s'emparant de la ville pétrolière de Bassora, de la capitale de Bagdad et de Mossoul en 1917. Mais les forces britanniques s'enlisent et doivent être secourues par un corps expéditionnaire de l'armée indienne. Le 9 août 1919, Sir Percy Cox signe l'accord anglo-persan qui donne à la Grande-Bretagne une grande influence sur le pétrole persan. Plus tard, le majlis (Assemblée) a refusé de ratifier l'accord. En février 1920, Reza Khan et 3000 cosaques marchent sur Téhéran. Reza Khan abandonne le traité unifié et, en décembre, signe un traité d'amitié avec la Turquie.

Aucun des groupes minoritaires (y compris les Kurdes) n'est représenté ni consulté par la Perse ou la Turquie, et jamais par la Grande-Bretagne. En conséquence, les Kurdes se sont sentis trahis et ont entamé une longue série de révoltes. De ce qui précède, il est clair que le "problème" kurde a commencé des décennies avant l'avènement du président Hussein d'Iraq. Le Premier ministre britannique Blair, qui a répété au monde entier que "Saddam gaze son propre peuple", n'a commodément rien dit du rôle avéré de la Royal Air Force dans le gazage des civils kurdes. L'Institut Tavistock est doué pour déformer les faits de l'histoire et a réussi à cacher cet acte aux yeux des Britanniques et des Américains qui ont continué à se battre pour le pétrole, tout comme ils ont caché les camps de concentration abritant les femmes et les enfants boers, qui y sont morts comme des mouches, en raison de la détermination du gouvernement britannique à voler l'or qui était la propriété de la nation boer.

En Iraq, l'objectif du gouvernement britannique était clair : utiliser les Kurdes pour déstabiliser toute la région afin que les vastes régions pétrolières puissent passer sous sa domination totale. La Grande-Bretagne n'était pas satisfaite de la force des concessions pétrolières accordées à D'Arcy en 1901. Elle a également l'intention d'affaiblir le gouvernement irakien, qui a été pleinement reconnu comme un État indépendant par la Perse le 11 août 1929.

Le pétrole était la cible des impérialistes britanniques et

américains. Les Britanniques et leur allié américain auraient dû adopter le slogan "Nous combattons pour le pétrole" et s'ils avaient été honnêtes, ils l'auraient fait. Au lieu de cela, Lord Curzon a déclaré sans ambages que la politique du gouvernement de Sa Majesté à l'égard de Mossoul n'était pas liée au pétrole ; elle était plutôt fondée sur l'obligation sacrée de remplir ses obligations de protéger le peuple kurde ! À la lumière de l'implication britannique jusqu'aux sourcils dans les luttes pour le pétrole de Mossoul, les paroles de Lord Curzon étaient le comble du cynisme.

Les Britanniques ont utilisé sans vergogne et sans pitié les Kurdes en 1921 et en 1991 pour servir leurs intérêts, exactement comme ils l'avaient fait en 1899 en obtenant soi-disant une "franchise pour les étrangers" dans les républiques boers d'Afrique du Sud, alors que le contrôle de l'or des Boers était leur principale préoccupation. Aujourd'hui, en 2008, la seule différence est que les Britanniques sont devancés par les États-Unis. Les États-Unis ont endossé le manteau de l'impérialisme britannique.

Lors de la conférence de Lausanne (novembre 1922-février 1923), les Turcs ont accepté de respecter les droits des minorités, notamment des Kurdes, mais ils ne l'ont jamais fait. L'éditorial du *New York Journal of Commerce* de juillet 1923 disait :

> Lausanne était tout ce qu'une Conférence internationale ne devrait pas être. C'était le sacrifice de toutes les questions humaines et humanitaires à l'opportunisme.

Le traité de Lausanne, issu de la conférence, est entré dans l'histoire comme un traité qui a changé le cours des événements et préparé le terrain pour le 20e siècle. La série de traités de paix conclus à la fin de la Première Guerre mondiale et la création de la Société des Nations visaient ostensiblement à apporter la "liberté" au monde, mais loin d'apporter la liberté, elle a entraîné une nouvelle vague d'impérialisme et la mort de l'Empire ottoman. Le traité de Lausanne a été signé le 24 juillet 1823 et est entré en vigueur le 6 août 1924 après avoir été ratifié par la Grande-Bretagne, l'Italie, la France et la Turquie.

À propos de la conférence, le *New York Times* a fait un éditorial :

> Mossoul et la liberté nous donnent à tous une chance dans la ruée vers le pétrole qui a fait l'objet de toutes les négociations. Mais les États-Unis pourraient être mieux occupés aujourd'hui qu'à veiller aux intérêts des rois du pétrole. On peut parler de paix et de civilisation en public, mais en privé on parle de pétrole, parce que les territoires où seront les futurs concessionnaires sont en jeu et qu'ils s'efforcent d'assurer leurs droits.

Bien que cela n'ait pas été évident lors de la conférence, ce qui se passait en coulisses était une lutte constante pour les positions des grandes compagnies pétrolières afin de prendre pied dans les régions inexplorées de l'Iraq où l'on savait qu'il existait de grands vilayets (un grand réservoir de pétrole). Une telle zone de 150 miles de long se trouvait au nord de Kirkuk en Iraq sur des terres occupées par les Kurdes. En octobre 1927, les foreurs de Baba Gurgur ont trouvé du pétrole et un énorme jaillissement incontrôlé a inondé de pétrole les terres environnantes pendant neuf jours, tandis qu'un épais panache de gaz flottait dans l'air. Le champ de Kirkuk, avec des réserves de 2150 millions de tonnes de pétrole brut, a répondu aux attentes, tant par l'ampleur de l'énorme découverte que par les dommages qu'elle a causés à l'ensemble du Moyen-Orient en raison de l'avidité intransigeante des compagnies pétrolières britanniques et américaines, qui se font encore sentir aujourd'hui. Le surprenant jaillissement de "Dad" Joiner dans l'est du Texas trois ans plus tard (octobre 1930), bien qu'il s'agisse d'une découverte majeure, a été largement minimisé, car les compagnies pétrolières étaient fortement investies dans le pétrole du Moyen-Orient et ne voulaient pas que les champs pétrolifères américains se développent. Le "Géant noir" de Papa Joiner a été cédé au magnat du pétrole H. L. Hunt (1889-1974) dans des circonstances très douteuses.

Après des élections indécises en mai 1930, les Kurdes ont cru voir leur chance et se sont révoltés contre le nouveau gouvernement turc dirigé par leur chef, Ali Fehti Bey. Le soulèvement a lieu dans les environs du mont Ararat et est brutalement et sanglantement réprimé par les forces britanniques.

Le 10 juin 1961, le gouvernement irakien relève le nouveau défi du leader kurde al-Barzani, soutenu par les États-Unis et la Grande-Bretagne, et les Kurdes se retrouvent à nouveau attaqués. En avril 1965, ils prennent à nouveau les armes contre le gouvernement irakien. Ils réclament "une zone clairement définie et une armée kurde". En mars 1966, de nouveaux combats ont éclaté et ont duré trois mois. Un important contingent de forces britanniques a pris part à l'action. La rébellion a pris fin lorsque l'Iraq a promis d'accorder aux Kurdes une autonomie régionale, une promesse qui n'a jamais été pleinement tenue.

En mars 1969, les Kurdes rebelles prennent à nouveau les armes, ce qui donne lieu aux combats les plus violents de la période. Un plan d'action secret utilisant les Kurdes a été mis en œuvre et, pendant un certain temps, il a semblé que le désir du président Bush de renverser le président Hussein allait se réaliser. Je pourrais ajouter qu'en vertu de l'accord de cessez-le-feu (auquel les Irakiens ont adhéré, mais pas les États-Unis), il était interdit aux militaires irakiens de faire voler des avions de combat sur leur propre territoire. Au mépris des termes du cessez-le-feu, les avions américains ont attaqué et abattu à deux reprises des avions irakiens pour les empêcher d'attaquer les guérilleros kurdes. Alors que l'administration Bush prétendait agir dans l'intérêt des Kurdes, la véritable cible était le pétrole qui se trouvait sous les sables de Mossoul. L'administration Bush agissait en effet sous la bannière impérialiste "Nous nous battons pour le pétrole", bien que sous d'autres prétextes, le véritable objectif de la guerre du Golfe étant de prendre le contrôle des énormes réserves de pétrole de l'Iraq. Tout le reste peut être considéré comme de la pure philosophie d'Emmanuel Kant.

Les Kurdes ont reçu le gros de l'attaque des hélicoptères de combat irakiens. Ils ont tenu bon pendant un certain temps. Ayant connu un incident de ce genre pendant la guerre Iraq-Iran, les Kurdes ont craqué et se sont enfuis. Une panique aveugle s'est installée et les a fait fuir vers les frontières iranienne et turque. Les pires craintes du Premier ministre Ozul se sont réalisées. Après avoir autorisé l'entrée d'un petit nombre de réfugiés, la Turquie a fermé ses frontières aux Kurdes indésirables. Ozul propose alors à l'Europe occidentale d'accepter la majorité d'entre eux, mais la suggestion est refusée. Les Kurdes sont restés dans une sorte de no man's land et ont été pris dans le feu croisé de la guerre Iran-Iraq. Une cinquantaine de Kurdes ont été tués par des armes chimiques, à savoir du gaz neurotoxique Somane épaissi, du type que l'Iraq ne possédait pas, mais que les Iraniens possédaient certainement.

Étant donné que tous les Kurdes victimes de l'attaque ont été tués par un gaz neurotoxique particulier, il est plus que probable que c'est l'armée iranienne qui est responsable de leur mort. Depuis le début de l'opération d'infiltration organisée par Bush contre l'Iraq par April Glaspie, le nombre de Kurdes tués par des armes chimiques est passé de 50 à 50 000.

Tout aussi éhontément que les Britanniques ont utilisé les Kurdes pour arriver à leurs propres fins, tout aussi éhontément l'administration Bush les utilise pour fomenter la haine de l'Iraq, et espère ainsi transformer l'ensemble du Moyen-Orient en un bourbier de pays déstabilisés. Dans tout cela, il est facile de perdre de vue l'objectif de Bush, qui est d'aller de l'avant sous la bannière impérialiste "Nous luttons pour le pétrole." C'est le Mexique qui recommence.

Ce rapport, écrit et publié en 1991, s'est avéré exact, mais nous voici à nouveau face à la famille Bush qui plonge le monde dans une nouvelle guerre contre l'Iraq avec la même "promesse" d'un "État palestinien juste" que Blair, avec l'accord de G.W. Bush, fait miroiter au monde arabe. Les Américains qui ont aveuglément soutenu le génocide contre l'Iraq en 1991 découvrent que leur foi aveugle était totalement déplacée. Ils découvrent que la guerre du Golfe n'est que le début, et non la fin, d'un drame dont on ne voit pas la fin. En semant les graines de la guerre contre l'Iraq, le président Bush a également semé les graines de futures guerres dans la région, qui pourraient vraisemblablement se terminer par une guerre de 30 ans.

Les objectifs du président Bush et de ses collaborateurs étaient clairs comme de l'eau de roche : détruire la nation irakienne par une strangulation économique qui entraînerait la peste, la maladie et la famine. Mais cela n'a pas fonctionné, alors le génocide contre l'Iraq a pris la forme d'une invasion américaine. Ce dont nous sommes témoins aujourd'hui n'est qu'une pause, un prélude des choses à venir.

L'Iraq va devenir un second Vietnam. Des millions de personnes sont destinées à mourir de la main de l'administration Bush sous la bannière "Nous nous battons pour le pétrole". La Jordanie, la Syrie, le Liban et la Libye suivront dans le sillage de la destruction de la nation irakienne, combattue pour une cause juste : "Nous nous battons pour le pétrole". La Syrie sera la première à tomber. Les amis des États-Unis découvriront que le moyen le plus rapide de perdre leur souveraineté est de devenir un allié des États-Unis. L'Égypte doit encore apprendre cette leçon qui viendra bien assez tôt.

Bien que "lisez sur mes lèvres" Bush ait eu du mal à le nier, le stationnement de troupes américaines en Arabie saoudite sur une base permanente est bel et bien l'objectif. Un tel arrangement a déjà été mis en place au cours des cinq dernières années. Les États-Unis maintiendront une force permanente de 150 000 hommes en Arabie saoudite. Quel sera leur rôle ? Agresser toute nation musulmane qui s'écarte le moins du droit chemin. En bref, les États-Unis vont devenir la nouvelle "Légion étrangère" au Moyen-Orient, un objectif impérialiste visant à contrôler tout le pétrole du Moyen-Orient. Les deux nations productrices de pétrole, l'Algérie et la Libye ont déjà été prises par les impérialistes américains et britanniques. La deuxième invasion de l'Iraq par les forces militaires américaines a eu lieu en 2003. L'Iran est pratiquement assiégé. Une chose dont nous pouvons être certains, c'est qu'un George Bush "plus gentil, plus doux" ne sera pas satisfait tant que tout le pétrole du Moyen-Orient ne sera pas sous le contrôle impérial américain. La responsabilité du triste sort des Kurdes a été rejetée sur le président Saddam Hussein. Compte tenu du sort réservé aux frères Diem, au général Somoza, à Ferdinand Marcos, à Torrijos, à Noriega et au Shah d'Iran, il serait absolument hors de propos pour l'administration Bush de ne pas envahir l'Iraq pour la deuxième fois. Des articles de presse avaient déjà démoli la crédibilité de l'ancien ambassadeur des États-Unis en Iraq en expliquant qu'April Glaspie ne serait pas à la hauteur si elle devait un jour subir un contre-interrogatoire vraiment approfondi de la part d'un procureur compétent. Maintenant, la confirmation de l'opération d'infiltration vient d'une autre source. Dennis Kloske, un haut fonctionnaire du ministère du Commerce, a témoigné devant une sous-commission de la Chambre des représentants, le 8 avril 1991, que jusqu'à l'invasion du Koweït, l'administration Bush s'était pliée en quatre pour fournir à l'Iraq de la "haute technologie".

M. Kloske a accusé le Département d'État d'avoir ignoré ses avertissements et ses recommandations visant à mettre un terme au flux de technologies américaines vers l'Iraq. Ni le département du commerce ni le département d'État ne voulaient l'écouter, a déclaré Kloske à la commission des affaires étrangères de la Chambre des représentants. Pour sa peine, Kloske a été licencié par un George Bush "plus gentil et plus aimable". Dans le cas de l'Iraq, "la vérité ne sortira pas" et ne sera jamais autorisée à faire surface. Quelle est cette vérité ? Nous menons une guerre impérialiste pour la possession du pétrole irakien.

C'est pourquoi Bush et son fils ont maintenu le rythme de l'agression contre l'Iraq. Si l'Iraq n'avait pas de pétrole, nos relations avec lui seraient douces. Des États-Unis impériaux n'auraient aucune querelle avec l'Iraq ou l'Iran. Nous ne violerions pas le droit international et la Constitution des États-Unis, comme nous l'avons fait des milliers de fois depuis 1991. La famille Bush a mené une campagne d'abus violent de la Constitution dans sa quête de pétrole.

Lorsque Bush a quitté ses fonctions après avoir échappé aux efforts de destitution du représentant Henry Gonzalez, il a incité son fils George à suivre ses traces et à poursuivre ce qui aurait dû être la devise de la famille : "Nous nous battons pour le pétrole". Grâce à un tour de passe-passe, la Cour suprême des États-Unis a élu G.W. Bush en évinçant Al Gore de l'élection. Il s'agissait d'une étonnante contravention à la Constitution des États-Unis, dans la mesure où les élections sont des élections d'État et ne relèvent pas de la juridiction fédérale, mais cela n'a pas provoqué de crise constitutionnelle. À peine entré en fonction, Bush reprend le refrain anti-Hussein jusqu'à ce qu'il devienne un tambour de haine ; la lutte pour le pétrole est lancée à corps perdu ! Bush fils, a bénéficié d'un soutien plus large que son père, non pas de la part du peuple américain, plus de 160 millions de personnes qui n'ont pas voté du tout ou ont voté contre lui, mais de figures habilement déguisées dites "conservatrices" qui ont pu tromper en permanence l'opinion américaine par leur fausse sincérité. Le chef de file de ce remarquable coup de propagande était un certain Irving Kristol. Cet homme est devenu le porte-drapeau d'une nouvelle série d'attaques contre l'Iraq, en tant que représentant principal de Richard Murdoch, le magnat de la presse qui trompe le peuple américain en permanence.

Murdoch, Kristol, Perle et Wolfowitz savaient comment travailler dans les circuits, pour obtenir le soutien de la junte pétrolière Bush/Cheney. Se présenter comme un "néo-conservateur" était un coup de maître. Les Américains adorent les étiquettes. Murdoch a mis l'argent pour financer un journal appelé *The Weekly Standard.* Cette publication est une façade pour les intérêts pétroliers Rothschild-Rockefeller, dans lesquels le désir de s'emparer du pétrole irakien est omniprésent. Il n'y a rien de tel que la soif de pétrole pour faire battre le sang. Kristol a maintenant rejoint les impérialistes américains, tout en se faisant passer pour un "conservateur".

Le "gang des quatre" milliardaires est rapidement passé à la vitesse supérieure pour promouvoir une présidence impériale. Les États-Unis étaient sur le point de passer d'une République à un empire, dirigé par un empereur. La transition, rendue possible par le "big bang" du 11 septembre, a été remarquablement rapide. Du jour au lendemain, la Constitution a été piétinée et reléguée à une place sans importance. Le "gang des quatre" le plus à blâmer pour la chute de la Constitution des États-Unis est issu des rangs des trotskistes dont William Buckley faisait partie.

Surveillé par la CIA, Kristol senior, un communiste de longue date, a commencé à pénétrer dans les rangs des conservateurs et, au milieu des années 1950, sous la houlette du "conservateur" William Buckley, il avait pris le contrôle de presque toutes les institutions conservatrices. Les trotskistes étaient prêts pour leur coup d'État sans effusion de sang et leur grande chance est venue lorsque Richard Perle et Paul Wolfowitz ont obtenu des postes d'importance vitale dans le cercle restreint de Bush. Le décor était maintenant planté pour la grande poussée, la grande offensive dans le drame en cours pour le contrôle du pétrole mondial. En creusant davantage dans les antécédents "conservateurs" de William Kristol, nous avons découvert ce qui suit : l'ancien secrétaire d'État Henry Kissinger était associé à Kristol et à ses entreprises d'édition, *National Affairs* et *The National Interest*. Plus tard, il y a eu une troisième publication appelée *The Public Interest*. D'où provenait le financement de ces "revues" ? Il était fourni par la Lynde and Harry Bradley Foundation et il semble que cette riche fondation ait également financé l'American Enterprise Institute de Kristol, une autre organisation "conservatrice".

D'autres "conservateurs" dans le jeu avec Kristol étaient William Bennett, Jack Kemp et Vin Weber, tous des républicains nominalement "conservateurs", bien que nous puissions être certains que des hommes comme les grands Daniel Webster et Henry Clay, auraient fait peu de cas de cette prétention. Malheureusement, nous n'avons pas d'hommes du calibre de Clay et Webster en politique aujourd'hui. Kristol et ses hommes considéraient que leur tâche consistait à détruire l'Iraq. C'était leur objectif, et dans leur volonté de le faire comprendre au public américain, ils ont enrôlé certains des soi-disant "télévangélistes" les plus fanatiques à leur cause. L'un d'entre eux est récemment passé à la télévision, affirmant que "l'antéchrist est bien vivant en Allemagne, en France et en

Russie". Avec des leaders comme cette personne, il n'est pas étonnant que tant de chrétiens américains soient complètement désorientés.

Avec l'avènement du 11 septembre, l'heure était venue pour Kristol, Perle, Wolfowitz, Cheney et Rumsfeld. Ils avaient maintenant la cause célèbre, le "big bang", le "Pearl Harbor" dont ils avaient besoin pour galvaniser leurs plans en action. Nous ne connaîtrons peut-être jamais toute la vérité sur le 11 septembre, mais une chose est sûre, nos contrôleurs regrettent le jour où ils ont autorisé l'accès du public à Internet. Alors qu'en l'absence de tout média d'information, à l'exception des médias contrôlés, Pearl Harbor est resté un secret pendant près de trois décennies, des discussions sérieuses sur le 11 septembre ont déjà lieu, et de nombreux doutes sont émis quant à l'affirmation du gouvernement selon laquelle il n'avait aucun avertissement sur ce qui allait se passer. Il existe désormais un doute ouvert et croissant sur cette affirmation. David Broder, chroniqueur au *Washington Post*, a titré son article du 17 mars : "Le 11/09 a tout changé pour Bush". Ce titre est très profond, car il a fait passer Bush d'un petit homme tranquille à un homme rempli d'une confiance soudaine au point d'être autoritaire. En un mot, le 11/09 a "transformé" George Bush. Voici une partie de ce que Broder a écrit :

> La route a été longue jusqu'à ce moment de décision sur l'Iraq, mais le caractère inévitable de la destination était clair. Lorsque les historiens auront accès aux mémos et aux journaux intimes des initiés de l'administration Bush, ils découvriront que le président Bush s'était fixé pour objectif de chasser Saddam Hussein du pouvoir peu après les attaques terroristes du 11 septembre, voire avant. Tout ce que le président a dit publiquement, tout ce que le vice-président Cheney a répété lors de ses interviews télévisées du dimanche — confirme que les attaques du World Trade Center et du Pentagone étaient pour justifier la détermination de Bush de désarmer tout dirigeant qui pourrait plausiblement collaborer à une attaque similaire ou pire. Et pour lui, désarmer signifie clairement déloger cet assaillant

> potentiel du pouvoir. Au printemps dernier, le président a annoncé et sa nouvelle équipe de sécurité a rapidement amplifié une nouvelle doctrine qui a remplacé la politique d'endiguement de la guerre froide par une nouvelle politique de préemption.

Le discours de Bush à West Point et le livre blanc qui a suivi ont déclaré que les États-Unis et leurs alliés agiraient avec force contre toute nation ou force rassemblant des armes de destruction massive susceptibles de menacer la sécurité des États-Unis — et n'attendraient pas passivement que l'attaque ait lieu. Il est rapidement apparu que l'Iraq avait été choisi comme un test de la nouvelle doctrine.

Nous nous demandons pourquoi. Supposons que l'Iraq n'ait pas de pétrole, aurait-il été alors si vital de "désarmer" la nation ? Les arguments contre la Corée du Nord étaient beaucoup plus solides.

La Corée du Nord a ouvertement admis qu'elle possédait des armes nucléaires — mais elle n'a toujours pas été touchée par les États-Unis et la Grande-Bretagne, car, comme la logique semble le suggérer, elle n'a pas de pétrole ! Alors, de quoi s'agit-il avec l'Iraq ? S'agit-il de "désarmer" l'Iraq ou de s'emparer de ses riches gisements de pétrole ? Nous nous risquons à suggérer que 90% du monde opterait pour la seconde solution comme étant la véritable raison pour laquelle la Grande-Bretagne et les États-Unis voulaient écraser l'Iraq.

Par la suite, le président a utilisé les décisions en suspens des Nations unies pour persuader la plupart des membres du Congrès d'approuver la doctrine de préemption en tant que politique américaine et de l'appliquer à l'Iraq. Et une fois soutenu par le Congrès, il a pu persuader le Conseil de sécurité des Nations unies de lancer à Saddam Hussein ce qui équivalait à un ultimatum unanime : désarmez-vous ou soyez désarmé.

Qu'est-ce qui ne va pas avec ça ?

Ce qui ne va pas, c'est que tout ce système est à 100% inconstitutionnel et pourtant, Bush a pu s'en tirer parce que le peuple américain ne connaît pas sa Constitution, et encore moins ses représentants à la Chambre et au Sénat.

Il n'y a jamais eu de Congrès des États-Unis qui ait été aussi lamentablement ignorant de la Constitution. Par conséquent, Bush a pu bluffer en entrant en guerre sans déclaration officielle, ce qui constitue un délit d'accusation. Ce que nous savons, c'est que la perspective imminente d'une guerre préventive contre l'Iraq a endommagé les relations de l'Amérique avec une grande partie du monde — ouvrant des brèches avec des partenaires commerciaux majeurs tels que l'Allemagne, la France et la Chine. Le fait est que Bush a brisé beaucoup de porcelaines avant même que le premier coup de feu ait été tiré. Il est impossible d'évaluer ou de juger les effets secondaires sur les pays voisins du Canada, du Mexique et du Moyen-Orient.

Nous en arrivons donc maintenant à l'un des pires travestissements de la justice qui ait jamais frappé cette nation : nous allions attaquer l'Iraq sans une cause juste.

La Constitution américaine stipule que les États-Unis ne peuvent pas entrer en guerre contre une nation, sauf si cette nation a commis des actes de belligérance vérifiables contre eux. Pas même Perle et Wolfowitz ne pouvaient prétendre que l'Iraq avait commis des actes de belligérance contre les États-Unis. Il n'y avait aucune raison constitutionnelle pour une "attaque préventive". C'était un acte illégal, inconstitutionnel, qui n'a pas sa place dans la politique d'une nation dont la Constitution est la loi suprême du pays.

CHAPITRE 4

L'impérialisme britannique et la diplomatie par la force des États-Unis

Comment les États-Unis sont-ils passés d'un héritage laissé par les Pères fondateurs et la génération qui a suivi, à la croyance inconstitutionnelle actuelle selon laquelle ils peuvent attaquer toute nation perçue comme une menace ? Ce qui s'est passé, c'est que les États-Unis se sont transformés en une puissance impérialiste à la recherche de pétrole. Les Anglo-Américains s'immiscent dans les affaires étrangères des nations. Nous pourrions appeler cette lutte "diplomatie du pétrole", car elle est entrelacée de questions commerciales et militaires. Celles-ci ne sont pas toujours révélées, car le secret est parfois préférable. L'économie moderne, c'est le pouvoir. La nation qui contrôle le pétrole dominera le monde. Telle est la politique impérialiste adoptée par le gouvernement américain.

La séparation politique avec l'héritage de sagesse laissé par les Pères fondateurs de l'Amérique a été violée par la guerre hispano-américaine. "L'isolement", comme le surnommaient ceux qui cherchaient à internationaliser l'Amérique, "n'est plus possible", claironnait McKinley, un refrain repris à son compte par Woodrow Wilson :

> Nous participons, que nous le voulions ou non, à la vie du monde. L'intérêt de toutes les nations est aussi le nôtre. Nous sommes partenaires des autres. Ce qui affecte les nations d'Europe et d'Asie est aussi notre affaire.

L'adoption du socialisme international a été le début de la fin de l'Amérique des Pères fondateurs. Elle a conduit au "libre-échange" et à la suppression par Wilson de nos barrières commerciales qui avaient fait des États-Unis une grande nation. Wilson a complètement ignoré l'avertissement de George Washington selon lequel les États-Unis ne devaient pas s'impliquer et s'empêtrer dans des intrigues étrangères. Mais en menant des guerres impériales pour le pétrole, cela s'avérerait impossible. Aucune nation ne peut défier les exigences impérialistes de Washington et vivre, comme le découvre actuellement l'Iraq. Les peuples du monde méprisent largement ce que l'Amérique est devenue sous la famille Bush, père et fils. Ils se sont aliénés l'ensemble du monde musulman en s'accrochant avidement au pétrole.

Le contre-amiral Plunkett a fait remarquer en janvier 1928 :

> La pénalité de l'efficacité commerciale et industrielle est inévitablement la guerre ; si je lis correctement l'histoire, ce pays est plus proche de la guerre que jamais, car sa position commerciale nous place aujourd'hui en concurrence avec d'autres grandes nations commerciales. Si vous substituez le mot "pétrole" là où il est approprié, nous commençons à comprendre le tableau.

Comme l'a déclaré le Premier ministre français Clemenceau :

> Le pétrole est aussi nécessaire que le sang dans les batailles de demain.

Henri Berringer, diplomate français et adjoint de Clemenceau, a rédigé un mémorandum qui mérite d'être cité :

> Celui qui possède le pétrole possédera le monde, car il régnera sur les mers au moyen d'huiles lourdes, sur l'air au moyen d'huiles ultra-raffinées, et sur la terre au moyen d'essence et d'huiles éclairantes. En outre, il régnera sur ses semblables dans un sens économique, en raison de la richesse fantastique qu'il tirera du pétrole — cette substance merveilleuse qui est plus recherchée et plus précieuse que l'or lui-même.

Le président McKinley a déclaré :

> L'isolement n'est plus possible ni souhaitable.

Le président Wilson a dit :

> Nous participons, que nous le voulions ou non, à la vie du monde.

Ils parlent comme de vrais impérialistes, surtout si l'on se rappelle qu'à l'époque, les États-Unis possédaient moins de 12% des réserves mondiales de pétrole. Environ 70% se trouvaient dans des pays dont la faiblesse invitait les grandes puissances à empiéter sur le terrain économique et politique. Et à l'époque de Wilson, cela s'appliquait au Moyen-Orient, au bassin des Caraïbes et du Golfe du Mexique et à la Russie. Les nations possédant d'importants gisements de pétrole ont défendu leurs actifs en adoptant des lois conférant des droits sur le sous-sol à leur population et à leur gouvernement et en adoptant des barrières restrictives, des réglementations et des droits de redevance élevés. Les grandes puissances impériales que sont la Grande-Bretagne et les États-Unis ont qualifié cette autodéfense de "défi" et ont exercé des pressions diplomatiques pour faire tomber ces barrières. Et lorsque cela échouait, elles revenaient à l'intervention armée.

Gardez cela à l'esprit et réfléchissez à ces mots la prochaine fois que vous entendrez Bush et Cheney clamer combien il était nécessaire de "désarmer Saddam" et alors nous commencerons à comprendre que nous sommes en Iraq pour son pétrole. Le 11 septembre était une situation artificielle, comme l'était Pearl Harbor, et les "armes de destruction massive" n'étaient qu'un faux-fuyant traîné sur la piste du pétrole.

Lord Curzon, après la terrible tragédie de la Première Guerre mondiale, a dit la vérité lorsqu'il a déclaré :

> Les Alliés ont flotté vers la victoire sur une vague de pétrole.

Toutes les autres raisons avancées par Bush sont de moins en moins valables à mesure que l'on examine les problèmes. Comme je l'ai dit, environ 70 pour cent du pétrole dans le monde se trouve dans des pays qui sont économiquement et nationalement faibles. Par leur faiblesse même, ils invitent les États-Unis et le Royaume-Uni à s'ingérer dans leurs affaires nationales. L'exemple de l'Iraq est devant nous en ce moment ; le Vénézuéla vient de survivre à un assaut des États-Unis agissant derrière des substituts. Toute nation qui possède des réserves de pétrole dignes de ce nom est aujourd'hui menacée par l'impérialisme américain et britannique, et elle tombera, une par une.

L'autodéfense de ces nations pour protéger leur population et préserver leurs biens de l'emprise rapace des magnats du pétrole américains et britanniques est décrite comme de l'"intransigeance" ou de la "vindicte", qui est d'abord combattue par des "pressions diplomatiques", puis par la force des armes. La famille Bush a suivi cette voie douteuse et nous avons vu leur politique culminer dans une attaque brutale contre l'Iraq, une nation qui fait la moitié de la taille de la Californie.

La Grande-Bretagne et les États-Unis ont déjà pris le contrôle de la plupart des réserves de pétrole du monde. Ce qu'ils ne sont pas capables de gagner par la diplomatie, ils le gagneront par des vagues massives de bombardiers, de missiles de croisière et de roquettes, au fur et à mesure que le simulacre et la prétention d'être des nations bonnes et chrétiennes seront abandonnés. La lutte qui se déroule aujourd'hui dans le monde oppose des nations qui n'ont pas beaucoup de pétrole, voire pas du tout, à la "seule superpuissance" du monde, ou mieux encore, à l'"impérialisme", les États-Unis. La Russie se bat pour conserver sa place dans le monde du pétrole, tandis que la Grande-Bretagne et les États-Unis cherchent à la renverser. Ainsi, la lutte pour le pétrole aboutira à une grande bataille cataclysmique entre les États-Unis et la Russie, et ce jour n'est pas si lointain. Dans un avenir proche, les fils et les filles de l'Amérique seront appelés à se battre pour le pétrole dans une guerre mondiale totale.

Le département d'État des États-Unis se plie généralement aux exigences des grandes compagnies pétrolières. Ceci est soutenu par une politique pétrolière agressive de la part des États-Unis, comme l'a déclaré A.C. Bedford, président de Standard Oil of New Jersey en 1923. En raison de cette politique fixe, les consuls américains à l'étranger suivent toujours la ligne pétrolière lorsqu'il s'agit de questions de politique étrangère. En 1923, la Federal Trade Commission a soutenu cette politique officielle du gouvernement américain. Toutes les ambassades et missions diplomatiques américaines ont reçu le mémo suivant le 16 août 1919 :

> *Messieurs : L'importance vitale d'assurer des fournitures adéquates de pétrole minéral à la fois pour les besoins présents et futurs des États-Unis a été fortement portée à l'attention du Département (le Département d'État.) Les ressortissants de divers pays et les concessions pour les droits de pétrole minéral sont activement recherchés sont agressivement conduits le développement de champs prouvés d'exploration de nouvelles zones dans de nombreuses parties du monde. Il est souhaitable d'avoir les informations les plus complètes et les plus récentes concernant ces activités, qu'elles soient menées par des citoyens américains ou par d'autres.*

Charles Evans Hughes a témoigné devant le Congrès américain et le Coolidge Oil board :

> "... La politique étrangère du gouvernement, qui s'exprime par l'expression "porte ouverte" et qui est constamment poursuivie par le Département d'État, a permis de promouvoir intelligemment nos intérêts américains à l'étranger et de sauvegarder de manière appropriée les besoins de notre peuple."

La lutte pour le pétrole au Moyen-Orient commence véritablement avec l'arrivée d'un Australien du nom de William K. D'Arcy et de l'Américain, l'amiral Colby Mitchell Chester (1844-1932). En 1901, D'Arcy obtient du Shah de Perse une concession couvrant cinq sixièmes de l'Empire perse, pour une durée de 60 ans. D'Arcy a payé 20 000 $ en espèces et a accepté de payer une redevance de 16% sur tout le pétrole exploité. L'amiral Chester n'obtient rien et D'Arcy retourne à Londres pour organiser l'Anglo Persian Company. Il retourne au Moyen-Orient pour tenter de s'emparer du champ pétrolifère de Mossoul en Perse. En 1912, la Turkish Petroleum Company, composée de la British-Dutch Shell Oil et de la Deutsche Bank de Berlin, est créée pour exploiter Mossoul.

Sir Henri Deterding (connu sous le nom du "Napoléon" de l'industrie pétrolière) de la Royal Dutch Shell Company est un acteur important dans les intrigues qui se déroulent autour des nations propriétaires de pétrole. Le gouvernement britannique était actif en la personne de E.G. Prettyman, Civil Lord, qui a fait en sorte que le capital britannique tienne la ligne sur la Turkish Petroleum Company, que D'Arcy menaçait de vendre aux Français. En 1913, Deterding déclare à la Chambre des Lords qu'il contrôle le pétrole en Roumanie, en Russie, en Californie, à Trinidad et au Mexique. Il était, disait Deterding, en train de presser la Perse, qui était une région pratiquement intacte, d'une taille immense et qui regorgeait de pétrole.

Sir Thomas Browning a déclaré devant les Lords que Royal Dutch Shell était bien plus agressive en matière de pétrole que la Standard Oil Trust of America. Deterding avait le contrôle exclusif de l'organisation la plus puissante du monde pour la production d'une source d'énergie. Entre dans la lutte pour le pétrole, Winston Churchill, alors Premier Lord de l'Amirauté et tous frais de ses expériences dans la guerre des Boers. Churchill a déclaré à la Chambre des Lords qu'il croyait que… nous devions devenir les propriétaires, ou en tout cas, les contrôleurs à la source, d'au moins une partie de l'approvisionnement en pétrole naturel dont nous avons besoin.

CHAPITRE 5

Nouvelle doctrine inédite : le Mexique sous pression

Les politiques impérialistes américaines étaient désormais entrées dans une nouvelle phase, une phase de "frappe préventive", pour reprendre la terminologie de Bush. Le gouvernement britannique s'active à mettre la main sur le pétrole de Mossoul, situé dans ce qui est aujourd'hui le nord de l'Iraq. Les Britanniques achètent un quart des parts de la Turkish Petroleum Company, les Allemands et les Turcs détenant les autres parts.

En trois mois, grâce à une "diplomatie par la tromperie", les Britanniques ont contrôlé les trois quarts des actions et les Turcs ont été complètement évincés de leur propre entreprise. Les Kurdes, qui possédaient les terres pétrolières situées au-dessus de Mossoul, n'ont pas reçu un seul centime. La Turquie, qui contrôlait les terres autour de Mossoul, s'est également retrouvée sur la paille.

Ce n'était que le début. Le gouvernement britannique a ensuite acheté, pour 12 millions de dollars, la participation majoritaire dans Anglo Persian, qui devait durer 48 ans. Il est vite devenu évident que non seulement le pétrole gagnait des guerres, mais que les guerres étaient menées à cause du pétrole.

Si l'on se penche sur l'histoire de la Première Guerre mondiale, cela apparaît clairement, comme le reconnaîtra plus tard Clemenceau. Les guerres ne se sont pas terminées avec la Première Guerre mondiale. Au contraire, la Grande-Bretagne et les États-Unis poursuivent une politique impérialiste agressive contre la Perse (Iraq) et la Turquie pour tenter d'ébranler l'emprise des éléments nationalistes. En mai 1920, le département d'État publie une note indiquant que la Grande-Bretagne se prépare discrètement à s'emparer de l'ensemble des champs pétrolifères de Mossoul. La politique pétrolière continue de faire les gros titres aux États-Unis, le président Harding déclarant dans un discours :

> "Après l'agriculture et les transports, l'industrie pétrolière est devenue le complément le plus important de notre civilisation et de notre bien-être."

L'administration Wilson s'est retrouvée mêlée à une lutte pour le contrôle du pétrole au Mexique après l'annonce de la découverte d'importantes réserves de pétrole dans le golfe du Mexique. Lorsque les Mexicains ont montré des signes de résistance à l'exploitation, des navires de guerre américains ont été envoyés à Tampico. Wilson a déclaré

> "... Les États-Unis ont pour seule intention de préserver la démocratie au Mexique."

Les États-Unis sont également occupés dans d'autres domaines, négociant avec la Grande-Bretagne pour obtenir une part de la Turkish Petroleum Company, avec les champs pétrolifères de Mossoul comme prix prestigieux. La Turquie est entièrement évincée de sa propre compagnie. Mais les États-Unis se concentrent surtout sur les champs mexicains, qu'Edward Doheny a obtenus à l'Hacienda del Tulillo grâce à son ami le président Diaz. Doheny a bientôt obtenu d'autres champs, notamment le Potrero Del Llano et le Cerro Azul. Mais Diaz a doublé Doheny et a permis à Weetman (Lord Cowdrey) d'entrer sur la scène pétrolière mexicaine.

La lutte pour le pétrole a entraîné des troubles entre les "alliés", lorsque les États-Unis ont pris la décision de renverser le président Diaz, au pouvoir depuis 35 ans.

Comme d'habitude dans ces affaires, les opérations de renseignement américaines et des "tueurs à gages" économiques américains ont été envoyés pour semer le trouble dans les rangs de Diaz. Les États-Unis ont directement provoqué le renversement de Diaz, comme le confirmera plus tard un témoignage devant la commission des relations extérieures des États-Unis.

Lawrence Converse, un officier américain de l'état-major, a témoigné :

> M. Madero lui-même m'a dit que dès que les rebelles faisaient une bonne démonstration de force, plusieurs grands banquiers d'El Paso se tenaient prêts à lui avancer — je crois que la somme était de 100 000 $; et ces mêmes hommes (le gouverneur Gonzalez et le secrétaire d'État Hernandez) m'ont dit aussi que les intérêts de la Standard Oil les soutenaient et avaient acheté des obligations du gouvernement provisoire du Mexique. Ils ont dit que les intérêts de la Standard Oil les soutenaient dans leur révolution.

La Standard Oil devait bénéficier d'un taux d'intérêt élevé et il y avait un accord provisoire concernant une concession pétrolière dans les États du sud du Mexique. Madero a été déposé et exécuté, et le général Huerta a pris le pouvoir. Lorsque le président Wilson est arrivé au pouvoir, il s'est ouvertement opposé à Huerta en affirmant que les États-Unis ne pouvaient... avoir aucune sympathie pour ceux qui cherchent à s'emparer du pouvoir du gouvernement pour faire avancer leurs intérêts ou ambitions personnels. Dans le même temps, Wilson a accordé la reconnaissance à un gouvernement révolutionnaire au Pérou.

Les intérêts pétroliers, en la personne d'Albert Fall, ont commencé à exiger que les États-Unis envoient des forces armées au Mexique pour "protéger" les intérêts américains et "prêter leur concours au rétablissement de l'ordre et au maintien de la paix dans ce malheureux pays et au placement des fonctions administratives entre les mains de citoyens mexicains capables et patriotes". Lorsque Wilson est arrivé au pouvoir, il a présenté les choses au Congrès sous cet angle :

> La situation actuelle au Mexique est incompatible avec l'exécution des obligations internationales du Mexique, avec

> le développement civilisé du Mexique lui-même et avec le maintien de conditions politiques et économiques tolérables en Amérique centrale.

Wilson se préparait maintenant à une intervention armée au motif que les Américains étaient "menacés" au Mexique. C'était le genre de refrain que nous allions entendre plus tard de la part de George Bush dans ses plaintes interminables à l'encontre du président Hussein, et, comme pour Wilson, ils avaient le son du manque de sincérité.

Le peuple américain, si facilement induit en erreur qu'il s'agit d'une tragédie nationale et historique, était convaincu que le Mexique était une "menace" pour lui, ce qui a ouvert la voie à Wilson pour envoyer une lettre aux consuls américains au Mexique avec une directive selon laquelle ils devaient avertir

> "les autorités que toute intimidation ou tout mauvais traitement des Américains est susceptible de soulever la question de l'intervention."

Nous avons ici un cas clair d'un président américain impérial cherchant une excuse pour s'immiscer dans les affaires intérieures du Mexique, comportement qui a été répété par la famille impériale Bush, père et fils cherchant une excuse pour s'emparer du pétrole de l'Iraq et ils ont trouvé le prétexte peu convaincant que l'Iraq avait des "armes de destruction massive". Fort du fait qu'il avait trompé le peuple américain en lui faisant croire que ses ressortissants étaient maltraités au Mexique et qu'un "horrible dictateur était au pouvoir et devait être éliminé" (entendez-vous le refrain "Saddam Hussein" ici ?), Wilson s'enhardit :

> Je suis convaincu qu'il est de mon devoir immédiat d'exiger le retrait de Huerta du gouvernement mexicain et que le gouvernement des États-Unis doit maintenant employer les moyens nécessaires pour obtenir ce résultat.

Des échos de "Saddam doit se retirer ou bien les forces armées américaines le feront", qui n'ont cessé d'être lancés par le président comme s'il avait le droit d'agir comme un brigand et un bandit, pas plus que Wilson n'avait ce droit. Wilson et Bush s'en sont tous deux tirés avec une agression brutale contre l'État souverain du Mexique et de l'Iraq respectivement, parce que le peuple américain ne connaît pas sa Constitution. Personne n'a défié l'administration Bush devant les tribunaux pour qu'elle produise des preuves de la Constitution des États-Unis prouvant d'où venait soudainement ce pouvoir étonnant.

D'où vient cet étonnant pouvoir habituellement réservé aux empereurs sur leurs empires ? Il ne provient certainement pas de la Constitution américaine ou du droit international. Il est venu sous l'égide de l'impérialisme et, apparemment, en marchant sur ce tambour sous cette bannière, il est devenu légal pour les États-Unis d'interférer dans les affaires souveraines d'un État souverain !

Tant que le peuple américain ne connaîtra pas sa Constitution, les tyrans pourront s'en tirer en s'ingérant dans les affaires souveraines d'États souverains (comme le Mexique et l'Iraq) et tant que la connaissance de la Constitution ne remplacera pas l'ignorance, nous continuerons à voir la politique étrangère américaine créer des ravages dans le monde. Parce que le peuple américain ne connaît pas sa Constitution, il n'a plus de Constitution. Le peuple américain a permis à Wilson de s'en tirer avec de nouveaux actes d'impérialisme au Mexique et aux administrations Bush de ravager l'Iraq après que leurs plans d'assassinat de Hussein n'aient pas pu être mis à exécution.

En novembre 1912, Wilson a donné l'ordre étonnant suivant, surprenant parce que ses commandants militaires auraient dû connaître la Constitution par cœur et savoir, par conséquent, que ce qu'il ordonnait était inconstitutionnel et qu'ils auraient dû désobéir aux ordres.

> Coupez-lui (Huerta) la sympathie et l'aide étrangères et le crédit national, qu'il soit moral ou matériel, et forcez-le à partir… Si le général Huerta ne se retire pas par la force des choses, il deviendra du devoir des États-Unis d'utiliser des moyens moins pacifiques pour le faire partir.

Wilson était maintenant enhardi et a continué sur la voie de la tyrannie impériale, s'ingérant dans l'État souverain du Mexique, menaçant son dirigeant et son peuple, et pire encore, déclarant qu'il était du "devoir" des États-Unis de chasser son dirigeant élu s'il ne se retirait pas ! Même César, dans Sa Majesté Impériale, n'a jamais parlé ainsi.

Même aujourd'hui, toutes ces années plus tard, l'audace de Wilson provoque toujours l'étonnement. Et quelle a été la réponse du peuple américain aux menaces de Wilson ? Exactement rien ! En fait, le peuple américain, par son silence, a encouragé Wilson à faire ce qu'il fallait et à violer sa Constitution. Tout à coup, sous une bannière impériale, les États-Unis s'arrogent le droit de pacifier le Mexique. En réponse à une proposition britannique de permettre à Huerta de démissionner, le secrétaire Bryan rédige une autre missive étonnante :

> Le président a l'intention de se débarrasser de Huerta en accordant une aide américaine aux chefs rebelles. Les perspectives de paix, de sécurité des biens et de paiement rapide des obligations étrangères sont plus prometteuses si le Mexique est laissé aux forces qui s'y affrontent actuellement. Il (Wilson) a donc l'intention, presque immédiatement, de supprimer l'interdiction de l'exportation d'armes et de munitions des États-Unis.

Cela s'est produit juste après que Huerta ait été réélu lors d'une élection pacifique et équitable. Des décennies plus tard, le peuple américain allait une fois de plus rester à l'écart et permettre à son gouvernement d'infliger des ravages politiques impériaux en Iraq et en Afghanistan, tout en prétendant que tout cela était légal en vertu de la Constitution des États-Unis. La réalité est que Bush, père et fils, aurait dû être mis en accusation, démis de ses fonctions et jugé pour trahison. Pourtant, il semble que cela n'arrivera jamais et le peuple américain mérite maintenant de perdre sa Constitution, parce qu'il a donné son assentiment aux dirigeants de l'industrie pétrolière pour la fouler aux pieds sans même un murmure de protestation.

Il n'est pas étonnant que la nation soit en difficulté lorsque nous permettons à un prétendu "commandant en chef", qui n'a pas été appelé en service, de conduire cette nation dans une guerre, qu'il n'a pas le droit de mener, parce que le Congrès n'a pas déclaré la guerre, de rester en fonction et de provoquer le gaspillage criminel de vies humaines et de milliards de dollars de notre trésor national. Nous méritons tout ce que nous allons recevoir pour notre épouvantable négligence de la Constitution.

La perspective d'une ingérence des États-Unis au Mexique a grandement alarmé le Chili, l'Argentine et le Brésil, qui ont décidé d'intervenir pour aider le Mexique par une offre de conciliation. Lorsque ces trois pays se sont déplacés par une offre de conciliation, Wilson a essayé de bloquer la conférence de l'Argentine, du Brésil et du Chili lorsqu'elle s'est réunie aux chutes du Niagara. Comme la famille Bush en 1991 et 2002, Wilson ne voulait pas la paix ; il voulait expulser Huerta avec violence pour s'être mis en travers du chemin de ceux qui allaient de l'avant sous la bannière de l'impérialisme pétrolier. Wilson a montré son vrai visage et son mépris pour la Constitution américaine en intervenant directement au Mexique tout en sabotant les efforts en vue d'un règlement pacifique.

Wilson a isolé le gouvernement Huerta par des machinations financières et par un blocus d'armes et de munitions pour ses forces gouvernementales. Dans le même temps, il fournit aux chefs rebelles, Carranza et Villa, des armes et de l'argent. Il a concocté l'incident du drapeau à Tampico comme excuse pour l'occupation de Vera Cruz. Lorsque le général Huerta a présenté ses excuses pour l'incident du drapeau, Wilson, comme le faux gentleman de Princeton qu'il était et traître jusqu'à la moelle, a refusé de les accepter.

Dans cette conduite déplorable, nous voyons des actes et des actions similaires dans la façon dont la famille Bush a traité Saddam Hussein. Dans les deux cas, le général Huerta et le président Hussein, nous constatons que les pétroliers se déplacent dans l'obscurité comme des cafards, refusant de payer leurs impôts au Mexique et aidant Carranza à tout bout de champ. Le peuple américain n'a jamais pu savoir à quel point Wilson était un président impérial, et il a payé le prix de son ignorance lorsque, en violation du Dick Act, il a envoyé ses fils de l'armée nationale mourir sur les champs de bataille de France, bien que son procureur général Wickersham lui ait répété à maintes reprises qu'il n'avait aucune autorité constitutionnelle pour envoyer les forces militaires nationales combattre en dehors des États-Unis. Parce que le peuple américain s'est permis d'être si dépourvu de protection, ses fils sont à nouveau sur des champs de bataille en dehors des États-Unis, en violation de la Constitution, et une fois de plus, le peuple américain permet aux contrevenants, la famille Bush, de piétiner la Constitution et d'échapper aux conséquences de leur violence, tout cela dans une poursuite impériale du pétrole qui est la propriété nationale d'autres nations.

Devant la commission des relations étrangères du Sénat en 1919, Doheny s'est vanté que toutes les compagnies pétrolières américaines avaient participé à l'élimination de Huerta, tout comme, plus tard, tous les cadres des compagnies pétrolières devaient s'engager à affaiblir le Shah d'Iran et à le chasser du pouvoir. La lutte pour le pétrole se poursuit, l'armée impériale des États-Unis défile sous la bannière des compagnies pétrolières, tandis qu'elles chantent leur hymne de guerre :

> "Soldats chrétiens en avant, marchant comme à la guerre,
> avec le drapeau de l'industrie pétrolière, allant devant."

Il y a eu de nombreuses nuits à sabrer le champagne sur l'éviction de Huerta dans les bureaux de la Standard Oil. Mais les dirigeants du pétrole ont fait un mauvais calcul. Carranza a essayé de faire passer la révolution pour quelque chose du peuple et il est revenu sur les concessions pétrolières qu'il avait accordées aux compagnies pétrolières américaines. Lorsque le général Obregon est arrivé au pouvoir, tout le Mexique a été plongé dans l'agitation en raison des machinations du lobby pétrolier américain, pleinement soutenu par le département d'État et le secrétaire d'État Hughes.

Hughes a affirmé que l'action de Wilson, qui a envoyé des troupes américaines et deux navires de guerre à Tampico, était "moralement justifiée". Il s'agissait de mots vides de sens, qui ne figuraient pas dans la Constitution américaine, et qui étaient destinés à impressionner un monde profondément préoccupé par l'ingérence impérialiste des États-Unis dans les affaires intérieures de leur voisin. Dans une déclaration au comité national républicain en 1924, Hughes a gardé son ton "moral" :

> La révolte de Huerta n'était pas une révolution avec les aspirations d'un peuple opprimé. C'était un effort pour s'emparer de la présidence : elle signifiait la subversion de toute procédure constitutionnelle et ordonnée. Le refus d'aider le gouvernement établi aurait jeté notre influence morale du côté de ceux qui défiaient la paix et l'ordre au Mexique…

Des années plus tard, en 1991 et en 2006, nous devions entendre les mêmes refrains de la part de la famille Bush, père et fils, selon lesquels leurs attaques contre l'Iraq étaient "morales".

En vérité, il n'y avait rien de "moral" là-dedans — c'était tout simplement une agression impérialiste ouverte contre une nation plus petite et plus faible à la poursuite d'intérêts pétroliers ; Hughes et Wilson ne se battaient pas pour défendre la morale — ils marchaient sous la bannière de l'impérialisme pétrolier. Les pétroliers américains ont continué à s'ingérer au Mexique tout au long de l'administration Coolidge, et un correspondant du *New York World* a écrit un article depuis le Mexique qui résume la situation :

> C'est un fait impérial, par exemple, que dans un passé récent, l'association personnelle des fonctionnaires des États-Unis n'était pas avec le gouvernement auprès duquel ils étaient accrédités, mais avec cette classe de Mexicains, parmi lesquels se trouvaient les gens riches, cultivés et parfois charmants, qui financent et provoquent la rébellion. Il n'est pas moins notoire que nombre d'avocats et de représentants des compagnies pétrolières ne se sont pas contentés de faire valoir leurs revendications en vertu du droit international, mais ont utilisé ouvertement et avec persistance toute l'influence qu'ils possédaient pour saper le gouvernement mexicain.

Ce comportement notoire s'est étendu au Vénézuéla, à l'Iraq et à l'Iran, où tous les efforts possibles ont été faits par les agents américains, les pétroliers et leurs alliés de la CIA, pour faire tomber les gouvernements de ces nations et les remplacer par des régimes fantoches favorables à ceux qui opèrent sous la bannière de l'impérialisme pétrolier. Ce comportement belliqueux s'est prolongé pendant plus de 90 ans, jusqu'à aujourd'hui, où nous avons vu les auteurs de ces actes presque réussir à renverser le dirigeant élu du Vénézuéla, à renverser le Shah d'Iran et, maintenant, à s'engager dans une guerre totale en Iraq afin de prendre le contrôle de Mossoul et d'autres champs pétrolifères Irakiens, longtemps convoités. Les tendances impérialistes de ceux qui détiennent un pouvoir effréné et qui opèrent dans les coulisses de Washington ont été bien exposées par *El Universal*, le journal de Mexico :

> L'impérialisme américain est un produit fatal de l'évolution économique. Il est inutile d'essayer de persuader nos voisins du Nord de ne pas être impérialistes ; ils ne peuvent s'empêcher de l'être, quelles que soient leurs excellentes intentions.

Étudions les lois naturelles de l'impérialisme économique, dans l'espoir de trouver une méthode qui nous permette, au lieu de nous y opposer aveuglément, d'atténuer leurs actions et de les tourner à notre avantage.

CHAPITRE 6

C'est le pétrole, et non les ADM, qui déclenche l'invasion de l'Iraq

Il n'est plus possible de nier que l'impérialisme fatal sévit aujourd'hui dans tous les États-Unis, ayant reçu carte blanche de la famille Bush et de ses partisans, Richard Cheney, Kristol, Perle, Wolfowitz et les fondamentalistes chrétiens. Cet impérialisme rampant de Bush ne s'arrêtera pas avec l'Iraq, lorsque nous aurons submergé cette nation, il se poursuivra jusqu'à ce que les impérialistes de Bush, au mépris total de la Constitution américaine, aient submergé toutes les nations productrices de pétrole du Moyen-Orient et dépossédé les Arabes de leur patrimoine de ressources naturelles.

Et dans le processus, les nations du Moyen-Orient sont volées aveuglément. Prenez l'accord anglo-persan acheté pour 12 millions de dollars. Winston Churchill a déclaré que la Grande-Bretagne avait tiré un profit de 250 millions de dollars de cet accord entre 1921 et 1925. Le fait est que l'avidité des barons du pétrole à mettre la main sur les champs pétrolifères de Mossoul en Iraq est à l'origine de la Première Guerre mondiale.

Le désordre impie du Moyen-Orient a été causé directement par l'ingérence des pétroliers britanniques et de l'impérialisme américain. Le perfide accord Sykes-Picot n'a mené à rien d'autre qu'à la discorde et au bain de sang en Palestine, qui perdurent jusqu'à ce jour.

Il est étrange de lire l'histoire de cette période et de réaliser que ce qui passait pour de la politique nationale à l'époque (1912-1930) n'était rien d'autre que de la politique pétrolière sale. Il est en effet dégrisant de lire l'histoire de cette période — pour laquelle des millions de vies ont été inutilement sacrifiées des deux côtés des combattants. Après la défaite des Turcs par les Britanniques en 1916 (en grande partie grâce aux Arabes de Lawrence d'Arabie en échange de promesses de leur donner la Palestine, qui n'ont jamais été tenues), l'accord Sykes-Picot offrait un soutien aux revendications françaises sur la Syrie et le Mossoul en échange de l'aide française au Proche-Orient. L'offensive britannique contre Bagdad est couronnée de succès au printemps 1917. Mais l'effondrement de leurs alliés russes tsaristes empêche les Britanniques d'atteindre Mossoul.

L'armistice a supprimé l'armée turco-allemande qui défendait Mossoul. Ce n'était rien d'autre que des manœuvres et des contre-manœuvres des nations occidentales, et surtout de la Grande-Bretagne et des États-Unis, pour s'assurer les champs pétrolifères de Mossoul tant convoités. Les nations de la région n'ont même pas été consultées. C'était la diplomatie impériale de la lutte pour le pétrole dans ce qu'elle a de plus laid.

Pour calmer le tumulte provoqué par les compagnies pétrolières rapaces, une conférence a été organisée à Lausanne, en Suisse, en novembre 1922, mais avant cet événement, les troupes britanniques ont mené une poussée vers Mossoul, tandis que le secrétaire d'État Hughes déclarait que les États-Unis ne reconnaîtraient pas la revendication britannique sur Mossoul, car elle n'était pas valide. Les Britanniques pensaient avoir Mossoul "dans le sac" grâce à l'occupation et le correspondant du *London Times* ne pouvait dissimuler son plaisir :

> Nous, Britanniques, avons la satisfaction de savoir que trois énormes gisements situés à proximité l'un de l'autre, capables de répondre aux besoins en pétrole de l'Empire pendant de nombreuses années, sont presque entièrement exploités par une entreprise britannique. Les géologues de Turkish Petroleum ont confirmé l'existence de trois grands gisements dans la concession de Mossoul. Le gisement nord-est va de Hammama Ali à Kind-I-shrin en passant par Kirkuk et Tuz Kharmati. Un second s'étend au sud de Mossoul, de Khaiyara à Jebej Oniki Imam en passant par Kifri. Un autre

> bassin commence au sud-ouest de Mossoul et s'étend vers Bagdad le long du Tigre jusqu'au col de Fet Haha et Mandali.

C'est pour s'emparer de ce riche trophée que George Bush père a attaqué l'Iraq en 1991 après avoir "échoué à faire rentrer Hussein dans le droit chemin", pour paraphraser John Perkins. Nous pouvons ignorer les discours politiques sur le peuple irakien vivant sous un dictateur. Nous pouvons oublier les platitudes pieuses sur l'apport de la démocratie en Iraq. Nous pouvons oublier les mensonges qui ont coulé de la Maison-Blanche en 1991 et oublier les mensonges qui coulent de la bouche de la junte pétrolière en 2008. Ce que l'on peut saisir, c'est la preuve solide que ce que les magnats du pétrole font en Iraq aujourd'hui, et ce qu'ils ont fait depuis 1914 n'est qu'une continuation de leur quête impérialiste du pétrole. Cette quête impériale du pétrole n'a jamais été exposée aussi ouvertement que par l'attaque au missile de croisière sur Bagdad le 20 mars 2003. En violation de tous les principes du droit international et sans l'ombre d'une autorité de la Constitution américaine, sans compter que l'ONU n'a pas donné son aval à la junte pétrolière Bush-Cheney pour attaquer l'Iraq, un bombardement de Bagdad a commencé.

Les platitudes pieuses de George Bush fils peuvent être jetées sans risque dans la poubelle de l'histoire, car la famille impériale Bush ne représente pas le peuple américain. G.W. Bush a été élu au pouvoir par la Cour suprême des États-Unis. Il est juste de dire que si la Cour suprême n'avait pas élu George Bush, il n'y aurait pas de guerre du pétrole aujourd'hui, car c'est un fait connu qu'Al Gore avait ouvertement déclaré que s'il gagnait les élections, il n'y aurait pas d'attaque contre l'Iraq, et que le peuple américain ne serait pas obligé de payer des prix exorbitants pour l'essence à la pompe.

Ce qui suit devrait montrer à quel point les impérialistes et leurs antécédents se soucient peu des gens, à quel point les mots de George Bush Jr. sonnaient creux lorsqu'il déclarait son amour pour le peuple irakien, incarné par son désir de se débarrasser de "Saddam" qui l'opprimait. Le contexte de ce récit de la saga des guerres du pétrole est que les États-Unis ont impitoyablement rejeté les droits des Arméniens sur Mossoul et ont agi comme si les plus d'un million d'Arméniens n'avaient pas la moindre importance.

Vahan Cardashian, avocat de la délégation de la République d'Arménie, a tenté de faire valoir cet oubli des droits des Arméniens dans une demande d'audition et d'enquête au Sénat. Dans sa lettre du 14 mars 1928 au sénateur Borah, il déclare que si la Commission des relations étrangères ne donne pas une suite favorable à sa demande, il demandera au président Coolidge de présenter le différend américano-arménien au Tribunal de La Haye pour qu'il soit tranché. La lettre de Cardashian au sénateur Borah se lit comme suit :

> *J'accuse deux membres du Cabinet du Président d'avoir marchandé le cas arménien à la Conférence de Lausanne et d'avoir conspiré pour affecter l'expulsion de près d'un million d'Arméniens de leurs maisons ancestrales.*
>
> *J'accuse ces hommes et leurs complices de cet outrage d'avoir utilisé et d'utiliser le Département d'État comme un outil volontaire pour réaliser leur infâme projet, et que le Département d'État, dans un effort pour couvrir les traces de ceux qui ont dicté sa politique à cet égard, a eu recours à de fausses déclarations, à des intrigues et même au terrorisme, et a inondé le pays de propagande irresponsable et éhontée.*
>
> *Dans ces circonstances, quel est donc le motif, le but derrière la politique turque du Département d'État ? Nous affirmons qu'il s'agit de pétrole. Une administration qui a renoncé à des droits américains légitimes et qui a ensuite eu l'impudence de remplir l'air d'insignifiances, d'insinuations sauvages et de mensonges pour détourner l'attention de sa politique déshonorante ; une administration qui a délibérément piétiné la Constitution des États-Unis dans sa conduite des relations étrangères — une telle administration, je l'accuse, n'hésiterait pas, et n'a pas hésité, à vendre le peuple arménien et ses maisons pour du pétrole, dans l'intérêt d'un groupe privilégié.*

> *Si, pour quelque raison que ce soit, la commission sénatoriale des relations étrangères ne peut et ne veut pas examiner les torts infligés à un peuple courageux, je demanderai alors au président des États-Unis de porter le point litigieux entre l'administration et l'Arménie devant le tribunal permanent d'arbitrage de La Haye pour décision.*

Il semble que si les accusations portées par l'avocat Vahan Cardashian étaient reformulées aujourd'hui, et que les noms du régime de la junte pétrolière des États-Unis étaient remplacés par ceux de Cheney, Bush, Rumsfeld, Blair et autres, et que les "Arméniens" étaient remplacés par "l'Iraq" et le "peuple Irakien", nous aurions un acte d'accusation parfait à présenter à la Cour internationale de La Haye et à faire pression pour que ces personnes, qui se cachent derrière le masque de la fausse "correction", encouragent en fait leur mainmise impériale sur le pétrole appartenant à l'Iraq. Nous devrions d'abord adresser une pétition de doléances au président du Sénat et au président de la Chambre des représentants, accompagnée d'un projet de loi particulier, accusant de trahison les membres de la junte pétrolière, demandant à la Chambre de les mettre en accusation et au Sénat de les déclarer coupables et de les forcer à quitter leur poste. Nous devrions ensuite présenter une pétition pour que ces hommes soient jugés par les tribunaux du pays, comme le prévoit la Constitution des États-Unis.

Et si ces appels et pétitions tombent dans l'oreille d'un sourd, nous devons alors adresser une plainte à la Cour mondiale de La Haye et demander que les membres de la junte pétrolière impérialiste soient traduits en justice. Rien de moins ne fera l'affaire et rien de moins n'empêchera cette junte pétrolière de continuer à se déchaîner dans le monde, car, comme toujours, elle fait fi de toutes les nations sous la bannière de l'industrie pétrolière.

Une tentative a été faite en 1991 par le représentant Henry Gonzalez pour mettre en accusation G. W. H. Bush, mais elle a été étouffée par des politiciens des deux partis qui n'avaient aucun égard pour la Constitution des États-Unis. Il ne fait aucun doute qu'une résolution similaire déposée contre George W.

Bush connaîtrait le même sort, car les politiciens de la Chambre et du Sénat d'aujourd'hui ont encore moins de considération pour la Constitution que ceux qui étaient là en 1991. Si la résolution se heurte à l'indifférence ou à une posture politique, le peuple a alors le remède de la soumettre à la Cour internationale de justice de La Haye. Au moins, qu'un pas soit fait dans la direction du rétablissement de la Constitution à sa place légitime, et que la junte pétrolière ne continue pas à la fouler aux pieds.

Les impérialistes qui luttent pour le pétrole n'ont pas limité leurs efforts à l'Iraq, à l'Iran et au Mexique. Ils se sont répandus dans le monde entier et ont même porté atteinte aux droits souverains du peuple russe, sans parler de leur intervention au Vénézuéla. L'un des incidents les plus extraordinaires s'est produit en Sibérie, sur lequel peu de choses ont été écrites.

En 1918, le Japon a tenté d'occuper la côte sibérienne. Wilson a essayé de l'en empêcher par la diplomatie, mais comme cela n'a pas fonctionné, il a envoyé une armée américaine en Sibérie sans l'autorisation du Congrès, non pas tant pour aider la Russie, mais pour empêcher le Japon de s'emparer des précieux gisements de pétrole et de charbon de Sakhaline, car Wilson les voulait pour Sinclair Oil, la compagnie américaine. La Russie voyait Sinclair d'un bon œil, pensant que les Américains avaient les "mains propres". Mais ceux qui opèrent sous la bannière impériale de l'industrie pétrolière ne jouent pas franc jeu. Ils jouent des coups tordus, comme ils en ont l'habitude.

Alors que les Russes favorisaient Sinclair Oil, dans leur dos, l'équipe hétéroclite des magnats du pétrole complotait et s'opposait au contrôle russe du Caucase et de ses précieux gisements de pétrole. C'était la même histoire que pour le Mexique. Les États-Unis soutiennent secrètement des groupes géorgiens dissidents en pensant qu'en cas de succès, les concessions pétrolières recherchées leur reviendraient. Les États-Unis ont soif de contrôler les champs pétrolifères de Grosni-Bakou, mais Moscou réprime la rébellion et capture les documents qui prouvent l'ingérence des États-Unis dans Grosni-

Bakou.

Les impérialistes se rendent ensuite au Congrès et tentent d'obtenir la reconnaissance d'une "République nationale de Géorgie" dont le gouvernement est en exil à Paris. Mais le Département d'État, de mèche avec les bolcheviks, s'opposa à ce projet qui tomba à l'eau. Sans se décourager, Rockefeller — Standard obtient alors des concessions pour acheter du pétrole russe à bas prix, et l'Anglo-American Oil Company achète 250 000 tonnes de pétrole de Bakou. Tout à coup, le lobby pétrolier Rockefeller anti-bolchevique a cessé de calomnier la Russie et a commencé à l'encenser. Rockefeller cherche alors à conclure des contrats de plus en plus importants avec les fournisseurs de pétrole russes et, en 1927, il achète 500 000 tonnes.

Les choses commencèrent à aller très bien entre Rockefeller et les bolcheviks, malgré les histoires d'horreur qui sortaient du régime contrôlé par les communistes. En juin 1927, Standard Oil commanda 360 000 tonnes de pétrole supplémentaires et Vacuum-Standard signa un contrat de 12 millions de dollars par an avec les bolcheviks.

Les histoires d'horreur de la junte impérialiste du pétrole (Bush, Cheney et Rumsfeld) sur Saddam Hussein (la bête) ont préparé le terrain pour une attaque sans précédent contre l'Iraq, une soi-disant "frappe préventive", qui a violé tous les principes de la Constitution américaine et piétiné le droit international.

Pourtant, leurs antécédents étaient très heureux de faire des affaires avec les bêtes bolcheviques dont le bilan des meurtres brutaux et de la suppression des libertés en Russie surpasse de cent mille fois tout ce que Saddam Hussein a pu faire à son peuple. L'administration Bush ose parler en termes nobles de la "moralité" qui est de son côté, puis les prédicateurs chrétiens fondamentalistes de la télévision disent à la nation que cette diabolique junte impériale pétrolière mène une "guerre juste".

La revue britannique *The Outlook* a résumé la situation du commerce du pétrole avec les bolcheviks, et le point de vue qu'elle a exprimé conviendrait parfaitement à la junte pétrolière de Bush, Cheney et Rumsfeld si nous changions le cadre temporel de 1928 à 2003 :

Les autorités britanniques et américaines considèrent le commerce avec le pétrole russe comme légitime… Le fait est simplement que les différentes compagnies ont essayé de se faire les yeux doux.

Les intrigues et la concurrence sordides sont déjà assez sinistres ; les tentatives d'explication en termes de moralité et d'éthique relèvent de la pure hypocrisie. C'est indécent et dégoûtant.

Nous en venons maintenant à la "moralité" de la junte pétrolière impériale de Bush et Cheney à la tête des États-Unis. Ils ont attaqué l'Iraq, sans un seul fragment, un seul vestige d'autorité de la Constitution américaine et du droit international, et ont largué des milliers de bombes et fait pleuvoir des missiles de croisière sur la ville ouverte et non défendue de Bagdad, en violation du droit international, et ils espèrent avec confiance échapper à la punition et au jugement des protocoles de Nuremberg.

En outre, la junte impérialiste a engrangé d'énormes profits en "reconstruisant" l'Iraq après l'avoir bombardé. Les sociétés du vice-président de la junte pétrolière Richard Cheney, Haliburton et Bechtel, ont obtenu un contrat lucratif de 6 milliards de dollars bien avant le début des "hostilités". Si le peuple américain accepte cela, alors il mérite le sort qui lui est réservé.

Pour son courage, Bechtel a été secrètement décoré d'un CBE (Commander of British Empire) par la reine Elizabeth II. Le succès de l'énorme machine de propagande a empêché toute discussion raisonnable de la part du peuple américain qui, nous l'avons dit au début de l'attaque, a soutenu la guerre de la junte pétrolière contre l'Iraq par une marge de 75%. Par conséquent, la vérité sur l'attaque barbare du 20 mars 2003 est dans l'esprit de relativement peu de gens.

George Orwell aurait compris la junte pétrolière et sa marche impériale sur l'Iraq. Né en 1903, le maître technicien formé aux arts de la propagande et de la diplomatie par la tromperie n'aurait pas hésité à s'attaquer à la junte pétrolière Bush-Cheney-Rumsfeld. Mais malheureusement pour l'Amérique, Orwell est mort en 1950 en laissant au monde, avec son livre "1984", une profonde compréhension du fonctionnement des choses. Le résumé écrit par Paul Foot et publié le 1er janvier 2003 mérite d'être cité :

> L'année, je suppose, sera pour beaucoup d'entre nous l'année George Orwell. Né en 1903 et mort en 1950, il n'a cessé de dominer la scène littéraire britannique. En cette année du centenaire, il est certain que l'on assistera à une répétition divertissante des débats de gauche entre ses partisans, dont je fais partie, et ses détracteurs, qui se souviennent du bon vieux temps du camarade Staline.

CHAPITRE 7

Passage à la barbarie

Nous commençons l'année Orwell en rappelant que cette célèbre satire, "1984", prévoyait un monde horrible divisé en trois blocs de pouvoir, changeant constamment de camp afin de continuer à se combattre.

Les gouvernements de ces trois pays conservent l'allégeance de leurs citoyens en prétendant qu'il y a toujours eu une seule guerre, un seul ennemi. Le Parti a dit que l'Océanie n'avait jamais été en alliance avec Eurasia. Lui, Winston Smith, savait que l'Océanie avait été en alliance avec Eurasia il y a seulement quatre ans. Mais où ce savoir existait-il ? Seulement dans sa propre conscience. Tout ce qui était nécessaire était une série sans fin de victoires sur sa propre mémoire. Le contrôle de la réalité, comme ils l'appellent : Novlangue ; "double pensée".

Nous avons cette "double pensée" à propos de l'Iraq et elle existe à d'autres endroits que dans nos esprits. Il y a le dossier de Margaret Thatcher de l'Océanie (les États-Unis et la Grande-Bretagne) et son complot perfide pour amener les États-Unis à faire la guerre à l'Iraq en 1991. Et puis il y a le double langage d'April Glaspie, qui a entraîné le président Saddam Hussein dans ce piège, une étape de plus sur la longue route jonchée de tentatives des impérialistes américains pour déposséder l'Iraq de son pétrole.

Le peuple américain, par son silence en 1991 et à nouveau en 2008, a cautionné les actes impérialistes de barbarie et de destruction massive, sans un murmure de protestation. Le peuple américain a fait peu de cas de la destruction délibérée de sa

Constitution par les administrations successives de Bush et il n'a pas élevé un murmure de protestation. Pourquoi l'Allemagne devrait-elle être tenue à la doctrine de la "responsabilité collective" et les États-Unis non, suite à leurs actes en Iraq ? Où est la responsabilité collective pour les crimes de guerre commis contre l'Iraq sur l'ordre de George Bush, Margaret Thatcher et leurs collègues impérialistes ? Pendant douze ans, les documents sont restés invisibles dans les archives britanniques et américaines, des documents détaillant comment "l'Océanie" a trompé et menti à l'Iraq. Margaret Thatcher, avant de dénoncer Hussein, a dépensé plus de 1,5 milliard de dollars pour équiper l'Iraq d'"armes de destruction massive". Cela a été fait parce que l'"Océanie" avait formé un bloc avec l'Iraq, et que Hussein était l'enfant aux yeux bleus du régime de l'Océanie. Lors de la gigantesque enquête Scott qui s'est tenue en Grande-Bretagne en 1996, certains détails de cette gigantesque duplicité ont filtré.

Dans les années 1980, le gouvernement Thatcher avait fourni à l'Iraq la plupart du matériel militaire censé être "interdit" par la loi. Les chars Chieftain ont été passés en contrebande en Jordanie, d'où ils ont été expédiés à Bagdad. Les réglementations sur les machines-outils ont été "assouplies" pour permettre aux fabricants d'armes irakiens de se lancer dans les affaires. Les crédits pour l'achat de matériel militaire étaient déguisés en besoins de "développement civil".

Dans les années 1980, la "stratégie audacieuse", telle qu'elle était décrite dans les dossiers de Whitehall, consistant à garantir des prêts au dictateur irakien en faillite, a été approuvée par Mme Thatcher elle-même, son ministre des affaires étrangères Douglas Hurd et son ministre du commerce et de l'industrie Nicholas Ridley. Ces derniers ont à leur tour fait l'objet d'un lobbying acharné de la part de fonctionnaires du département des ventes d'armes de Whitehall — l'organisation des ventes à l'exportation de la défense — qui avaient des liens étroits avec les entreprises d'armement. Les garanties irakiennes étaient trop risquées pour être de véritables propositions commerciales. Elles ont été accordées en vertu de la section deux d'une disposition spéciale prétendument "dans l'intérêt national".

Les garanties étaient censées ne couvrir que les projets civils. Mais une entreprise, RACAL, qui, sous la présidence de Sir Ernie Harrison, donnait régulièrement 80 000 dollars par an aux torys, a ensuite reçu une "allocation de défense" secrète de 45 millions de dollars d'assurance spéciale de l'ECGD après avoir obtenu un contrat avec l'Iraq en 1985. Les documents de l'ECGD montrent que les fonctionnaires ont protesté contre le fait qu'une seule entreprise obtenait pratiquement tous les avantages de cette association secrète. Mais ils ont été déboutés.

RACAL construisait une usine en Iraq lorsque la guerre du Golfe a éclaté. Par la suite, l'ECGD a dû faire un chèque d'assurance de 18 millions de dollars aux banquiers de RACAL. En 1987, Marconi Command and Control a obtenu un prêt bancaire de 12 millions de dollars soutenu par une garantie du contribuable pour vendre AMERTS — le système météorologique d'artillerie à l'armée Irakienne. Crucial pour un tir d'artillerie précis, AMERTS utilise des ballons météorologiques reliés à un radar pour mesurer la vitesse du vent.

Ce sont deux de ces unités mobiles que les chasseurs d'ADM américains ont annoncées en grande pompe comme étant des "armes biologiques", avant de se retirer, le visage rouge, lorsque les experts ont déclaré qu'elles servaient à remplir d'hydrogène des ballons de repérage d'artillerie.

Mais l'allocation secrète de l'ECGD avait été utilisée pour RACAL. Les fonctionnaires du ministère de la Défense ont donc obtenu que le contrat soit reclassé comme civil. L'accord obscur a conduit les fonctionnaires de l'ECGD à protester en privé qu'ils avaient été trompés par le MoD. L'ECGD a fini par faire un chèque de 10 millions de dollars quand Marconi n'a pas reçu son argent.

Un autre contrat a également fait l'objet de manœuvres : Tripod Engineering, soutenu par John Laing International, a réussi à faire classer un marché de 20 millions de dollars comme civil, alors qu'il s'agissait d'un complexe de formation de pilotes de chasse pour l'armée de l'air irakienne. Dans ses négociations, Tripod a bénéficié de l'aide d'un vice-maréchal de l'air qui, peu après son départ à la retraite, a été payé par Tripod en tant que consultant, sans demander l'accord du ministère de la Défense comme l'exigeaient les règles. Le rapport Scott a conclu que son comportement, même non intentionnel, était susceptible de susciter des soupçons.

Le rapport Scott ne cesse de citer les contrats d'armement successifs avec l'Iraq qui ont coûté 1,5 milliard de dollars à la nation.

Les membres du cabinet conservateur ont refusé de cesser de prêter des fonds garantis au président Saddam. Les entreprises qui ont bénéficié de cet appel d'offres ont depuis encaissé leurs jetons. La Midland Bank a été vendue à la banque de Hong Kong (HSBC) et Grenfell vendue à la Deutsche Bank allemande.

Même si la Grande-Bretagne obtient maintenant des réparations du président Saddam…

Si l'on considère les défauts de paiement des prêts de 1,5 milliard de dollars, cela ne suffira pas à couvrir le coût de la guerre pour la Grande-Bretagne. Ce coût a été estimé à 4-6 milliards de dollars, selon la quantité d'occupation et d'administration que la Grande-Bretagne doit faire.

L'Amérique ne connaîtra jamais le coût de cette guerre ni l'implication des conglomérats géants américains Bechtel et Haliburton, par exemple. Mais nous savons qu'à ce jour, le coût de la guerre est estimé à 650 milliards de dollars (chiffres du milieu de l'année 2008). La double trahison perpétrée par April Glaspie et George Bush est restée impunie ; la novlangue à double pensée de l'Océanie a réussi à tromper le monde.

Cette double pensée en novlangue était à grande échelle lorsque l'Océanie (la Grande-Bretagne et les États-Unis) a lancé sa guerre contre l'Iraq. Nous, les Winston Smith d'aujourd'hui, savons qu'il y a 15 ans, les États-Unis et la Grande-Bretagne formaient une alliance avec l'Iraq. Nous savons que le ministre britannique des Affaires étrangères s'est rangé du côté de Saddam Hussein lorsqu'il a fait toutes ces choses terribles à son propre peuple énumérées dans le récent dossier de Jack Straw rédigé sur le mode de la double pensée.

Nous savons que notre gouvernement a modifié ses propres directives afin de vendre à Saddam les ingrédients de toutes les armes de destruction massive qu'il pouvait avoir ou non. Nous savons également que les bases clés d'où les bombardiers américains ont décollé pour tuer des Irakiens se trouvent en Arabie Saoudite, dont le régime est encore plus dictatorial, sauvage et terroriste que celui de Saddam Hussein. (Et, nous nous empressons d'ajouter que le Koweït est dix fois pire que l'Iraq et l'Arabie saoudite en matière de dictature brutale). Mais où existe cette connaissance ? Elle n'existe que dans notre conscience.

Le grand roman d'Orwell n'était pas seulement une satire, mais un terrible avertissement. Il voulait alerter ses lecteurs sur les dangers de l'assentiment aux mensonges et aux contorsions des gouvernements puissants et de leurs larbins médiatiques.

Le mouvement anti-guerre ne s'est pas développé rapidement en Grande-Bretagne et aux États-Unis. Heureusement, nous pouvons encore, comme Orwell l'a demandé dans un autre passage, "transformer notre conscience en force" et nous débarrasser des bellicistes "comme les chevaux se débarrassent des mouches". "Si nous ne le faisons pas, nous nous apprêtons à vivre un autre cycle terrible de victoires sur nos propres souvenirs et de double pensée...

Nous devons "nous débarrasser des bellicistes" et de leurs mensonges en double langage de la novlangue. Nous devons placer les médias, leurs chiens de garde et leurs "lèches-bottes" dans la bonne perspective, sous le titre de "menteurs congénitaux". Si nous ne le faisons pas, nous sommes en effet condamnés à vivre sous un régime aussi terrifiant que celui décrit dans "1984" d'Orwell. Nous pouvons en être absolument certains. Retournez en 1991 et revivez les mensonges, la tromperie et la novlangue en double pensée de George Bush père, April Glaspie, Margaret Thatcher et ses acolytes et placez vos souvenirs de ces événements, côte à côte avec votre conscience des événements d'aujourd'hui et voyez la similitude frappante. Ensuite, faites entendre vos voix de protestation.

Tournons notre attention vers la guerre de génocide qui est toujours menée contre l'ancienne petite nation de l'Iraq, un peuple et une nation qui n'a jamais fait de mal aux États-Unis, bien que, au contraire, nous, aux États-Unis, ayons une longue histoire de tentative de leur nuire. Depuis les années 1920, des centaines de pages de documents historiques témoignent de cette vérité. Les gouvernements secrets, l'industrie pétrolière et les chiens de garde des médias en complicité avec l'Océanie ont déjà fait un mal terrible à un peuple innocent.

Les efforts des Britanniques pour dépouiller l'Iraq sont encore pires que ceux des États-Unis, bien qu'ils doivent assumer une responsabilité égale pour leur barbarie brutale envers cette petite nation pratiquement sans défense. Les efforts britanniques se sont cristallisés en découpant une partie de l'Iraq et en l'appelant "Koweït". Par la force des armes, ils ont créé un nouvel "État" qu'ils ont appelé Koweït, une marionnette de Westminster, plaçant à sa tête certains des pires tyrans de l'histoire du Moyen-Orient, la famille Al Sabah.

Pourtant, lorsque l'Iraq a tenté de récupérer ce qui lui revenait de droit, Bush d'Océanie a envoyé Glaspie mentir de manière flagrante à Hussein et au peuple des États-Unis en donnant le feu vert aux forces irakiennes pour entrer au Koweït et le démanteler. Le double langage de Glaspie a dit à Hussein :

> "Nous n'intervenons pas dans les conflits frontaliers entre États arabes."

Pire encore, lorsque, plus tard, elle a été traduite devant le Sénat (avant sa disparition), Glaspie a délibérément menti et a jusqu'à présent échappé aux conséquences de sa trahison. Elle a trompé le peuple d'Océanie. Cette femme, cette maîtresse de la junte pétrolière est directement responsable de la mort de plus d'un million d'Irakiens dans la lutte impériale pour le pétrole.

Quelle est la différence entre ce que l'Allemagne a fait et qui s'est terminé par les tribunaux de Nuremberg et ce que l'Océanie a fait à l'Iraq ? Il n'y a aucune différence. Les dirigeants de l'Océanie, passés et présents, doivent être traînés à coups de pied devant la barre de la justice et jugés pour leurs crimes odieux et graves. Tant que cela ne sera pas fait, il n'y aura pas de paix dans le monde.

Pendant ce temps, les grands prêtres de l'Océanie continuent avec leur jargon de la novlangue en double langage. Rumsfeld était l'un des meilleurs praticiens de ce type de désinformation. Le 20 mars 2003, il a prétendu qu'il y avait un grand nombre de "partenaires de la coalition" dans la guerre contre l'Iraq, alors qu'en fait il n'y en avait que deux : l'Australie et la Grande-Bretagne. Utiliser le mot "coalition" pour renforcer le soutien à sa cause était donc en fait une tromperie. Les seules véritables forces de l'alliance sont la marine, l'armée de terre et l'armée de l'air des États-Unis.

L'exigence catégorique du président Bush selon laquelle les gens doivent se soumettre à un classement : En effet, on peut être pour les États-Unis tout en étant totalement opposé à la barbarie cruelle pratiquée contre le peuple irakien. Bush s'attend à ce que la majorité acquiesce à son double langage, mais dans notre conscience, nous devons lui résister. Cette guerre ne consiste pas à être "patriotique" et à "soutenir les troupes". Cette guerre est une question de vérité, et la vérité est que, par deux fois, les États-Unis impériaux ont attaqué une petite nation faible, sans raison et sans cause juste, mais qu'ils tentent maintenant de se soustraire en double langage au crime horrible qu'ils ont commis.

La seule façon de nous tenir debout et d'être comptés, c'est de faire descendre la vérité dans la rue. Nous n'irons nulle part avec le Congrès américain. Il a traversé cette terrible crise en tanguant, enfermé dans les bras de la junte pétrolière, les oreilles sourdes et fermées aux protestations mondiales en cours, mortellement effrayé par les multinationales. Nous devons nous reclasser en tant qu'opposants à la junte pétrolière, qui mène la nation à la perdition, et nous devons nous opposer à ceux qui marchent sous la bannière de l'industrie pétrolière.

George Orwell :

> Transformez votre conscience en force. Secouez les fauteurs de guerre comme des mouches.

Ce n'est que de cette manière que nous pourrons vaincre leur volonté de créer un nouvel ordre mondial. Si nous échouons, les bellicistes d'Océanie nous écraseront, et nous ne pouvons pas permettre que cela se produise. Si nous voulons un avenir pour nos enfants et pour nous-mêmes, l'Océanie doit être vaincue. Malheureusement, le peuple américain n'a pas relevé le défi d'être entraîné dans la guerre par un parti républicain belliciste qui, dans la foulée du 11 septembre, a jeté aux quatre vents toutes les contraintes (y compris les contrôles imposés par la Constitution américaine), et il n'y a donc eu aucune retenue dans l'assaut militaire impérial américano-britannique contre l'Iraq sous le prétexte peu convaincant de trouver des "armes de destruction massive" inexistantes (en langage Tavistock), mais en réalité dans le but de leur arracher le pétrole irakien.

Le succès de la vaste machine de propagande utilisée sans retenue contre le peuple américain est l'un des développements majeurs de l'histoire de cette science, qui a parcouru un long chemin depuis l'époque de Wellington House, Bernays et Lipmann. La capacité d'attention de l'Américain moyen n'étant que de deux semaines, les mensonges et les déformations concernant les "armes de destruction massive" seront bientôt oubliés, et les gouvernements britannique et américain de Blair et Bush seront pardonnés. Le problème est tout simplement trop important pour être balayé sous le tapis, mais il s'estompera au fur et à mesure que le temps le chassera des premières pages des médias d'information.

Dans son message sur l'état de l'Union adressé au Congrès des États-Unis le 28 janvier 2003, le président Bush a déclaré au monde entier qu'il n'y avait pas de temps à perdre, pas de temps pour attendre. Être retenu par l'ONU ou par les protestations massives dans le monde entier contre l'attaque de l'Iraq, a déclaré M. Bush, exposerait les États-Unis et la Grande-Bretagne aux "armes de destruction massive de Saddam".

Bush a déclaré catégoriquement que l'Iraq devait rendre compte de… 25 000 litres d'anthrax, 38 000 litres de toxine botulique, 500 tonnes de sarin, de gaz moutarde, d'agents neurotoxiques VX et plusieurs laboratoires mobiles d'armes biologiques, ainsi que des développements avancés d'armes nucléaires.

Sur la base de cette affirmation, répétée aux Nations Unies par le Secrétaire d'État Powell et au Parlement britannique par le Premier ministre Blair, 51% des Américains ont été persuadés de donner leur consentement à un assaut militaire immédiat contre l'Iraq, bien que cela soit interdit par la Constitution américaine et que le Conseil de sécurité des Nations Unies ait refusé de sanctionner une guerre contre l'Iraq. Nous ne parlerons pas ici de la façon dont le droit international a été grossièrement violé par les gouvernements américain et britannique, mais il suffit de dire que l'invasion de l'Iraq par les forces militaires américaines a violé chacune des quatre Conventions de Genève, les Règles de La Haye de 1922 sur la guerre aérienne et les Protocoles de Nuremberg. Au Parlement britannique, Blair a prononcé un discours passionné pour convaincre les membres hésitants de son propre parti, déclarant avec empathie que l'Iraq pourrait organiser une attaque contre la Grande-Bretagne en 45 minutes, en utilisant des armes chimiques et biologiques de destruction massive. Il a déclaré à la Chambre des communes que les services de renseignement avaient fourni la preuve que l'Iraq possédait des armes de destruction massive et était prêt à les utiliser. Sans le pouvoir de persuasion de Blair, associé à ce qu'il a déclaré être des rapports de renseignement pour étayer ses affirmations, le Parlement n'aurait pas donné son assentiment à la précipitation de la guerre contre l'Iraq. Il s'avère maintenant que le chemin de la guerre était pavé de mensonges. Comme l'a déclaré le journal *Independent* :

> Les arguments en faveur de l'invasion de l'Iraq pour éliminer ses armes de destruction massive reposaient sur l'utilisation sélective des renseignements, l'exagération, l'utilisation de sources connues pour être discréditées et la fabrication pure et simple, etc.

Avec la fin du règne du président irakien, nous nous attendions à ce que de telles armes soient trouvées, d'autant plus que le

Premier ministre Blair a déclaré au Parlement qu'elles pouvaient être prêtes et opérationnelles en 45 minutes. Il est très difficile de dissimuler des roquettes sur une rampe de lancement ou un véhicule, toutes chargées de carburant et prêtes à être tirées. Pourtant, au 15 mai 2008, aucune arme de ce type n'avait été découverte, malgré une série de recherches des plus intensives menées par des équipes de 6000 "inspecteurs" américains et britanniques. Le président Bush a catégoriquement refusé d'autoriser le retour des inspecteurs en désarmement de l'ONU en Iraq, comme l'avait demandé l'inspecteur en chef Hans Blix, malgré la résolution du Conseil de sécurité de l'ONU qui était toujours en vigueur. Un Bush obstiné s'est opposé au chef de l'équipe de recherche de l'ONU. Il n'y aura pas de retour des équipes de recherche de l'ONU en Iraq. Tout aussi catégorique, Bush déclare que les armes seront trouvées. Attaqué pour son manque de progrès à cet égard, le "partenaire de la coalition" Jack Straw, qui avait soutenu Blair avec au moins 35 déclarations positives selon lesquelles l'Iraq constituait un danger pour le monde entier en raison de ses armes de destruction massive, a été contraint de faire machine arrière au Parlement le 15 mai 2004.

Selon un rapport de Nicholas Watt, correspondant politique à Londres, sur les débats à la Chambre du Parlement (La Grande-Bretagne a fait marche arrière sur la "question litigieuse des armes Irakiennes"), la Grande-Bretagne a dû battre en retraite sur la question très importante des armes de destruction massive. Prenant exemple sur le secrétaire d'État américain Powell et la conseillère à la sécurité nationale Rice, qui ont tenté de se sortir du dilemme de l'échec de la découverte des légendaires armes irakiennes, Jack Straw a ajouté sa propre version :

> La Grande-Bretagne a fait marche arrière sur la question des armes de destruction massive de l'Iraq, le ministre des Affaires étrangères Jack Straw ayant été contraint de concéder que des preuves tangibles pourraient ne jamais être découvertes. Il a déclaré qu'il n'était "pas d'une importance cruciale" de les trouver, car les preuves des méfaits de l'Iraq étaient accablantes. Il a rejeté l'importance de l'échec de la

> recherche d'armes interdites en invoquant le fait que Hans Blix, le chef des inspecteurs en désarmement de l'ONU, avait découvert une "quantité phénoménale de preuves" avant la guerre. Cette "quantité phénoménale de preuves" consistait en 10 000 litres d'anthrax, qui ne remplissaient que partiellement un camion-citerne.
>
> "Il reste à voir si nous sommes capables de trouver un tiers d'une citerne d'essence dans un pays deux fois plus grand que la France", a déclaré M. Straw.
>
> "Nous ne sommes pas partis en guerre sur la base de contingents. Nous sommes partis en guerre sur la base de preuves qui étaient pleinement disponibles pour la communauté internationale."

Son commentaire, repris par les détracteurs de la guerre, constitue un recul spectaculaire par rapport à l'affirmation des ministres selon laquelle Saddam Hussein pouvait lancer une attaque chimique et biologique en 45 minutes. M. Straw pourrait également avoir des ennuis avec M. Blix, qui pourrait s'insurger contre l'affirmation selon laquelle il a produit des "preuves accablantes" de l'existence d'armes interdites. Le toujours prudent Dr Blix a seulement dit qu'il y avait une "forte présomption" que l'Iraq disposait de 10 000 litres d'anthrax.

En tant qu'avocat, M. Straw a pris soin de dire que M. Blix n'avait fait que "suggérer" que l'Iraq possédait de l'anthrax, mais il a tenté de montrer que l'existence de l'anthrax pouvait être acceptée lorsqu'il a qualifié la découverte de combinaisons chimiques et biologiques de "preuve supplémentaire". "

Alice Mahon, la députée travailliste de Halifax, qui a été l'une des critiques les plus virulentes du gouvernement, a déclaré :

> "Toute la base de la guerre est fondée sur une contre-vérité. Le monde entier peut voir que les ministres reviennent sur leurs affirmations. Les gens ont sincèrement cru ce que le Premier ministre a dit sur le programme d'armement de l'Iraq et sa capacité à lancer une attaque en 45 minutes. Cela rend la guerre encore plus illégale."

Les dissidents travaillistes, menés par l'ancien ministre de la Défense Peter Kilfoyle, vont intensifier la pression sur le gouvernement en déposant une motion des Communes exigeant des preuves de destruction massive. Ils se sentent particulièrement concernés par cette question parce qu'une série de ministres, menés par Tony Blair, ont gagné le soutien des députés hésitants avant la guerre en lançant de terribles avertissements sur la menace que représentait Saddam Hussein. Alors que les critiques concernant l'incapacité à trouver des armes interdites se sont multipliées, les ministres se sont efforcés d'offrir une explication plausible. Mais jusqu'à présent, leurs explications ont été bidon.

CHAPITRE 8

Les introuvables ADM

L'équipe chargée de rechercher des armes de destruction massive en Iraq met fin à ses opérations sans avoir trouvé la preuve que Saddam Hussein disposait de stocks d'armes chimiques, biologiques ou nucléaires. Elle a enquêté sur de nombreux sites identifiés par les services de renseignement américains comme susceptibles d'abriter des armes de destruction massive (ADM), mais a désormais accepté qu'il fût peu probable qu'elle trouve des armes.

Les opérations sont en cours de liquidation et une unité réduite, appelée Iraq Survey Group, prendra le relais. Le chef de l'Exploitation Task Force 75 de l'armée américaine, le colonel Richard McPhee, a déclaré que son équipe de biologistes, de chimistes, d'informaticiens et de spécialistes des documents est arrivée en Iraq en croyant à l'avertissement de la communauté du renseignement selon lequel Saddam avait donné une "autorisation de libération" aux responsables d'un arsenal chimique. "Nous n'avons pas mis tous ces gens en combinaison de protection pour rien", a-t-il déclaré au *Washington Post*. Mais s'ils avaient prévu d'utiliser ces armes, il devait y avoir quelque chose à utiliser et nous ne l'avons pas trouvé. Des livres seront écrits sur ce sujet dans la communauté du renseignement pendant longtemps.

La possession présumée de telles armes par Saddam était l'un des principaux prétextes invoqués par Washington et Londres pour justifier la guerre contre l'Iraq. Dans une présentation aux Nations unies en février 2000, Colin Powell, alors secrétaire d'État américain, a identifié des sites qui, selon lui, produisaient des ADM. Lorsque George Bush a fait sa déclaration de victoire à bord de l'USS Abraham Lincoln le 1er mai, il a déclaré :

> Nous avons commencé à chercher des armes chimiques et biologiques cachées et nous connaissons déjà des centaines de sites qui feront l'objet d'une enquête.

Des progrès ont été réalisés. Il a été rapporté qu'une équipe d'experts en recherche d'ADM avait conclu qu'une remorque trouvée près de la ville de Mossoul, dans le nord de l'Iraq, était un laboratoire mobile d'armes biologiques. L'équipe était d'accord, mais d'autres experts ne partageaient pas leur point de vue. Certains responsables affirment que jusqu'à trois laboratoires de ce type ont été découverts, bien qu'aucun agent biologique ou chimique n'ait été trouvé dans aucun d'entre eux. (Il s'est avéré que les "laboratoires mobiles" étaient des véhicules équipés pour remplir des ballons de repérage d'artillerie avec du gaz hydrogène, bien que cette information ait été enterrée dans les dernières pages des journaux britanniques et américains).

Le 11 mai, le général Richard Myers, président des chefs d'état-major interarmées américains, a déclaré que les ADM pourraient encore être entre les mains des unités spéciales irakiennes. Étaient-elles pleinement déployées et auraient-elles pu être utilisées contre nous, ou sont-elles encore peut-être quelque part dans une sorte de bunker et auraient-elles pu être utilisées ? a-t-il déclaré au quartier général régional américain au Qatar. Mais ceux qui étaient sur le terrain étaient plus sceptiques. Le commandement central américain a commencé la guerre avec une liste de 19 sites d'armes suspectés prioritaires. Tous sauf deux ont été fouillés sans découvrir de preuves. 69 autres sites ont été identifiés comme pouvant offrir des indices sur la localisation des ADM. Parmi ceux-ci, 45 ont été fouillés sans succès.

Certains experts pensent que l'un des problèmes est que les équipes de recherche d'ADM ont été retenues trop longtemps, permettant ainsi aux forces irakiennes de démanteler ou de détruire les équipements. D'autres pensent que l'évaluation de l'existence de telles armes était erronée. Un responsable de la Defense Intelligence Agency a déclaré :

> "Nous sommes venus au pays de l'ours, nous sommes venus chargés pour l'ours et nous avons découvert que l'ours n'était pas là. La question était 'où sont les armes chimiques et biologiques de Saddam Hussein ?' Quelle est la question maintenant ? C'est ce que nous essayons de déterminer".

En 2008, il est clair que toute l'histoire de la possession d'armes de destruction massive par Hussein n'était rien d'autre qu'un mensonge dégoûtant aux proportions énormes, comme l'a confirmé le rapport de la commission sénatoriale dirigée par le sénateur Jay Rockefeller. Il a dénoncé Bush et Cheney par leur nom et les a accusés d'avoir délibérément trompé le peuple américain et le Congrès. La recherche d'ADM se poursuit sous les auspices du Groupe d'enquête sur l'Iraq, qui est également à la recherche d'informations sur le gouvernement du président Hussein. La Maison-Blanche prétend que cette unité est plus importante que la task force. Mais les responsables ont admis que le nombre d'employés chargés de la recherche d'armes avait été réduit. Pendant des semaines, nous avons entendu des reportages en boucle sur les éventuelles découvertes d'armes chimiques et biologiques par les troupes américaines et britanniques en Iraq. Quelques heures ou quelques jours plus tard, si l'on parcourt les dernières pages des journaux, on découvre qu'il ne s'agissait que d'une nouvelle fausse alerte. Mais ce qui n'a jamais été mentionné, c'est que ces armes, même si elles ont jamais existé, ont été fabriquées il y a cinq, dix ou quinze ans, et auraient presque certainement été inutilisables, ayant depuis longtemps dépassé leur durée de vie stable, selon les propres documents du ministère de la Défense, basés sur une décennie d'inspections internationales, de surveillance électronique et d'informations fournies par des "espions et des transfuges."

Il n'a jamais été question que l'Iraq ait un jour possédé des programmes d'armes de destruction massive, mais pas d'armes réelles, et le monde n'était pas non plus assez naïf pour faire confiance à Saddam Hussein pour ne pas essayer de cacher ces armes aux inspecteurs de l'ONU.

La justification de l'invasion américaine était toutefois qu'après une décennie de sanctions, de guerre, de bombardements américains et d'inspections de l'ONU, l'Iraq représentait toujours une menace nucléaire, chimique et biologique viable. L'administration Bush a déclaré qu'ils pouvaient être déployés au-delà des frontières de l'Iraq ou être fournis à des groupes terroristes.

Malheureusement pour Bush, il n'y a absolument aucun fondement à cet argument, si vigoureusement avancé par le secrétaire d'État de l'époque, Colin Powell, aux Nations unies, lorsqu'il a affirmé posséder des preuves claires que d'énormes stocks de tout, du gaz sarin, également connu sous sa désignation OTAN GB, à l'anthrax, en passant par des missiles violant les sanctions, étaient stockés en Iraq, prêts à être utilisés.

Peu importe que le même transfuge irakien qui a parlé à Powell des stocks d'armes chimiques et biologiques ait également déclaré qu'ils avaient été complètement détruits, ce que Powell a négligé de dire aux Nations Unies et au monde entier. Cela n'avait pas d'importance, même si c'était vrai — ce qui n'était pas le cas — parce que ces stocks seraient presque certainement devenus inutilisables et auraient péri après toutes ces années passées sur les étagères.

Étrangement, les médias américains ont, à peu près sans exception, omis de mentionner que la plupart des agents biochimiques ont une durée de vie plutôt limitée. Les rares qui l'ont fait ont généralement cité Scott Ritter, ancien inspecteur des armes irakiennes de l'ONU et opposant controversé à la guerre. Selon Ritter, les armes chimiques dont on sait que l'Iraq possède des agents neurotoxiques comme le Sarin et le Tabun ont une durée de vie de cinq ans, le VX étant un peu plus long. Les principales armes biologiques de Saddam ne sont guère mieux : la toxine botulique est efficace pendant environ trois ans, et l'anthrax liquide à peu près autant (dans les bonnes conditions). Et Ritter d'ajouter que, puisque toutes les armes chimiques ont été fabriquées dans le seul complexe d'armes chimiques de l'Iraq — l'établissement d'État de Muthanna, qui a été détruit au cours de la première guerre du Golfe en 1991 — et que toutes les usines d'armes biologiques et tous les documents de recherche ont été clairement détruits en 1998, tous les stocks d'armes biologiques/chimiques restants sont maintenant "inoffensifs et inutiles".

Cependant, d'autres ont mis en doute la crédibilité de Ritter. Ancien faucon partisan d'une invasion de l'Iraq après la première guerre du Golfe, il écrivait encore en 1998 dans un article de la *New Republic* que Saddam avait peut-être réussi à cacher aux inspecteurs de l'ONU tout ce qu'il possédait, des puissants agents biologiques et chimiques à toute son infrastructure d'armes nucléaires.

Mais la vérité est que les ADM irakiennes pourraient avoir une durée de vie encore plus courte que ce que Ritter avait prétendu — et le gouvernement américain le sait. La "Militarily Critical Technologies List" (MCTL) du ministère de la Défense des États-Unis est un recueil détaillé des technologies que le ministère considère comme "essentielles au maintien de capacités militaires américaines supérieures". Elle s'applique à tous les domaines de mission, notamment la lutte contre la prolifération.

Quelle était donc l'opinion du MCTL sur le programme d'armes chimiques de l'Iraq ?

En fabriquant ses agents chimiques neurotoxiques, les Irakiens ont produit un mélange intrinsèquement instable. Lorsque les Irakiens produisaient des munitions chimiques, ils semblaient adhérer à un régime de "fabrication et utilisation". À en juger par les informations fournies par l'Iraq aux Nations unies, vérifiées ultérieurement par des inspections sur place, la qualité des agents neurotoxiques produits par l'Iraq était médiocre. Cette mauvaise qualité était probablement due à un manque de purification. L'agent devait être acheminé rapidement sur le front ou se dégrader dans les munitions.

Le rapport du ministère de la Défense l'indique :

> En outre, les munitions chimiques trouvées en Iraq après la (première) guerre du Golfe contenaient des agents fortement détériorés et une proportion importante d'entre eux présentait des fuites visibles.

La durée de conservation de ces agents de mauvaise qualité était de quelques semaines au mieux, ce qui ne permet pas de constituer de vastes stocks d'armes chimiques. Peu avant la première guerre du Golfe, il a été dit que les Irakiens avaient créé des armes chimiques binaires dans lesquelles les ingrédients relativement non toxiques de l'agent sont mélangés juste avant l'utilisation de l'arme, ce qui permet à l'utilisateur de ne pas se soucier de la durée de conservation ou de la toxicité. Mais selon le MCTL, "les Irakiens disposaient d'un petit nombre de munitions binaires abâtardies dans lesquelles une personne malchanceuse devait verser un ingrédient dans l'autre à partir d'un bidon avant l'utilisation" — une action que peu de soldats étaient prêts à accomplir.

L'Iraq a produit du gaz moutarde, un peu plus stable que les agents neurotoxiques. Il a peut-être une durée de conservation plus longue ; on pourrait peut-être encore trouver des formes puissantes de cet agent. Mais on peut se demander à quel point nous devrions nous inquiéter des agents mal fabriqués par l'Iraq, plusieurs années après leur production. Et, comme l'insiste maintenant Ritter, toute installation d'armes chimiques fonctionnant ces dernières années aurait pu, comme son homologue nucléaire, dégager des gaz d'échappement ; et tout nouveau programme d'armes biologiques aurait dû repartir de zéro. Ces deux activités auraient été facilement détectées par les services de renseignement occidentaux, mais aucune preuve n'a jamais été produite parce qu'aucune preuve n'a jamais été trouvée, pour la simple raison qu'elle n'existait pas.

L'argument de la menace nucléaire que représente l'Iraq reposait sur des bases encore plus fragiles, mais cela n'a pas empêché les faucons d'exploiter l'absence de preuves pour effrayer les politiciens réticents.

Alors que le Congrès s'apprêtait à voter la résolution autorisant le recours à la force en Iraq, le gouvernement de Tony Blair a choisi ce moment pour rendre publique une apparente bombe : les services de renseignement britanniques avaient obtenu des documents montrant qu'entre 1999 et 2001, l'Iraq avait tenté d'acheter des "quantités importantes d'uranium" à un pays africain non nommé, "bien qu'il n'ait aucun programme actif d'énergie nucléaire civile qui pourrait en avoir besoin".

Le journaliste principal du *New Yorker*, Seymour Hersh, a écrit que le jour même où Blair a dévoilé ce prétendu "pistolet fumant", le directeur de la CIA, George Tenet, a discuté des documents entre l'Iraq et le Niger, le pays africain en question, lors d'une audience à huis clos de la commission des affaires étrangères du Sénat sur la question des ADM en Iraq. Blair avait remis les documents aux services de renseignements américains, et ce juste au bon moment ; la preuve apportée par Tenet a été déterminante pour que le Congrès soutienne la résolution de guerre, qui, comme nous l'avons déjà dit, n'est pas un pouvoir prévu par la Constitution des États-Unis. La Constitution exige qu'une déclaration de guerre soit adoptée par une session conjointe de la Chambre et du Sénat. Tout ce qui est moins est inconstitutionnel et la "résolution" était justement inconstitutionnelle et sans effet, car elle ne répondait pas aux critères d'une déclaration de guerre.

L'Agence internationale de l'énergie atomique (AIEA) devait vérifier l'authenticité de ces documents importants pour le Conseil de sécurité des Nations unies, mais elle ne les a obtenus du gouvernement américain qu'après des mois de plaidoirie — un délai étrange, si l'on considère que la Maison-Blanche de Bush était si désireuse de prouver les intentions nucléaires de Saddam à un monde sceptique. Comme nous le savons maintenant, Mohamed El Baradei, directeur général de l'AIEA, a déclaré au Conseil de sécurité des Nations unies que les documents du Niger concernant les ventes d'uranium étaient clairement des faux. Ces documents sont tellement mauvais que je ne peux pas imaginer qu'ils proviennent d'une agence de renseignement sérieuse. Interrogé sur les faux lors d'une audition ultérieure de la Chambre, le secrétaire d'État Colin Powell a déclaré :

> "Cela venait d'autres sources. Il a été fourni de bonne foi aux inspecteurs."

Des doigts ont pointé le MI6 britannique comme étant les auteurs de ces actes ; des sources arabes ont pointé le Mossad d'Israël. En effet, cette administration a souvent occulté le fait que l'ONU avait détruit toutes les infrastructures et installations du programme d'armement nucléaire de l'Iraq avant le départ des inspecteurs en 1998. Même si Hussein avait, d'une manière ou d'une autre, importé secrètement les matériaux nécessaires pour les reconstruire au cours des cinq dernières années, alors que les sanctions de l'ONU, les zones d'exclusion aérienne et l'espionnage vigoureux des forces occidentales restaient fermement en place, l'Iraq ne pouvait pas cacher les gaz, la chaleur et les rayonnements gamma que les installations de centrifugation émettent — et que nos capacités de renseignement auraient déjà identifiés. Une semaine après la bombe de l'AIEA, le sénateur Jay Rockefeller (D-WV) a officiellement demandé une enquête du FBI sur cette affaire, déclarant que

> "la fabrication de ces documents peut faire partie d'une tromperie plus large visant à manipuler l'opinion publique… concernant l'Iraq."

Le FBI n'a jamais rien publié sur cette question importante. Alors que les initiés de la Maison-Blanche et les médias admettaient qu'ils ne s'attendaient plus à trouver beaucoup, voire pas du tout, d'armes de destruction massive en Iraq, différents scénarios peu convaincants ont été lancés : les armes sont allées en Syrie, elles ont été détruites efficacement quelques heures seulement avant l'invasion américaine, etc. La vérité, cependant, semble être que l'Iraq était un tigre de papier, avec peu ou pas de capacité à menacer les États-Unis ou Israël.

L'administration Bush a changé de discours sur les armes de destruction massive irakiennes, la raison pour laquelle elle est entrée en guerre. Au lieu de chercher de vastes stocks de matériaux interdits, elle espère désormais trouver des preuves documentaires. Ce changement de rhétorique, apparemment destiné, en partie, à atténuer les attentes du public, s'est déroulé progressivement dans le passé, alors que des équipes spéciales de l'armée américaine ne trouvaient pas grand-chose pour justifier l'affirmation de l'administration Bush selon laquelle l'Iraq dissimulait de vastes stocks d'agents chimiques et biologiques et travaillait activement à un programme secret d'armes nucléaires.

L'administration Bush semble espérer que les faits gênants disparaîtront du discours public. "C'est en train de se produire dans une large mesure", a déclaré Phyllis Bennis de l'Institute for Policy Studies (IPS), un groupe de réflexion libéral, qui s'est opposé à la guerre. Peu de politiciens ont soulevé la question, ne souhaitant pas remettre en cause une victoire militaire populaire.

Cependant, la représentante de Californie Jane Harman, démocrate en chef de la commission du renseignement de la Chambre des représentants, s'est dite préoccupée :

> Bien que j'aie été convaincu des arguments avancés avant la guerre, je suis de plus en plus préoccupé par le manque de progrès dans la découverte des armes irakiennes. Nous avons besoin d'un compte rendu complet des renseignements dont disposaient le Congrès et les planificateurs de la guerre avant et pendant le conflit.

Dans un sondage *New York Times/CBS*, 49% de leurs lecteurs ont déclaré que l'administration avait surestimé la quantité d'armes interdites en Iraq, tandis que 29% ont déclaré que ses estimations étaient exactes et 12% qu'elles étaient faibles.

Plus tôt, lors d'un discours prononcé le 7 octobre 2005, M. Bush avait déclaré :

> Le régime irakien... possède et produit des armes chimiques et biologiques. Il cherche à se doter d'armes nucléaires. Nous savons que le régime a produit des milliers de tonnes d'agents chimiques, dont le gaz moutarde, le gaz neurotoxique Sarin, le gaz neurotoxique VX... Et les photos de surveillance révèlent que le régime reconstruit les

> installations qu'il avait utilisées pour produire des armes chimiques et biologiques.

Dans son discours sur l'état de l'Union en janvier 2006, Bush a accusé l'Iraq de posséder suffisamment de matériel... pour produire plus de 25 000 litres d'anthrax — des doses suffisantes pour tuer plusieurs millions de personnes... plus de 38 000 litres de toxine botulique — assez pour soumettre des millions de personnes à la mort par insuffisance respiratoire... jusqu'à 500 tonnes d'ypérite sarin et d'agents neurotoxiques VX.

Lors de sa présentation au Conseil de sécurité des Nations unies le 6 février, le secrétaire d'État Colin Powell a déclaré que Washington "savait" que Bagdad avait dispersé des lance-roquettes et des ogives contenant des agents de guerre biologique dans des endroits situés dans l'ouest de l'Iraq :

> Nous disposons également de photos satellites qui indiquent que des matériaux interdits ont récemment été déplacés d'un certain nombre d'installations irakiennes d'armes de destruction massive. Il ne fait aucun doute que Saddam Hussein possède des armes biologiques et la capacité d'en produire rapidement beaucoup, beaucoup plus.

Lors d'un témoignage au Congrès en avril, Powell a déclaré que des armes seraient trouvées. Il a dit de son discours à l'ONU que tout ce que nous avions là-bas était sauvegardé et avait une double et triple source.

Un général de l'armée irakienne a déclaré que le gouvernement de Saddam Hussein pourrait avoir détruit des stocks d'armes chimiques quelque temps avant que les États-Unis n'attaquent l'Iraq pour renverser le président Hussein. Mais le général de division David H. Petraeus, commandant de la 101e division aéroportée, a déclaré qu'il était encore trop tôt pour déterminer définitivement l'emplacement ou le statut de l'arsenal présumé d'armes non conventionnelles de l'Iraq. Le général Petraeus, s'adressant aux journalistes au Pentagone par vidéophone depuis Mossoul, a déclaré :

> ... Il ne fait aucun doute qu'il y avait des armes chimiques il

> y a des années, je ne sais simplement pas si tout a été détruit il y a des années… si elles ont été détruites juste avant la guerre, ou si elles sont toujours cachées. Notre propre section chimique a examiné la remorque et a confirmé qu'elle était très proche et identique à la première remorque qui a été trouvée par les forces spéciales au sud-est d'ici la semaine dernière.

Les équipes militaires ont passé au crible des dizaines de sites suspects, mais n'ont trouvé aucune arme illicite. Il s'est avéré que la remorque faisait partie d'une force de repérage d'artillerie qui utilisait des ballons remplis de gaz pour mesurer la précision des tirs d'artillerie et n'avait rien à voir avec les armes nucléaires. Le général Tommy R. Franks, commandant des forces américaines en Iraq, a déclaré que les équipes pourraient finalement devoir fouiller plusieurs milliers de sites pour trouver des preuves de la présence de telles armes. Le général Petraeus a toutefois fourni de nouveaux détails sur un laboratoire mobile d'armes biologiques présumé qui, selon lui, a été découvert le 9 mai à Al Kindi, un centre de recherche militaire situé près de Mossoul.

Les équipes américaines ont maintenant localisé des parties de trois laboratoires mobiles, selon les responsables militaires et civils. Le général Petraeus a toutefois déclaré que la remorque trouvée à Al Kindi n'était pas terminée. Il aurait certainement été raisonnable de supposer que si Saddam Hussein pensait que sa dernière heure approchait, il serait plus enclin à donner son feu vert à la remise d'ADM à Al-Qaïda. Pourtant, la Maison-Blanche de Bush et le Pentagone ne semblent pas avoir prévu de telles éventualités. Ils se sont davantage attachés à trouver des preuves de l'existence d'ADM (ce qui aiderait Bush à justifier la guerre) qu'à contrecarrer la menace supposée que représentent les armes de destruction massive de l'Iraq.

Pourquoi l'Iraq Survey Team n'a-t-elle pas été constituée dès le début de la guerre et n'était-elle pas prête à se précipiter sur place dès que possible pour tenter de localiser et de sécuriser ces objets qui menaçaient les États-Unis ? La guerre, après tout, n'a pas été une surprise. Et les nouvelles d'Iraq n'ont pas été encourageantes. Les pillards ont nettoyé les installations nucléaires irakiennes bien avant que les enquêteurs américains ne les atteignent. S'agissait-il seulement de charognards qui se sont emparés sans le savoir de matériaux radioactifs présentant des dangers pour la santé et l'environnement ? Ou s'agissait-il de terroristes à la recherche de matériel pour une bombe sale ? Dans un cas comme dans l'autre, une question légitime pour Bush, le secrétaire à la Défense Donald Rumsfeld et d'autres responsables de l'administration et du Pentagone est la suivante : pourquoi n'avez-vous pas essayé de sécuriser ces sites immédiatement ?

Le 4 mai, Barton Gellman du *Washington Post* a rapporté qu'une équipe du ministère de la Défense spécialement formée n'a été envoyée au centre de recherche nucléaire de Bagdad que le 3 mai, après un mois d'indécision officielle : l'unité a trouvé le site — qui abritait les restes du réacteur nucléaire bombardé par Israël en 1981 et qui stockait des déchets radioactifs qui seraient très attrayants pour un fabricant de bombes sales — saccagé, rapporte Gellman :

> "L'enquête menée par l'équipe semblait offrir de nouvelles preuves que la guerre a dispersé les technologies les plus dangereuses du pays hors de la connaissance ou du contrôle de quiconque."

Bush n'a pas été obligé d'expliquer la lenteur de la recherche d'ADM ou le manque de planification d'avant-guerre sur ce front crucial. Heureusement pour lui, les démocrates ont passé plus de temps à critiquer son discours de prise de photos sur un porte-avions (qui a amené les chaînes d'information à montrer en boucle les images de "Top Gun"). Mais lors du briefing de la Maison-Blanche du 7 mai, le secrétaire de presse Ari Fleischer a été pressé de dire si les États-Unis n'avaient pas agi pour empêcher la dispersion des armes de destruction massive (si elles existaient). L'échange a été éclairant.

Question :

> "Je le sais, mais vous faites ces déclarations sans répondre à la question directe, qui est de savoir ce que cette

> administration sait non seulement de ce qui a été trouvé — vous vérifiez encore — mais aussi des matériaux d'armes ou des armes réelles qui ont pu sortir du pays ?".

Fleischer :

> "Eh bien, nous n'avons rien de concret à signaler à ce sujet."

Précisément, et la Maison-Blanche n'a pas eu beaucoup à dire sur les efforts qu'elle a déployés pour empêcher que du matériel lié aux ADM ne soit donné ou arraché par des terroristes. Le risque identifié par la Maison-Blanche avant la guerre n'était pas, comme l'a suggéré M. Fleischer, que Saddam Hussein utilise des ADM contre les États-Unis, mais qu'il les glisse à des terroristes qui le feraient. Mais peut-il prétendre que de tels transferts n'ont pas eu lieu pendant ou après la guerre ? Il ne peut certainement pas affirmer honnêtement que l'armée américaine a agi assidûment pour empêcher ce genre de scénario de cauchemar. En fait, la destruction de la structure de commandement et de contrôle de tout matériel ADM qui aurait pu se trouver en Iraq n'a fait qu'augmenter la probabilité que ce matériel dangereux se retrouve entre les mains de terroristes.

Ensuite, Fleischer a fait remarquer :

> "Comme je l'ai dit plus tôt, nous avons une grande confiance dans le fait qu'ils ont des armes de destruction massive. C'est l'objet de cette guerre et c'est ce qu'elle est."

Avec plus de 110 sites contrôlés, les inspecteurs n'ont rien trouvé de concluant. Cela a été un exercice de fausses alarmes. La poudre blanche suspecte à Latifiyah n'était que de la poudre explosive. Les barils de ce que l'on pensait être des agents neurotoxiques Sarin et Tabun étaient des pesticides. Lorsqu'une douzaine de soldats américains ont vérifié un site suspect et sont tombés malades, c'est parce qu'ils avaient inhalé des fumées d'engrais.

Chaque revers fait monter la pression politique. Les luttes intestines entre les services gouvernementaux et les agences de renseignement sont devenues virulentes des deux côtés de l'Atlantique. Après avoir mené une guerre pour désarmer l'Iraq de ses armes terribles, ni les États-Unis ni la Grande-Bretagne n'ont osé admettre que l'Iraq n'avait jamais eu de telles armes. La recherche d'armes de destruction massive fut un fiasco qui se solda par un échec total.

La recherche était particulièrement vitale pour la cabale néo-bolchévique. Dans le meilleur des mondes de l'Amérique post-11 septembre, ce groupe restreint d'analystes au cœur du Pentagone a été le moteur de la guerre en Iraq. Ne comptant pas plus d'une douzaine de personnes, la Cabale fait partie du Bureau des plans spéciaux, une nouvelle agence de renseignement qui a affronté la CIA et l'a emporté. Là où la CIA tergiversait sur l'Iraq, le Bureau des plans spéciaux (Office of Special Investigation, OSP) a poursuivi son action.

Là où la CIA doutait, l'OSP était ferme. Elle s'est livrée à une bataille royale sur l'Iraq et a fini par être pesée dans la balance et jugée insuffisante. L'OSP est une idée du secrétaire à la défense Donald Rumsfeld, qui l'a créée après les attaques terroristes de 2001. Elle était chargée de revenir sur de vieilles bases concernant l'Iraq et de montrer que la CIA avait négligé la menace qu'elle représentait. Mais son apparition a provoqué d'importantes ruines dans le monde habituellement secret de la collecte de renseignements.

L'OSP rendait directement compte à Paul Wolfowitz, l'un des principaux bellicistes néo-bolchéviques de l'administration. L'OSP contournait la CIA et la Defense Intelligence Agency (DIA) du Pentagone lorsqu'il s'agissait de murmurer à l'oreille du président. Ils ont plaidé avec force en faveur d'une guerre contre Saddam avant que ses programmes d'armement ne se concrétisent.

Les voix plus modérées de la CIA et de la Defense Intelligence Agency ont été étouffées. Il y a eu une rafale de fuites dans les médias. Un fonctionnaire de la CIA a décrit les membres de la cabale comme "fous", en "mission de Dieu". Mais la cabale et le Pentagone de Rumsfeld ont gagné et le Département d'État de Powell a perdu. Les tensions entre les deux étaient maintenant au grand jour.

"Rumsfeld a créé sa propre agence de renseignement parce qu'il n'aimait pas les renseignements qu'il recevait", a déclaré Larry Korb, directeur des études de sécurité nationale au Council on Foreign Relations. "Il n'aime pas l'approche de Powell, un diplomate typique, trop prudent". Les anciens responsables de la CIA sont caustiques à l'égard de l'OSP. Peu fiables et politiquement motivés, ils affirment qu'ils ont sapé des décennies de travail des espions qualifiés de la CIA et ignoré la vérité lorsqu'elle contredisait leur vision du monde.

> "Leurs méthodes étaient vicieuses", a déclaré Vince Cannistraro, ancien chef du contre-terrorisme à la CIA.
>
> "La politisation du renseignement était endémique et la désinformation délibérée était encouragée. Ils choisissaient le pire scénario sur tout et une grande partie des informations étaient fallacieuses."

Mais Cannistraro est à la retraite. Ses attaques n'ont pas dérangé la Cabale, fermement "dans la boucle" des décideurs de Washington. Pourtant, même parmi eux, l'incapacité persistante à trouver des armes de destruction massive en Iraq était une crainte croissante. Les retombées de la guerre pourraient les faire tomber. L'avertissement était là, noir sur blanc. Citant des sources de "renseignements", Tony Blair a produit un dossier officiel qui concluait que l'Iraq pouvait faire feu avec ses armes chimiques ou biologiques dans les 45 minutes suivant un ordre donné en ce sens. Cette perspective était terrifiante et a renforcé l'argument en faveur de la guerre lorsque le dossier a été produit. Mais une analyse froide a révélé une histoire différente. L'Iraq a été abandonné par les inspecteurs en désarmement de l'ONU, puis bombardé, envahi et finalement placé sous le contrôle militaire impérial américain et britannique. Pendant tout ce temps, le "bouton" n'a jamais été pressé sur ses armes de destruction massive. Le parti pro-guerre et le lobby anti-guerre voulaient maintenant savoir pourquoi. Pouvait-on expliquer cette mystérieuse défaillance ou les armes n'avaient-elles jamais existé ?

Des mois avant que l'armée américaine ne fasse pleuvoir

bombes et missiles sur l'Iraq, le ministère de la Défense travaillait secrètement avec l'ancienne société du vice-président Dick Cheney, Haliburton Corp. sur un accord qui donnerait à la deuxième plus grande société de services pétroliers du monde le contrôle total des champs pétrolifères Irakiens, selon les plus hauts dirigeants de Haliburton. En outre, des documents classifiés de Haliburton prouvent que la guerre en Iraq avait pour but de contrôler les deuxièmes plus grandes réserves de pétrole du monde plutôt que de renverser le régime du président irakien Saddam Hussein.

Le contrat entre le ministère de la Défense et l'unité Haliburton de Kellogg, Brown & Root pour gérer l'industrie pétrolière irakienne a été élaboré dès octobre 2002, selon les documents, et pourrait finalement être évalué à 7 milliards de dollars, une aubaine pour Haliburton.

En octobre 2003, Haliburton était accablée par un passif de plusieurs milliards de dollars lié à l'amiante et souffrait également d'un ralentissement de la production pétrolière nationale. Le cours de l'action Haliburton a réagi rapidement, dégringolant à 12,62 dollars en octobre 2002, alors qu'il avait atteint un sommet de 22 dollars l'année précédente, et des rumeurs ont commencé à circuler selon lesquelles la société serait contrainte de déposer son bilan. Tout bien considéré et compte tenu de l'histoire d'un gouvernement américain impérial dirigé et contrôlé dans sa politique étrangère par l'industrie pétrolière, il est raisonnable de conclure que même sans la "situation inventée" des armes de destruction massive, l'Iraq aurait été envahi dans le seul but de prendre le contrôle de ses vastes ressources pétrolières.

CHAPITRE 9

L'impérialisme brutal à l'œuvre

L'industrie pétrolière a transformé les États-Unis, qui étaient une république bénigne où régnaient la paix et la justice pour tous, en un empire impérialiste mondial qui a détruit l'espoir offert au monde par la république des Pères fondateurs. Le credo de la république était basé sur une philosophie morale qui était nettement non matérialiste. Mais les grandes entreprises et les institutions bancaires se sont opposées à la République américaine et l'Amérique est devenue avide, matérialiste belliqueuse et vouée au mercantilisme total.

Principalement responsable de ce vaste changement et fortement vilipendée en tant que telle, l'industrie pétrolière a largement mérité toutes les épithètes connues lancées contre elle par une grande variété de critiques, gouvernementaux et privés.

L'objectif des chapitres suivants est d'explorer un groupe ultra-secret et d'établir si l'industrie pétrolière mérite la mauvaise réputation qu'elle a sans aucun doute. Il s'agit d'une industrie qui a survécu à toutes les tentatives de percer ses murs. Elle a survécu à de nombreuses enquêtes du Sénat, à des procès antitrust et aux vendettas personnelles de deux sénateurs américains expérimentés et déterminés, feu Henry Jackson et feu Frank Church.

Un seul homme, le colonel Khadafi, a été capable de bouleverser les "majors" ; un Bédouin solitaire des déserts de Libye, l'homme qui a bouleversé le cartel des "Sept Sœurs", au grand dam — et à l'étonnement — du "gouvernement dans le gouvernement", les directeurs et les membres des conseils d'administration des compagnies pétrolières les plus puissantes du monde. Mais dans le sillage de la guerre de 2003 contre l'Iraq, la Libye a été persuadée de "voir la lumière" et est désormais sous le contrôle des grandes compagnies pétrolières. C'est avec la présidence de Reagan que les États-Unis sont passés ouvertement de la république à l'empire. Ronald Reagan a rempli son cabinet de dirigeants de sociétés multinationales ; le secrétaire d'État George Schultz de Bechtel, le secrétaire à la défense Casper Weinberger, président de la même société, entre autres. Alors que le président Carter avait tenté de maintenir la paix, Reagan s'est lancé dans une campagne de belligérance qui allait donner le ton aux futures administrations américaines.

L'industrie pétrolière ne peut être mentionnée sans que le nom de John D. Rockefeller (1839-1937) apparaisse au premier plan. John D. Rockefeller et la Standard Oil du New Jersey sont devenus synonymes de l'industrie pétrolière américaine impériale.

Rockefeller et Standard Oil sont devenus synonymes de trahison, de haine et de cupidité. Une haine effrénée est la marque de fabrique de John D. et ses fils s'efforcent d'entretenir la légende, plutôt que de prendre des mesures pour améliorer la mauvaise image laissée par leur père, et ce malgré le fait que le vieux John D. ait été élevé dans une stricte foi baptiste dans une ferme près de Cleveland, dans l'Ohio. Dans ses années de formation, il s'est fait connaître pour sa gourmandise exceptionnelle — il achetait des bonbons et les revendait à d'autres enfants avec un bénéfice.

John D. a toujours été assidu. Il a travaillé dans une épicerie comme comptable à l'âge de seize ans et son employeur s'est montré très satisfait de son assiduité. Il s'est avéré être très observateur, voyant tout et ne manquant rien. Même à cet âge, il n'a jamais exprimé la moindre émotion. Il se hisse au rang de propriétaire unique d'une société commerciale de Cleveland et fonde la Standard Oil en 1870.

Ce qui est remarquable, c'est que l'ascension du Standard Oil Trust de Rockefeller peut être vérifiée par des preuves documentaires certifiables qui, dans un sens, sont comparables à une note dans l'histoire de la politique étrangère. Presque dès sa création en 1870, le Standard Oil Trust Rockefeller a fait l'objet d'attaques de la part de plusieurs législatures d'État et du Congrès des États-Unis en raison de ses transactions douteuses.

Les dirigeants du Trust ont été traînés devant les commissions du Congrès en 1872 et à nouveau en 1876. Le Commonwealth de Pennsylvanie a tenté de renverser le Trust en 1879, et deux ans auparavant, il a été contraint de se présenter devant la Commission du commerce interétatique. Un état de guerre virtuel entre le Standard Oil Trust et l'État de l'Ohio existait en 1882. Une commission d'enquête industrielle a été nommée par le président McKinley et 19 volumes de témoignages ont été recueillis. Pendant tout ce temps, le Standard Oil Trust se tenait comme un rocher qui ne pouvait être déplacé. Les procès civils se sont multipliés, mais en vain.

En effectuant les recherches nécessaires à la rédaction de cet ouvrage, j'ai été stupéfait de constater à quel point des millions de personnes dans le monde entier détestaient le nom des Rockefeller et l'entreprise phare de la famille, la Standard Oil. Cette haine persistante est aussi féroce aujourd'hui, en 2008, qu'elle l'était lorsque la "grande main" des Rockefeller a fait son apparition dans les champs pétrolifères de Pennsylvanie. Cela est particulièrement vrai parmi les descendants des pionniers foreurs qui ont afflué à Titusville et Pithead en 1865, lorsque la "ruée vers l'or noir" était à son apogée. Je suis redevable à Ida Tarbell, dont l'excellent livre exposant les "efforts pionniers" de John D. Rockefeller a été une source inépuisable d'informations privilégiées sur la personne et le caractère du chef du clan Rockefeller.

La capacité de John D à dépouiller sans effort les foreurs et les prospecteurs de leurs concessions ressemble étrangement aux méthodes utilisées par Cecil John Rhodes pour voler et dérober les concessions de diamants aux prospecteurs qui travaillaient dur dans les champs de Kimberly en Afrique du Sud. Les deux hommes étaient impitoyables et dépourvus de sentiment à l'égard des droits d'autrui et les deux hommes n'exprimaient jamais d'émotion.

Si Rockefeller et ses fils étaient des autopromoteurs, ce qu'ils annonçaient n'était pas dans l'intérêt des hommes libres du monde entier. Nelson Rockefeller a dit un jour que l'immense fortune de sa famille était un accident, mais l'histoire dit le contraire.

Le caractère taciturne et la malhonnêteté de John D. ont sans doute été transmis à ses fils, de même que sa paranoïa du secret et son absence totale de sentiments. La paranoïa du secret héritée de Standard Oil Trust par les majors est évidente dans les barrières que ces sociétés ont érigées autour d'elles pour tenir à distance les "étrangers" indiscrets. Elles ne confient leurs affaires qu'aux banques de l'industrie pétrolière, comme la Morgan Guarantee, la Trust Bank et la Chase Manhattan Bank du Comité des 300, tandis que leurs comptes et leurs affaires sont enfermés derrière les murs épais de Price, Waterhouse, les comptables et auditeurs officiels du Comité des 300. Plus d'une commission sénatoriale s'est empêtrée dans la toile gluante tissée par cette grande société comptable. Même les meilleurs enquêteurs et auditeurs que le gouvernement pouvait réunir ont été totalement désorientés par les comptables de Price, Waterhouse. On dit du vieux John D. qu'il pouvait compter plus vite que les calculatrices d'aujourd'hui, un exploit qu'il avait appris de son père lorsqu'il calculait le prix de son "remède contre le cancer" dans les foires et autres endroits du genre. En fait, le "remède" était simplement du pétrole brut, provenant directement des puits de pétrole, conditionnés dans de petites bouteilles.

Alors que les affaires marchaient bien, John D. a dû fuir pour sauver sa vie, car la police voulait l'arrêter pour avoir eu des rapports sexuels forcés avec une jeune fille de seize ans. Le vieux John D. ne croit pas aux amitiés et avertit ses fils de se tenir à l'écart de ce qu'il appelle "laisser la bonne camaraderie s'emparer de vous". Il trompait également ses fils, "pour les garder en forme", comme il le disait. Sa rengaine favorite était celle de la vieille chouette sage qui ne disait rien, mais entendait beaucoup. Un portrait ancien montre un homme au visage long, décharné et sinistre, aux petits yeux sans trace d'émotion humaine.

Son métier de comptable l'amène à ne pas dire grand-chose, mais à tenir ses comptes en ordre. Il est d'autant plus étonnant qu'un homme au visage si austère, taciturne et antipathique, ait pu persuader les frères Clark, de la raffinerie Clark Brothers, de lui vendre une part de leur raffinerie de pétrole, où il était employé.

Les frères Clark ne tardent pas à découvrir qu'ils ont fait une terrible erreur en laissant Rockefeller entrer dans leur entreprise. Rapide avec les chiffres et les calculs, John D. est capable de faire perdre aux deux frères leur part de la raffinerie. Il prétend toujours qu'il les a "rachetés", mais les Clarks répondent qu'ils ont été "floués".

Certains auteurs attribuent le penchant de John D. à se débarrasser de ses partenaires à son héritage, et il est vrai que son père avait l'habitude de lui dire "sois aussi rapide qu'un juif". Bien qu'il ait revendiqué un héritage baptiste et qu'il ait fréquenté une église baptiste, il est peu probable que cela soit vrai, puisque ses parents venaient d'Europe de l'Est. John D. ne se souciait pas des gens ; il les piétinait et se débarrassait de ses anciens partenaires qui ne lui étaient plus d'aucune utilité. Une seule personne l'intéressait, et c'était lui-même. C'est ainsi que Standard Oil est devenue la grande entreprise la plus secrète des États-Unis, une tradition suivie par EXXON. On a dit de Standard qu'elle était verrouillée et barricadée, comme une forteresse. Le caractère de John D. était si terni et il était si universellement détesté qu'il a engagé un homme de relations publiques pour tenter de redorer son image, aidé en cela par de généreux dons "philanthropiques" déductibles des impôts. Mais malgré tous les efforts d'Ivy Lee, dont on dit qu'il est le premier homme de relations publiques de l'histoire américaine, l'héritage de haine que John D. avait mérité lui collait à la peau et reste à ce jour associé au nom Rockefeller et à EXXON.

La "grande main" de Rockefeller a ruiné des centaines de

milliers de foreurs, de prospecteurs et de titulaires de baux à Titusville et Pithead. Dans l'ensemble, il s'agissait de jeunes hommes d'une autre génération qui pensaient pouvoir résoudre l'énigme des fluctuations de prix — ce que Rockefeller ne voulait pas. Bien que la vie autour de Titusville et de Pithead soit assez tumultueuse, elle n'était jamais rancunière et tout le monde traitait équitablement avec les autres, c'est-à-dire jusqu'à ce que la "grande main" de Rockefeller soit levée contre tous les "concurrents".

À l'âge de 26 ans, fort de son succès dans le vol de la raffinerie des frères Clark et avec Oil City près de Cleveland sous son contrôle, Rockefeller commence à chercher de nouvelles conquêtes.

Son fils, David Rockefeller, a hérité du sang-froid de son père et s'est imposé lui-même. Très tôt dans sa carrière, David a transféré la majeure partie des actifs familiaux "off-shore" dans des paradis fiscaux, où le secret bancaire était pratiquement inviolable. David Rockefeller a continué à diriger l'industrie pétrolière comme un gouvernement dans un gouvernement et, par un coup de chance, il a également acheté INTERPOL, le système mondial de police et de renseignement.

Toutes les grandes compagnies pétrolières sont en relation avec des banques, des sociétés minières, des chemins de fer, des compagnies d'expédition, des compagnies d'assurance et des sociétés d'investissement ; et dans le cadre de leurs activités, elles échangent des informations, mais c'est grâce aux nombreux "espions" qu'il employait que le vieux John D. et ses fils étaient parfaitement informés de tout ce qui se passait.

Son réseau le plus efficace a grandi en taille et en portée, et aujourd'hui, il n'y a pas un seul pays qui échappe au réseau de renseignements de Rockefeller, qui bien souvent, surpasse les services de renseignements officiels en taille et en budget. Il y a beaucoup de travail à faire. Il ne doit jamais arriver un moment où nous jetons simplement l'éponge en disant "ils sont trop grands, trop puissants pour qu'une seule personne puisse faire quelque chose de valable contre eux". Chacun d'entre nous peut, et doit, faire un effort.

L'évasion fiscale figurait en bonne place sur la liste du vieux John D. Rockefeller, et ses espions ont rapidement été en mesure de fournir les meilleures informations sur la manière de contourner les lois fiscales dans les pays étrangers, généralement par le biais de leurs sources "personnelles" (soudoyées). Si les lois fiscales étaient sévères, les Rockefeller les faisaient simplement modifier pour les adapter à leurs objectifs d'évasion fiscale. C'est ce bacille, implanté dans l'industrie pétrolière, qui a provoqué la malédiction de la dépendance américaine à l'égard du pétrole importé de l'étranger et qui, à son tour, a envoyé les producteurs américains sur la route de l'oubli.

C'est aussi la principale raison pour laquelle les États-Unis sont devenus une puissance impériale cherchant à dominer les pays disposant de sources de pétrole connues et prouvées. Elle a également profité aux Rockefeller d'une autre manière — elle a éliminé les concurrents en dehors du cercle vicieux des "majors" sans avoir à recourir à l'utilisation de la dynamite, comme le vieux John D. l'avait fait assez fréquemment à ses débuts.

Quel a été le résultat final ? Il s'agit certainement de prix toujours plus élevés pour le consommateur américain et de profits accrus pour les grandes compagnies pétrolières. EXXON (Standard) a fait, et fait toujours, d'énormes profits. Par exemple, en 1972 — et nous avons choisi cette année parce que c'est l'année moyenne (médiane) des bénéfices réalisés par l'industrie pétrolière, et nous n'avons pas pris une année isolée pour faire comprendre que nous, les consommateurs, sommes grossièrement exploités par l'industrie pétrolière — EXXON a réalisé 3700 milliards de dollars cette année-là, mais n'a payé que 6,5% d'impôts aux États-Unis. Est-ce juste pour le consommateur américain ? Nous ne pensons pas que ce soit équitable, juste ou raisonnable.

Lorsqu'on leur pose la question, EXXON, et en fait toutes les grandes compagnies pétrolières, avancent la piètre excuse qu'elles réinvestissent la plupart de leurs bénéfices dans l'exploration pétrolière, mais lorsqu'on examine les bénéfices d'Exxon sur une seule année, et prenons l'exemple de 1972, EXXON a réalisé un bénéfice de 2500 milliards de dollars, rien qu'au troisième trimestre, et il n'est pas du tout évident qu'une grande partie de cet énorme bénéfice ait été réinvestie dans l'entreprise, ou que le peuple américain en ait profité de quelque manière que ce soit. 1973 a été l'année de la guerre israélo-arabe fomentée par Kissinger et Rockefeller, et à la lumière de ce que nous savons maintenant de cet événement, et de la manière dont Kissinger a œuvré pour le provoquer grâce à sa relation étroite avec David Rockefeller, on aurait pu penser que le Congrès aurait depuis longtemps enquêté sur cet arrangement. Kissinger et David Rockefeller sont comme des jumeaux siamois depuis la découverte en Allemagne des "Bamburg Files" par Kissinger et Helmut Sonnenfeldt, le bras droit et l'assistant de confiance de Kissinger.

La question qui se pose est la suivante : EXXON savait-elle qu'une guerre israélo-arabe était imminente, et combien a-t-elle profité de cette information ? Ce type d'"informations privilégiées" aurait été fourni par l'armée privée de Rockefeller, composée d'agents de renseignements du monde entier, contrôlée depuis le siège de l'industrie pétrolière, qui porte le nom de Logistics, Information and Communication Systems, situé dans le quartier général d'EXXON à New York.

INTERPOL n'est pas le moindre des atouts des Rockefeller en matière de renseignement. Il opère illégalement depuis une propriété du gouvernement fédéral à Washington, D.C., au mépris total de la Constitution des États-Unis et en violation de la loi suprême du pays, notre Constitution et la Déclaration des droits. INTERPOL ne devrait pas opérer aux États-Unis, mais le Congrès a peur de s'attaquer à un monstre aussi grand et puissant que la famille Rockefeller. Il s'agit d'une situation inquiétante, qui n'est pas abordée, ce qui amène à se demander si de l'argent change de mains pour maintenir INTERPOL à Washington.

Le Congrès a besoin d'une commission d'enquête pour examiner la soi-disant "Faction des banquiers" intégrée à la CIA. Ce type d'opérations influence illégalement notre politique étrangère, touchant souvent à notre vie quotidienne, et lorsque ces organisations et groupes veulent une guerre, ils envoient nos fils et nos filles se battre. Les guerres du Golfe de Bush sont un très bon exemple de ce qui se passe. La dynastie Rockefeller constitue l'épine dorsale du groupe impérial chargé d'élaborer la politique pétrolière. L'ivraie semée parmi le blé par John D. Rockefeller, arrivée à maturité, étouffe maintenant le blé, la vie du peuple de cette nation autrefois si grande. Le vieux John D. a rapidement et très tôt dans sa carrière, appris la valeur du business de l'espionnage, dans lequel il a été instruit par Charles Pratt, l'un de ses premiers associés. L'actuel gouvernement secret parallèle de haut niveau qui dirige les États-Unis, le Conseil des relations étrangères (CFR) est une idée de Pratt.

Le manoir Pratt à New York est devenu plus tard le siège du CFR et ce n'est pas un hasard. La présence de John D. est devenue si omniprésente et ses méthodes impitoyables étaient si admirées qu'elles ont été largement adoptées par toutes les grandes entreprises, à commencer par EXXON, à tel point qu'aujourd'hui, l'industrie pétrolière américaine est en mesure de dicter sa conduite à tous les gouvernements du monde, y compris celui des États-Unis.

Il existe de nombreuses preuves que les grandes compagnies pétrolières opérant à l'étranger dictent et dirigent la politique étrangère des États-Unis, et que ces compagnies se sont combinées pour former un gouvernement de facto à l'intérieur de notre gouvernement américain. EXXON est le leader incontesté de cet assaut impérialiste pour le contrôle de toutes les ressources pétrolières et nulle part ailleurs autant qu'en Iran.

CHAPITRE 10

Dr Mossadegh lutte contre le cartel

À partir de 1950, les États-Unis et la société Anglo Persian Oil de Grande-Bretagne ont eu la mainmise sur le pétrole iranien à la suite de la Première Guerre mondiale, au cours de laquelle la conduite des "Alliés" sentait le roussi. L'invasion et l'occupation de l'Iran pendant la guerre sur les bases les plus minces doivent être examinées de beaucoup plus près. Peu après l'entrée des "Alliés" en Iran, le Shah a été contraint d'abdiquer en faveur de son fils, Mohammed Reza Pahlevi, qui était plus favorable aux diktats imposés par le Consortium iranien, l'Iraqi Petroleum Company et ARAMCO. L'un des épisodes les plus honteux de l'histoire de la Grande-Bretagne et des États-Unis soi-disant "chrétiens" a été la mort de dizaines de milliers d'Iraniens par famine pendant cette période.

L'armée d'occupation alliée, composée de 100 000 soldats russes (présents à l'invitation de Winston Churchill) et de 70 000 soldats américains et britanniques, ne fait rien pour empêcher la réquisition de nourriture par l'armée d'occupation au détriment des Iraniens qui meurent de faim comme des mouches. La fièvre typhoïde se répandit et tua des milliers d'autres personnes pendant que les forces américaines et britanniques restaient les bras croisés. Ceux qui ne mouraient pas de faim ou de maladie mouraient de froid dans l'hiver glacial, car la population n'avait pas accès au mazout.

Les occupants s'emploient à créer et à entretenir des conflits entre les différentes factions du pays, et oppriment et suppriment totalement le gouvernement iranien. Croyant encore que les

États-Unis étaient une nation chrétienne sensible aux considérations humanitaires, le gouvernement iranien lança un appel à l'aide désespéré à Washington. En 1942, Washington a envoyé le général, M. Norman Schwarzkopf, en Iran pour faire un rapport sur la situation. (En 1991, son fils a été envoyé faire la guerre à l'Iraq en tant que commandant de "Tempête du désert"). Il reste en Iran jusqu'en 1948, principalement pour acquérir une connaissance de première main de la façon dont l'Iran gère ses différents départements gouvernementaux et ses services de renseignement. Loin d'aider les Iraniens, la mission de Schwarzkopf consistait à acquérir un maximum d'informations sur l'infrastructure de l'Iran en vue d'une utilisation future, ce qui arriva lorsque le mouvement de renversement du Shah fut lancé. Au cours de toutes les années de privation subies par le peuple iranien, aucune main ne lui a été tendue, mais en décembre 1944, un politicien astucieux, bien éduqué et expérimenté du nom de Mohammed Mossadegh a présenté au Parlement un projet de loi interdisant toute négociation sur le pétrole avec des pays étrangers, ce qui a mis fin au vol choquant du pétrole iranien par les États-Unis, la Grande-Bretagne et la Russie.

Né le 19 mai 1882 d'un ministre des finances bakhtiari et d'une princesse gujar, Mossadegh a étudié les sciences à Paris et a obtenu un doctorat de la prestigieuse université de Neuchâtel en Suisse. Le Dr Mossadegh est entré en politique en 1920 lorsqu'il a été nommé gouverneur général de la province de Fars par le cheikh Ahmad Shah Qajar et a reçu le titre de "Mossadegh os-Saltanch" du Shah. Il est nommé ministre des Finances en 1921, puis élu au parlement iranien où il vote contre le choix de Reza Khan comme Reza Sha Pahlavi. En 1944, Mossadegh est à nouveau nommé au parlement où il se présente comme membre du Front national d'Iran, un mouvement très patriotique et nationaliste dont il est le fondateur. L'objectif de l'organisation était de mettre fin à toutes les présences étrangères en Iran au lendemain de la Seconde Guerre mondiale et de mettre un terme à l'exploitation du pétrole iranien. Afin d'obtenir un soutien pour son projet de loi qui visait à augmenter le prix du pétrole iranien,

Mossadegh a révélé une proposition des puissances occupantes de diviser l'Iran entre elles, citant un article du *Times* du 2 novembre 1944 qui tendait à confirmer l'annonce de sa révélation.

Une lutte acharnée s'ensuivit, qui porta l'affaire devant les Nations unies en 1948 et donna lieu à un combat qui conduisit au retrait de toutes les troupes étrangères du pays. L'Iran avait commis un grave péché en passant outre les intérêts britanniques au profit des intérêts nationaux iraniens. Désormais, Mossadegh serait un ennemi public et l'Institut Tavistock met en place un plan pour le miner et le faire démettre de ses fonctions. L'occupation de l'Iran par les États-Unis, les Britanniques et les Russes touche à sa fin, mais il reste encore l'Anglo-Iranian Oil Company (essentiellement britannique) qui contrôle le pétrole iranien et qui dirige le gouvernement iranien depuis 1919. En 1947, le Dr Mossadegh a présenté une proposition à Londres demandant une augmentation de la part de l'Iran dans les revenus des ventes de pétrole. L'Anglo-Iranian Oil Company a réalisé un bénéfice de 320 000 000 $ en 1948, dont l'Iranien a reçu la bagatelle de 38 000 000 $. Le Dr Mossadegh exigea que les termes de l'ancien accord soient renégociés. Il s'ensuivit immédiatement une attaque des plus vicieuses contre lui, orchestrée par l'Institut Tavistock et la BBC, qui diffusèrent un flux constant de propagande mêlée de mensonges purs et simples contre Mossadegh et le gouvernement iranien. La campagne a bénéficié de l'aide et de l'encouragement de la CIA et du général américain Huyser. Deux mois avant la fin des deux années de mandat de Mossadegh, les agents de renseignements britanniques et américains avaient tout fait pour enlever l'épine du pied en plaçant une série d'obstacles sur le chemin de chaque mouvement que Mossadegh essayait de faire.

Les cartels britanniques et américains n'avaient pas l'habitude de rencontrer de l'opposition, ayant facilement installé des gouvernements fantoches au Koweït, en Arabie saoudite, au Qatar, dans les Émirats arabes unis, à Bahreïn et à Oman, sous l'œil vigilant de la CIA et, dans une moindre mesure, du MI6. Cela me rappelle la similitude frappante entre la Compagnie des

Indes Orientales (ancêtre du Comité des 300) et le cartel pétrolier des Sept Sœurs. Ayant reçu une charte en 1600 sous le règne d'Elizabeth I, la Compagnie des Indes orientales a reçu une deuxième charte de Charles II, le roi Stuart, lui donnant le droit de faire la guerre, de faire la paix et de commercer avec toutes les nations. En 1662, le roi James I, le roi Stuart, a autorisé la compagnie à se transformer en une société par actions limitée. L'industrie pétrolière, bien que moins formalisée, est structurée de manière similaire. Les Britanniques ont traîné les pieds tout au long de l'année 1948 sans la moindre concession de la part de Londres. Pendant ce temps, les agences de renseignement britanniques et américaines, avec l'aide des informations du général Schwarzkopf, répandent la dissension et le mécontentement parmi les Iraniens de base dans le but d'affaiblir le gouvernement en vue des élections nationales de 1949. Le petit Front national dirigé par le Dr Mossadegh s'était présenté aux élections avec ce que les Britanniques et les Américains pensaient être peu de chances de remporter des sièges, mais il les a surpris en obtenant six sièges et une tribune au Parlement. Pire encore, leur ennemi fut nommé à la tête d'une commission parlementaire chargée d'enquêter sur les transactions pétrolières entre la Grande-Bretagne et les États-Unis. Mossadegh a immédiatement exigé une part égale pour l'Anglo-Iranian Oil Company et le gouvernement iranien avec une pleine participation de l'Iran dans les affaires de la société.

Soutenus par les États-Unis, les Britanniques ont refusé toutes les propositions, ce qui a plongé l'Iran dans le désarroi, jusqu'en avril 1951, date à laquelle le Dr Mossadegh a été élu démocratiquement au poste de Premier ministre et a été invité à former un gouvernement. Les accusations diffamatoires fusent alors à toute vitesse, la principale étant que Mossadegh est un communiste désireux d'assurer le pétrole iranien à la Russie. Les journaux britanniques le qualifient, entre autres, de "fou sournois". Bien sûr, il n'y avait pas la moindre vérité dans ces accusations gratuites. Le Dr Mossadegh était un véritable patriote iranien qui ne cherchait rien pour lui-même et dont le seul objectif était de libérer le peuple iranien de l'emprise rapace de l'Anglo-Iranian Oil Company, devenue plus tard British Petroleum (BP). Le Parlement iranien a voté pour accepter la recommandation du Dr Mossadegh de nationaliser l'Anglo-Iranian Oil Company, avec une compensation équitable à accorder à la Grande-Bretagne, qui avait exploité le peuple iranien pendant des années. L'offre comprenait le même niveau d'approvisionnement en pétrole dont la Grande-Bretagne avait bénéficié jusqu'alors et les ressortissants britanniques travaillant dans l'industrie pétrolière en Iran conserveraient leur emploi. Le 28 avril 1951, la recommandation, absolument équitable pour la Grande-Bretagne, est formellement approuvée.

La réponse britannique a été de demander l'aide des États-Unis et d'envoyer des navires de guerre dans les eaux proches d'Abadan, où se trouve la plus grande raffinerie de pétrole du monde. En septembre 1951, la Grande-Bretagne et les États-Unis, qui n'avaient aucun droit d'ingérence dans les affaires intérieures de l'Iran, ont déclaré des sanctions économiques totales contre l'Iran, et leurs navires de guerre ont bloqué les eaux adjacentes à Abadan. Par ces actes de guerre, les États-Unis ont assuré la Grande-Bretagne de leur soutien total d'une puissance impériale à une autre et l'ont soutenue par des perturbations provoquées par la CIA.

Ce n'était pas inattendu, compte tenu des guerres impériales menées par la Grande-Bretagne dans le passé et, plus récemment, par les États-Unis, et du fait que le gouvernement britannique (la Maison de Windsor) détenait 53% des actions anglo-iraniennes. Avec des unités navales en route, la menace suivante était d'occuper Abadan avec des parachutistes britanniques, bien qu'en vertu du droit international, l'Iran était pleinement dans son droit de prendre les mesures proposées par le gouvernement iranien et acceptées par le Parlement iranien. La crainte d'une intervention militaire soviétique aux côtés de l'Iran a peut-être empêché la Grande-Bretagne et les États-Unis d'exercer l'option militaire. Par l'intermédiaire de Kermit Roosevelt, le petit-fils de Teddy Roosevelt, la CIA avait été très active à l'intérieur du pays en infiltrant de nombreuses institutions bancaires et économiques de premier plan. Les acheteurs de pétrole iranien ont été grossièrement menacés de représailles et effrayés. C'est ainsi que se sont comportées les deux nations les plus tyranniques que le monde ait jamais connues. L'effet révélateur du boycott a réduit l'économie de l'Iran à la pagaille, les revenus pétroliers passant de 40 millions de dollars en 1951 à moins de 2 millions de dollars au début de 1952. Mossadegh, comme Mohammed Reza Pahlavi, le Shah d'Iran, n'avait aucune idée de la puissance et de l'influence des cartels pétroliers américains et de BP. Mossadegh, issu d'une famille aisée, était un homme politique doué et talentueux, mais il était dépeint dans le monde entier comme un petit homme stupide courant dans Téhéran en pyjama, plongé dans l'émotion. La presse de l'establishment aux États-Unis et en Angleterre, dans le cadre d'un programme contrôlé par Tavistock, a systématiquement dénigré et ridiculisé Mossadegh, dont le seul crime était de chercher à briser l'emprise des majors sur le pétrole iranien, et d'oser défier leurs politiques pétrolières impérialistes.

En 1953, le Dr Mossadegh a fait un voyage infructueux à Washington pour demander de l'aide. Au lieu de cela, il se heurte à l'obstruction du président Eisenhower, qui suggère que W. Averill Harriman dirige une équipe à Téhéran "pour lui faire un rapport sur la situation". Parmi l'équipe d'Harriman se trouvaient les frères Allen Dulles de la CIA et John Foster Dulles, secrétaire d'État et serviteur de longue date des "300", ainsi que le général Schwartzkopf.

En 1951, une opération conjointe visant à renverser le gouvernement de Mossadegh a été planifiée sous le nom de code "AJAX" et a été signée par le président Eisenhower. Nous devons nous arrêter ici et souligner que l'Iran n'avait jamais fait de mal aux États-Unis et qu'il était maintenant récompensé d'une manière digne des pires éléments criminels de la mafia. Entre-temps, la Grande-Bretagne a porté son affaire sordide devant la Cour mondiale pour arbitrage. Le Dr Mossadegh, qui a fait ses études en France et en Suisse, représente son pays et plaide avec succès sa cause, la Cour mondiale statuant contre la Grande-Bretagne. Ce n'était pas la première fois que les

Britanniques tentaient de faire tomber le gouvernement iranien. Winston Churchill était un impérialiste infâme, tout comme son impitoyable prédécesseur, Lord Alfred Milner, qui avait exilé les honorables dirigeants boers, qui avaient si vaillamment combattu les Britanniques lors de la guerre anglo-boer (1899-1902). Churchill a ordonné l'arrestation et l'exil de Reza Shah, d'abord sur l'île Maurice, puis en Afrique du Sud, où il est mort en exil.

Les péchés de Winston Churchill sont légion. Les Boers avaient mené une merveilleuse campagne contre l'oligarchie Rothschild, déterminée à s'emparer de l'or et des diamants qui se trouvaient sous le sol des républiques du Transvaal et de l'État libre d'Orange en Afrique du Sud. Lorsque les pertes britanniques atteignirent un niveau inacceptable, Milner eut recours à l'incendie des fermes boers, au massacre du bétail et à l'envoi des femmes et des enfants boers dans des camps de concentration où 27 000 d'entre eux périrent de dysenterie et de malnutrition. Le président Paul Kruger est exilé en Suisse, où il meurt. Il est donc facile de comprendre le manque de scrupules de Churchill à violer l'Iran. Il y avait beaucoup de précédents pour soutenir ses actions. Déterminé à sécuriser le pétrole irakien pour les besoins britanniques, Churchill prononce alors l'un de ses discours déclaratoires de relations publiques, tout en grandiloquence, en vent et en air chaud, qui le rendra célèbre :

> Nous (c'est-à-dire les grandes compagnies pétrolières, y compris BP, qui était en partenariat avec le gouvernement britannique) avons chassé un dictateur en exil et installé un gouvernement constitutionnel qui s'est engagé à mettre en œuvre toute une série de réformes sérieuses et de réparations.

Il est difficile d'égaler une telle hypocrisie et des mensonges aussi éhontés de la part du dictateur britannique qui a sali Reza Shah pour avoir osé défendre son pays contre l'agression britannique, mais étant donné l'énorme halo qui entoure Churchill, dont le nom sera synonyme des grandes fraudes de l'histoire, il a pu s'en tirer. Comme aux États-Unis, British Petroleum a réussi à faire en sorte que le gouvernement légitime de l'Angleterre se plie à ses exigences, que ces actions soient légales ou non. L'usurpation de la politique étrangère par les majors se poursuit sans relâche et chaque président américain depuis le président Wilson a été un serviteur de ce cobra enroulé. Ce fut le début d'un impérialisme américain déterminé à s'emparer de tous les gisements de pétrole dans le monde. Sans se décourager face à la dérision internationale et dans le sillage de sa victoire devant la Cour mondiale, le Dr Mossadegh a poursuivi son projet de nationalisation du pétrole iranien.

Rockefeller aurait été personnellement profondément offensé par Mossadegh et a travaillé en étroite collaboration avec d'autres grandes compagnies pétrolières pour faire respecter le boycott du pétrole.

Lorsqu'un pétrolier, le Rosemarie, conformément au droit international et aux normes commerciales, transportant du pétrole iranien, a tenté de contourner le blocus, Churchill a ordonné aux avions de la RAF de l'attaquer et de le forcer à faire escale à Aden, un protectorat britannique. Il n'y avait absolument aucune loi pour justifier l'action britannique, et Churchill a démontré une fois de plus qu'il était le chef d'une puissance impériale qui n'avait aucun respect pour le droit international. Cet acte de piraterie flagrant a reçu le soutien total des Sept Sœurs et du département d'État américain.

Un collègue de Londres, chargé de surveiller les compagnies pétrolières dans le monde entier, a déclaré que le Parlement n'avait que très difficilement empêché Churchill d'ordonner à la RAF de bombarder l'Iran. Une année a passé, une année au cours de laquelle le peuple iranien a beaucoup souffert de la perte des revenus pétroliers. En 1955, le Premier ministre Mossadegh écrivit au président Eisenhower, lui demandant de l'aider dans la lutte de son pays contre l'industrie pétrolière. Eisenhower, toujours marionnette du CFR, a délibérément fait attendre le dirigeant iranien pour obtenir une réponse. Cette tactique planifiée a eu l'effet désiré d'effrayer le Dr Mossadegh. Finalement, lorsque Eisenhower a répondu, il a dit au gouvernement iranien qu'il devait respecter ses "obligations internationales" et confier l'exploitation pétrolière à Royal

Dutch Shell ! Les "obligations internationales" invoquées par Eisenhower n'ont jamais été précisées.

Cela devrait nous renseigner sur le pouvoir de l'industrie pétrolière et du gouvernement secret parallèle du CFR des États-Unis impériaux. Pourtant, nous osons encore penser que notre gouvernement est honorable et que nous sommes un peuple libre. En témoignage de cela, les États-Unis ont envoyé Kermit Roosevelt, qui travaillait pour la CIA, en Iran pour semer le trouble et instiguer des troubles parmi la population. Conformément à la charte accordée à la Compagnie des Indes orientales en 1600, qui lui permettait d'élaborer une politique étrangère et de mener des guerres contre les nations, les héritiers de la Compagnie des Indes orientales, le Comité des 300, ont couvert la CIA en utilisant des organisations telles que le Fonds monétaire international (FMI) et la Banque mondiale pour financer le sale boulot de Roosevelt, de manière à ce qu'il ne puisse pas être directement relié aux États-Unis.

Sur l'ordre de la faction des banquiers au sein de la CIA, on a dit au Shah que ce serait une bonne chose qu'il renvoie Mossadegh, afin que les "relations normales" avec la Grande-Bretagne et les États-Unis puissent reprendre. S'assurant l'aide d'éléments royalistes au sein du gouvernement iranien, Kermit Roosevelt a organisé un coup d'État et forcé l'arrestation du Dr Mossadegh, dont l'influence avait été minée par deux années de guerre économique ouverte menée par l'impérialisme britannique et américain. La CIA a ensuite soutenu le jeune Reza Shah Pahlevi et l'a porté au pouvoir, et les sanctions économiques ont été levées. Une fois de plus, la politique des compagnies pétrolières avait conduit les gouvernements de Grande-Bretagne et des États-Unis à un acte de guerre contre un État souverain qui ne leur avait fait aucun mal. Ils ont triomphé du nationalisme iranien. C'était une répétition, une copie carbone virtuelle des événements de la guerre anglo-boer.

Le Shah a alors tenté, en vain, de se débarrasser de Mossadegh, mais Roosevelt, la CIA et le Département d'État ont alors équipé une bande révolutionnaire et l'ont envoyée combattre l'armée iranienne. Craignant d'être assassiné, le Shah a fui le pays, et le coup d'État mené par la CIA a réussi. Mossadegh est renversé et placé en résidence surveillée, où il restera jusqu'à la fin de sa vie.

Le Shah a été autorisé à rentrer en Iran et on lui a dit qu'il était en sécurité, tant qu'il obéissait à ses maîtres impériaux. Le coût pour le contribuable américain de cette aventure illégale en 1970 s'est élevé à plus d'un milliard de dollars. La seule partie qui a bénéficié de cette trahison sournoise est le cartel pétrolier des Sept Sœurs et ses marionnettes rémunérées qui ont rendu tout cela possible.

Bien qu'il ne le sache pas à l'époque, le Shah allait subir le même sort que Mossadegh et aux mains de la même clique impérialiste de compagnies pétrolières, de fonctionnaires des gouvernements britannique et américain et de la CIA. D'autres pays ont également, depuis lors, subi le fouet du cartel pétrolier au sein du gouvernement.

CHAPITRE 11

Enrico Mattei s'attaque au cartel des sept sœurs

L'un de ces pays est l'Italie. Paralysée par la Seconde Guerre mondiale et l'invasion de son territoire, l'Italie était pratiquement en ruine. Plusieurs entreprises d'État ont été créées, dont l'Alienda Generale Italiana Petroli "AGIP", dirigée par Enrico Mattei, qui a reçu l'ordre de la démanteler. Mais étant le premier homme à reconnaître l'existence d'une dictature pétrolière dirigée par les Sept Sœurs (Sette Sorelle), Mattei était en conflit ouvert avec le cartel. Au lieu de fermer l'AGIP, il la réforme et la renforce, changeant son nom en Ente Nazionale Idrocarburi, ENI. Mattei met en place un programme d'exploration pétrolière et des contrats avec l'URSS qui libéreront l'Italie de l'étau des Sept Sœurs et, au grand dam de ces dernières, Mattei commence à réussir.

Enrico Mattei, né le 29 avril 1906, était le fils d'un carabinier, le corps militaire italien, avec des fonctions de police. À 24 ans, il se rend à Milan où il rejoint les Partisans. En 1945, le comité politique des partisans le nomme à la tête de l'AGIP, la compagnie pétrolière nationale, avec l'ordre de la fermer. Mais Mattei choisit d'ignorer l'ordre et, au lieu de cela, la développe jusqu'à ce qu'elle devienne l'un des succès économiques les plus remarquables de l'Italie d'après-guerre.

En 1953, Mattei a créé une deuxième société énergétique appelée ENI, qui a conclu des accords fructueux avec l'Égypte et, en 1961, importait 2,5 millions de tonnes de pétrole brut d'Égypte. En 1957, Mattei s'attaque audacieusement au monopole sur le pétrole brut en provenance d'Iran en approchant directement le Shah. Il réussit et, selon les termes convenus entre Mattei et le Shah, un partenariat entre la National Iranian Oil Company et ENI est conclu, 75% revenant à l'Iran et 25% à ENI, et donne à la société sœur d'ENI, la Société Irano-Italienne des Pétroles (SIRIP), un bail exclusif de 25 ans pour explorer et forer 8800 miles carrés de vilayets pétroliers connus.

Mattei étonne les Sept Sœurs lorsqu'il conclut des accords pétroliers avec la Tunisie et le Maroc dans le cadre d'un partenariat à parts égales. Après avoir conclu un accord avec la Chine et l'Iran, Mattei déclare que le monopole pétrolier américain appartient au passé. La réaction britannique et américaine ne se fait pas attendre. Une délégation rencontre le Shah et émet une vive protestation contre le contrat de Mattei. Mais l'avis de la délégation, bien que noté, n'a aucun effet. En août 1957, Mattei signe un contrat qui fait entrer des "outsiders" italiens en Iran. L'industriel italien fait connaître son point de vue. Désormais, il s'efforcera de faire du Moyen-Orient une partie de l'Europe industrielle en construisant une infrastructure importante dans l'ensemble du Moyen-Orient.

Mattei était ce que l'on appellerait aujourd'hui un "agitateur" et, quatre ans à peine après la signature du contrat, le premier pétrolier de l'ENI arrivait au port de Bari avec 18 000 tonnes de pétrole brut iranien. Fort de son succès, Mattei se rend dans les pays d'Afrique et d'Asie disposant de réserves de pétrole pour conclure des accords similaires.

L'une des choses qui ont le plus contrarié le cartel pétrolier de Grande-Bretagne et des États-Unis a été l'offre d'ENI de construire des raffineries dans les pays disposant de gisements de pétrole, qui seraient détenues localement et en feraient des partenaires à part entière. La contrepartie pour ENI se présentait sous la forme de contrats exclusifs d'ingénierie et d'assistance technique et du droit exclusif d'ENI de vendre le brut et les produits finis dans le monde entier.

Observant la scène depuis Londres et New York, les sept sœurs étaient stupéfaites et en colère devant le succès de l'intrus ENI.

Les choses ont atteint leur paroxysme en octobre 1960, lorsque Mattei s'est rendu à Moscou pour rencontrer le gouvernement russe afin de discuter des intérêts pétroliers mutuels. Si les Sept Sœurs avaient été stupéfaites auparavant, ce qui est ressorti des discussions entre le ministre russe du Commerce extérieur, M. Patolitschev, et M. Mattei les a laissées pantoises et a fait retentir les sonneries d'alarme transatlantiques. Les pires craintes du cartel pétrolier se sont réalisées lorsque, le 11 octobre 1956, un accord entre ENI et Moscou a été signé, prévoyant ce qui suit :

- En échange d'une livraison garantie de 2,4 millions de tonnes de pétrole russe par an au cours des cinq prochaines années, ENI a obtenu une part considérablement accrue du pétrole russe sur le marché européen.
- Le paiement du pétrole ne se ferait pas en espèces, mais en nature, sous forme de livraisons garanties de tuyaux de pétrole de grand diamètre qui seraient utilisés pour construire un vaste réseau d'oléoducs afin d'acheminer le pétrole russe de la Volga-Oural vers l'Europe de l'Est.
- Une fois achevé, le contrat prévoyait que 15 tonnes de pétrole brut seraient échangées chaque année contre une variété de produits alimentaires, de biens manufacturés et de services.
- Les tuyaux de grand diamètre seraient construits par le groupe Finsider sous la supervision du gouvernement italien à Taranto et expédiés en Russie à raison de 2 millions de tonnes par an. (L'usine a été construite en un temps record et produisait des tuyaux dès septembre 1962, ce qui constitue une réalisation tout à fait étonnante).

Le contrat avec la Russie était un triomphe majeur pour Mattei parce que maintenant l'Italie pouvait acheter du pétrole brut russe à 1,00 $ par baril à bord des navires dans les ports de la Mer Noire, comparé à 1,59 $ par baril plus le transport de 0,69 $ du Koweït, et le prix de Standard Oil de 2,75 $ par baril. Comme cela s'est produit à maintes reprises auparavant, lorsque les menaces pesant sur le monopole des Sept Sœurs ne pouvaient être écartées par des moyens équitables, on a eu recours à des moyens immoraux.

Début 1962, l'avion de Mattei est saboté. Cependant, avant que les dommages ne soient causés, l'interférence avec l'avion a été découverte et les soupçons se sont portés sur la CIA. Mais Mattei n'a pas eu de chance la deuxième fois lorsque, le 27 octobre 1962, lors d'un vol entre la Sicile et Milan, son jet s'est écrasé sur le petit village de Bascape en Lombardie. Le pilote, Inerio Bertuzzi, un journaliste américain du nom de William McHale et Mattei sont tués. Les rumeurs d'acte criminel vont bon train, mais comme l'enquête sur l'accident relève de la responsabilité du ministre de la défense Giulio Andreotti, connu pour ses sympathies envers les grandes compagnies pétrolières et en particulier envers les États-Unis, l'enquête officielle tarde à venir.

En 2001, Bernard Pletschinger et Calus Bredenbrock ont diffusé un documentaire télévisé dans lequel ils affirmaient que les preuves sur le site du crash de l'avion Mattei avaient été immédiatement détruites. Les instruments de vol ont été fondus dans un bain d'acide. Après la diffusion du documentaire, les corps de Mattei et de Bertuzzi ont été exhumés. Des morceaux de métal provoqués par une explosion à bord sont retrouvés logés dans les os des deux hommes. Le verdict commun, mais non officiel, est qu'une bombe a été placée à bord du jet de Mattei et qu'elle devait exploser lorsque le train d'atterrissage était activé en position "sortie".

Bien que cela n'ait jamais été prouvé, les preuves circonstancielles et autres les plus solides pointent directement du doigt la CIA et en particulier le chef de la station de la CIA à Rome à l'époque, un certain Thomas Karamessines, qui a quitté brusquement son bureau le 17 octobre 1962, le jour même de l'accident d'avion de Mattei en Lombardie, et n'est jamais revenu. Aucune explication n'a été donnée pour son départ inopiné et abrupt. Le rapport de la CIA n'a jamais été rendu public et reste à ce jour classé "dans l'intérêt de la sécurité nationale". Toutes les demandes de liberté d'information ont été rejetées.

Il y a un post-scriptum à ce "Mystère non résolu". Au moment où l'avion s'est écrasé et a mis fin à sa vie, Mattei devait rencontrer le président américain John F. Kennedy. L'une des priorités de leur agenda était le cartel du pétrole dont Kennedy était connu pour se méfier et qu'il détestait secrètement, notamment en raison de ses relations étroites avec la CIA qui le dérangeaient depuis longtemps. Il était bien connu dans son cercle intime que Kennedy considérait la CIA comme un cancer pour la nation américaine ; Kennedy croyait que si jamais le gouvernement des États-Unis était renversé par un coup d'État, il serait dirigé par la CIA.

À peine un an plus tard, Kennedy devait être victime des mêmes conspirateurs du renseignement américain. Si l'on ajoute à cela l'histoire d'Enrico Mattei, le viol brutal du Mexique au nom des intérêts pétroliers américains et britanniques et les innombrables torts causés à l'Iran et à l'Iraq, on obtient les histoires les plus tragiques d'avarice, de cupidité et de soif de pouvoir qui souillent les pages de l'histoire des compagnies pétrolières. Le pouvoir exercé par les compagnies pétrolières transcende tous les gouvernements et toutes les frontières nationales ; il a renversé des gouvernements et affaibli leurs dirigeants nationaux, voire les a assassinés. Il a coûté des milliards de dollars aux contribuables américains et la fin n'est pas encore en vue.

Le pétrole, semble-t-il, est le fondement du nouvel ordre économique mondial, le pouvoir étant entre les mains de quelques personnes à peine connues en dehors des compagnies pétrolières. John D. Rockefeller a rapidement vu le potentiel de profit et de pouvoir, et a saisi l'occasion. Cela lui a permis d'exercer un immense pouvoir personnel, même si ce pouvoir a été obtenu au prix de la ruine de milliers de petites compagnies pétrolières et de milliers de vies.

Nous avons fait référence aux Sept Sœurs à plusieurs reprises. Pour ceux qui ne connaissent pas ce groupe, il s'agit des sept principales compagnies pétrolières de Grande-Bretagne et des États-Unis, qui sont responsables de l'élaboration de la politique étrangère des deux pays. Les compagnies pétrolières qui composent le cartel ont réellement commencé après le soi-disant "démantèlement" de la Standard Oil par la Cour suprême des États-Unis. C'est Enrico Mattei qui a inventé le nom de "Seven Sisters". Leur puissante influence se fait encore sentir en 2008.

Standard Oil of New York a fusionné avec Vacuum Oil et est devenue Socony Vacuum, qui est devenue Mobiloil en 1966, tandis que Standard Oil Indiana a rejoint Standard Oil Nebraska et Standard Oil of Kansas, et en 1985, est devenue AMOCO. En 1972, Standard Oil New Jersey devient EXXON.

En 1984, Standard Oil California a rejoint Standard Oil Kentucky et est devenue Chevron, qui a ensuite racheté Gulf Oil Company, détenue par Mellon. Standard Oil Ohio est rachetée par BP. En 1990, BP a racheté l'ancienne Standard Indiana et s'est transformée en BP-AMOCO. En 1999, EXXON et Mobil ont fusionné dans le cadre d'une opération de 75 milliards de dollars qui a donné naissance à EXXON-Mobil. En 2000, Chevron a fusionné avec Texaco pour devenir Chevron-Texaco.

EXXON (connu sous le nom d'ESSO en Europe), Shell, BP, Gulf Oil, Texaco, Mobil et Chevron font partie de la chaîne mondiale composée de banques, de maisons de courtage, d'agences de renseignement, d'entreprises minières, de raffinage, d'aérospatiale et de pétrochimie qui, ensemble, forment l'épine dorsale du Comité des 300, dont les membres sont également connus sous le nom d'"Olympiens". Ils contrôlent la production de pétrole brut, les raffineries et le transport maritime, sauf en Russie et maintenant, au Vénézuéla. On estime que 75% des bénéfices réalisés par le cartel pétrolier proviennent des entreprises "en aval", telles que le raffinage, le stockage, le transport maritime, les plastiques, la pétrochimie, etc.

La deuxième plus grande raffinerie du monde détenue et contrôlée par le cartel est située à Pulau Bukom et à Jurong à Singapour. Shell possède le plus grand complexe de raffineries au monde, situé sur l'île d'Aruba. La construction de cette installation massive a mis en lumière l'importance du pétrole brut vénézuélien. Il existe également une très grande raffinerie Mobil à Aruba.

En 1991, on estimait que 60% des bénéfices d'EXXON provenaient des opérations dites "en aval". En 1990, EXXON a acquis la division plastique d'Allied Signal et, dans le même temps, a conclu un accord avec Monsanto et Dow Chemicals dans le domaine des thermoplastiques et des élastomères. Les principaux détaillants d'essence sont EXXON et Chevron-Texaco. Royal Dutch Shell possède le plus grand nombre de pétroliers avec 114 dans sa flotte. La société emploie 133 000 personnes dans le monde. Les actifs de Shell sont estimés à 200 milliards de dollars.

Un autre producteur de bénéfices "en aval" est Exxon Mobil, qui produit plus d'huile moteur, d'huile de transmission et de graisses lubrifiantes que toutes les autres "majors". Elle est présente dans plus de 200 pays du monde et travaille en "solo" dans la mer de Beaufort, au large de l'Alaska. Elle possède d'énormes étendues de terre au Yémen, à Oman et au Tchad, dont le total dépasserait les 20 millions d'acres. L'investissement concerne, comme toujours, l'avenir de l'approvisionnement en pétrole. EXXON garde ses secrets de raffinage comme des secrets d'État et, en effet, le Bahreïn, où la plupart des raffineries sont effectuées, est gardé par des navires de guerre de la 5ème flotte de la marine américaine. Même l'Arabie saoudite n'a pas accès à de tels secrets. Sur les plus de 500 raffineries existantes, seules 16 se trouvent dans les États du golfe Persique.

CHAPITRE 12

LA ROYAL DUTCH SHELL

La plus importante des compagnies pétrolières phares du Comité des 300 est de loin Royal Dutch Shell (Het Koninklijke Nederlandse Shell) d'origine anglo-néerlandaise. C'est l'une des plus grandes entreprises énergétiques du monde et une entreprise phare du Comité des 300. Les actionnaires majoritaires sont la Maison de Windsor et la Maison d'Orange des Pays-Bas. Il n'y aurait que quatorze mille actionnaires, la reine Elizabeth (représentant la Maison de Windsor), la reine Juliana (représentant la Maison d'Orange) et Lord Victor Rothschild étant les plus gros actionnaires. Il n'y a pas de directeurs à notre connaissance, mais le PDG est Jeroen Van der Veer et le président Jorma Ollila, tous deux hommes d'affaires néerlandais.

L'activité principale de la société est l'exploration pétrolière et gazière, le transport et la commercialisation d'hydrocarbures, avec une présence significative dans le domaine de la pétrochimie. En 2005, ses revenus annuels s'élevaient à 306 milliards de dollars américains, ce qui en fait la troisième plus grande entreprise au monde. L'entreprise a parcouru un long chemin depuis 1901, date à laquelle William Knox D'Arcy a obtenu une concession pour rechercher du pétrole en Iran.

À l'instar de la Federal Reserve Bank, personne ne sait vraiment qui sont les actionnaires les plus importants de Shell. En 1972, le Sénat américain a fait une seule et unique tentative pour obliger la société à divulguer la liste de ses 30 principaux actionnaires. L'enquête était entre les mains du sénateur Lee

Metcalf, mais sa demande a été catégoriquement rejetée. Le message : N'essayez pas de vous immiscer dans les affaires du Comité des 300. Le Nouvel Ordre Mondial élitiste — un gouvernement mondial qui a accédé au pouvoir grâce à la découverte du pétrole et de ses usages ne tolère aucune interférence de la part de quiconque, qu'il s'agisse de gouvernements, de dirigeants, de cheikhs ou de simples citoyens, de chefs d'État de nations grandes ou petites. Le monde s'est depuis longtemps rendu compte que le cartel des Sept Sœurs contrôle le pétrole fermement entre ses mains avides, et qu'il continue de contrôler l'offre et la demande de pétrole brut dans le monde entier.

Les géants pétroliers supranationaux, dont l'expertise et les méthodes de comptabilité ont déconcerté les meilleurs cerveaux du gouvernement mondial, les collecteurs d'impôts et les comptables, ont placé les Sept Sœurs hors de portée du contrôle des gouvernements ordinaires. L'histoire des Sept Sœurs montre que les gouvernements étaient toujours prêts à morceler leur souveraineté et leurs ressources naturelles, dès que ces bandits sont entrés dans le camp national. John D. aurait approuvé de tout cœur l'atelier fermé, le club international, ses accords secrets et ses intrigues internationales, dont le public américain ignore tout à ce jour.

Dans leurs repaires secrets, à New York, Londres et Zurich, ces dirigeants tout-puissants se réunissent pour comploter et planifier des guerres dans le monde entier. Ils sont beaucoup plus puissants en 2008 qu'à n'importe quel moment depuis le début de leurs activités au 19e siècle. Les mêmes membres du "Comité des 300", dont la plupart sont également membres des Illuminati, les vieilles et célèbres familles incroyablement riches, se délectent de leur pouvoir. Ce sont eux qui décident quels gouvernements doivent disparaître et quels dirigeants politiques doivent tomber.

Lorsque de vrais problèmes frappaient à leurs portes secrètes — comme la nationalisation du pétrole iranien par le Dr Mossadegh — ils étaient toujours prêts à riposter et à "neutraliser" les fauteurs de troubles, s'ils ne pouvaient être achetés. Lorsque la crise de Mossadegh a éclaté, il s'agissait de faire appel aux bons partis dans les pays en difficulté, de montrer leur puissance et d'effrayer ceux qui ne pouvaient pas être achetés. Il suffisait de faire appel à l'armée, à la marine, à l'armée de l'air et aux fonctionnaires du gouvernement pour se débarrasser des nuisibles. Ce n'était pas plus difficile que d'écraser une mouche. Les Sept Sœurs sont devenues un gouvernement au sein des gouvernements, sur le modèle de la Compagnie des Indes Orientales, et personne n'a essayé de les déloger pendant longtemps.

Si l'on voulait connaître la politique arabe de la Grande-Bretagne, il suffisait de consulter BP et Shell. Si l'on voulait connaître la politique américaine au Moyen-Orient, de même, il suffisait de consulter EXXON, ARAMCO, Mobil, etc. ARAMCO est devenu synonyme de la politique américaine envers l'Arabie Saoudite. En effet, qui aurait pu imaginer que la Standard Oil du New Jersey dirigerait un jour le Département d'État ? Peut-on imaginer une autre entreprise ou un autre groupe bénéficiant d'énormes avantages fiscaux spéciaux se chiffrant en milliards de dollars ? Y-a-t-il jamais eu un groupe aussi favorisé que les membres du cartel de l'industrie pétrolière ?

On m'a souvent demandé pourquoi l'industrie pétrolière américaine, autrefois pleine de promesses et garante du maintien d'une essence bon marché à la pompe, a connu un tel déclin et pourquoi les prix de l'essence ont augmenté de façon disproportionnée par rapport à l'offre et à la demande globales. La réponse est la cupidité du cartel pétrolier, les Sept Sœurs. Aucune organisation ou société ne peut égaler la cupidité des Sept Sœurs.

L'un de ces groupes, EXXON, alors même qu'il réalisait des bénéfices records de 8,4 milliards de dollars au premier trimestre 2008, a demandé et obtenu des concessions et des allégements fiscaux encore plus importants. Pas un seul centime n'a été répercuté sur le consommateur sous la forme d'une réduction du prix de l'essence à la pompe.

Le peuple américain a-t-il bénéficié des profits obscènes de Mobil, EXXON et Gulf Oil ? Il n'y a aucune preuve de cela. Grâce aux manœuvres qui se déroulent à Washington, où, en raison du 17e amendement, il est désormais possible d'acheter et de vendre des sénateurs et des représentants, les compagnies pétrolières n'ont jamais, au grand jamais, réinjecté une partie de leurs bénéfices obscènes pour faire baisser le prix du gaz sur le marché intérieur ni pour explorer et forer du pétrole sur le territoire continental des États-Unis. Ce n'est pas une belle histoire, et le Congrès est à blâmer.

Le 17e Amendement a modifié les sections 3 et 4 de l'article 1, qui concernaient le fait que les habitants des États ne pouvaient plus choisir leurs sénateurs. Cela signifiait désormais que les sénateurs étaient élus par vote et, avec la possibilité d'abus des dons de campagne, cela ouvrait une véritable boîte de Pandore.

Nous, le peuple, sommes également à blâmer pour avoir permis à cet état de choses de perdurer. Le consommateur américain doit continuellement faire face à l'augmentation du prix de l'essence à la pompe, tandis que les coffres des Sept Sœurs grossissent de plus en plus, que l'industrie pétrolière pratique des prix abusifs et toutes sortes de tromperies pour dépouiller le peuple américain et que ce dernier se couche et laisse l'industrie pétrolière l'écraser. Quel que soit le point de vue que l'on adopte — et certains apologistes tentent de brouiller les pistes en comparant les prix de l'essence aux États-Unis et en Europe (comparaison non valable) — on ne peut qu'arriver à la conclusion que l'industrie pétrolière ne s'est jamais éloignée des principes et des préceptes du vieux John D. Rockefeller. Elle était alors, et est encore aujourd'hui, une loi en soi. L'avidité et le profit ont motivé et régi la vie du vieux John D. et peu de choses ont changé depuis ses beaux jours. Les profits réalisés "en amont" dans des endroits comme Aruba et Bahreïn sont tenus à l'écart du consommateur américain.

John D. conseillait à ses fils de ne jamais se lier d'amitié ou de "fraterniser" avec d'autres personnes, ce qui lui permettait d'écarter les aspirants indépendants et de les empêcher de prendre pied sur les marchés pétroliers. Cependant, il n'hésitait pas à enfreindre sa règle de "non-amitié" lorsqu'il y voyait un avantage.

Par exemple, il s'est attiré les faveurs de Henry Flagler, le magnat des chemins de fer qui a ouvert la Floride. Étant un homme d'affaires né, John D. a très tôt compris que son point d'entrée dans le secteur pétrolier était le raffinage et la distribution du produit fini. Son amitié avec Flagler était à cette fin, s'assurer le contrôle du raffinage et de la distribution, et il en sortirait vainqueur. Secrètement, jusqu'à la paranoïa, John D. a conclu un accord confidentiel avec Flagler, selon lequel des réductions spéciales sur le transport seraient accordées à ses entreprises. De cette manière, Rockefeller a pu réduire la "concurrence" et mettre plusieurs de ses rivaux en faillite.

La "libre entreprise" n'était pas une chose dont John D. se souciait et il se souciait encore moins des personnes qu'il a ruinées par ses pratiques déloyales. Le credo de Rockefeller était d'être totalement impitoyable avec ses rivaux. Le secret était un autre de ses principes et il a vécu selon ces deux "guides" toute sa vie. Il n'a fallu que 7 ans de pratiques impitoyables pour éliminer la plupart des concurrents et permettre à John D. de créer la Standard Oil Company of California.

En 1870, Standard contrôlait déjà 10% du marché pétrolier américain, un exploit étonnant. En choisissant de suivre la manière sournoise de Rockefeller de faire des affaires, les chemins de fer ont en fait vendu le public et se sont mis dans la poche de John D. La Central Association contrôlait les tarifs ferroviaires. La Central Association contrôlait les tarifs ferroviaires, et les autres compagnies pétrolières qui s'y joignaient devaient payer le prix fort pour y entrer, mais elles bénéficiaient de rabais sur les tarifs ferroviaires. Ceux qui ne voulaient pas jouer le jeu allaient dans le mur.

Le livre de l'auteur/enseignante/journaliste Ida Tarbell, "The History of the Standard Oil Company", donne un compte rendu clair et concis des tactiques extrêmement douteuses employées par John D., et c'est sa conduite de base qui lui a valu la haine et l'inimitié de la plupart des indépendants, une haine que Standard Oil a pu balayer et ignorer parce que, en 1970, John D. avait établi des marchés pour ses produits pétroliers en Europe, ce qui représentait un pourcentage stupéfiant de 70% des affaires de Standard. Le fait d'avoir un monopole virtuel signifiait que l'opinion publique comptait pour peu.

Afin d'éliminer ses rivaux, Rockefeller a créé une armée privée d'espions qui, par leur nombre — sans parler de leurs capacités — dépassait de loin tout ce que les gouvernements des pays dans lesquels Standard opérait pouvaient rassembler. On dit dans les milieux du renseignement que "pas même un moineau n'éternue sans que John D. ne le sache". Bien qu'il soit censé être un baptiste strict, il s'agissait d'une parodie de la Bible, où il est écrit que pas un seul moineau ne tombe par terre sans que Dieu ne le voie, et était destiné à se moquer de la Bible, ce que John D. aimait faire.

Mais la marche de Rockefeller à travers le continent nord-américain vers les marchés étrangers ne passa pas inaperçue, malgré les méthodes secrètes de John D. La haine du public à l'égard de la Standard Oil avait atteint de nouveaux sommets - grâce aux révélations de Tarbell et de H.D. Lloyd, selon lesquelles il existait une société, apparemment au-dessus du gouvernement local, étatique et fédéral et des lois des États-Unis, une société qui "a déclaré la paix, négocié la guerre, réduit les tribunaux, les législatures et les États souverains à un niveau inégalé qu'aucune agence gouvernementale ne pouvait endiguer". Des milliers de lettres de colère ont afflué au Sénat, ce qui a abouti à la promulgation du Sherman Anti-Trust Act. Mais ses termes sont si vagues (probablement délibérément) qu'il est facile d'éviter de s'y conformer, surtout avec un client glissant comme John D. Il est rapidement apparu que John D. exerçait une énorme influence au Sénat américain. La loi antitrust Sherman s'est avérée être un peu plus qu'un exercice de relations publiques, plein de règles, mais sans aucun pouvoir. Finalement, les choses ont changé en 1907 lorsque la loi a été invoquée dans une poursuite du ministère de la Justice des États-

Unis intentée par le procureur Frank Kellogg.

Au cours du procès, Rockefeller a témoigné à la barre de son esprit public, se décrivant comme un bienfaiteur de l'humanité et surtout des citoyens américains. Lorsque Kellogg le presse d'expliquer ses nombreuses transactions irrégulières, John D. répond qu'il "ne se souvient pas".

Le 11 mai 1911, le juge en chef Whyte a rendu sa décision : Standard doit se débarrasser de toutes ses filiales dans les 6 mois. Rockefeller, comme à son habitude, engage alors une véritable armée d'avocats et de journalistes pour expliquer que l'activité pétrolière ne peut être gérée comme les autres entreprises. En bref, elle devait être traitée comme une entité spéciale à la manière des Rockefeller.

Pour atténuer l'effet de la décision du juge Whyte, Rockefeller a mis en place un système de patronage inspiré des cours royales d'Angleterre et d'Europe, associé à des fondations philanthropiques destinées à protéger l'empire de Rockefeller et sa fortune de la future loi sur l'impôt sur le revenu, dont son armée d'espions et de sénateurs achetés l'avait prévenu de l'arrivée et qui, en fait, a été promulguée en 1913 d'une manière si détournée qu'elle défie la logique et la raison.

CHAPITRE 13

John D. Rockefeller, les frères Nobel, la Russie

C'est ainsi qu'a été créé aux États-Unis le gouvernement secret et permanent de haut niveau qui a permis au Council on Foreign Relations (CFR) de voir le jour en tant que représentant américain du Comité des 300. Que le CFR doive son existence à John D. et Harold Pratt ne fait aucun doute. Il s'agit d'un mal redoutable, qui fait partie des arguments contre l'industrie pétrolière qui, avec des milliards de dollars et l'aide du CFR, a pu prendre le contrôle de cette nation qu'elle dirige depuis lors.

D'autres ont suivi le plan Rockefeller, notamment Occidental Petroleum, la société d'Armand Hammer, qui a été principalement responsable de l'adoption du Traité sur les forces nucléaires à portée intermédiaire, négocié par Kissinger, le "jumeau siamois" de David Rockefeller, dont l'attachement permanent à son mentor est apparu après la découverte des fichiers Bamberg mentionnés plus haut. Le traité INF a été l'une des trahisons les plus scandaleuses des intérêts américains. Il existe sans aucun doute d'autres traités de trahison, mais à mon avis, le traité INF les a tous surpassés.

La malhonnêteté de John D. continue de se faire sentir dans la politique américaine à l'égard d'un certain nombre de nations, et l'influence pernicieuse de ses sociétés pétrolières, reste présente jusqu'à ce jour. En 1914, il est fait référence au "gouvernement secret de Rockefeller" dans les archives du Congrès. C'est la même année que le "Grand Homme" (Winston Churchill) a eu la mortification de voir son offre de faire un "travail de blanchiment" sur John D. rejetée, parce que le prix demandé de 50 000 dollars était considéré comme "trop élevé". Churchill annonça alors avec dépit : "Deux gigantesques sociétés contrôlent virtuellement l'industrie pétrolière mondiale." Il faisait, bien sûr, référence à Shell et à Standard Oil. La première société a été fondée par Marcus Samuel, qui avait l'habitude de fabriquer des boîtes décoratives pour la royauté à partir de coquillages, d'où le nom "Shell Oil Company". Samuel avait commencé sa carrière en expédiant du charbon au Japon, mais, voyant la lumière, il est passé au pétrole. Ce changement s'est avéré extrêmement bénéfique.

En 1873, le tsar de Russie, mal conseillé par un groupe de traîtres qui avaient infiltré son cercle intime, accorde une concession à la société Nobel Dynamite Company pour explorer le pétrole dans le Caucase. Les fils Nobel, Albert, Ludwig et Robert, s'engouffrent dans la brèche, financés par les banques françaises Rothschild, une démarche qui finit par donner à Rothschild une mainmise sur les finances de la Russie et conduit à la révolution bolchevique.

Nobel, Rockefeller, Rothschild et leurs sociétés et banques ont violé la Russie, l'ont vidée de ses ressources, puis l'ont livrée aux hordes bolcheviques pour achever la destruction de ce qui avait toujours été un pays beau, noble et chrétien.

La participation de l'industrie pétrolière au viol de la Russie chrétienne par les bolcheviks et à sa chute dans l'âge des ténèbres de l'esclavage est une accusation importante contre ce gouvernement au sein du gouvernement, et elle ne peut être mise de côté à la légère. C'est une accusation à laquelle l'industrie pétrolière n'a jamais été appelée à répondre.

Après leur succès en Russie, Standard s'étant pratiquement emparée des champs roumains, John D. s'est tourné vers le Moyen-Orient. La première à être mise à mal est l'ancienne Turkish Petroleum Company. Les Britanniques ont offert à John D. une participation de 20% dans leur partenariat avec la Turquie, ce qu'Exxon a accepté. Ensuite, les multinationales avides ont commencé à s'intéresser à l'Iraq, et Mobil, Exxon et Texaco se sont rapidement installées dans ce pays. L'accord prévoyait un partenariat égalitaire, mais les Irakiens ont été floués dès le début des opérations. Aux termes de l'accord de San Remo, l'Iraq était censé avoir une part de 20% dans le consortium, mais en fait, il n'a rien obtenu. C'est ainsi qu'a commencé la profonde aversion et la peur des Britanniques et des compagnies pétrolières américaines qui se sont répandues dans le monde entier. Exxon a fait transiter l'argent par une société-écran suisse, pour masquer sa participation. Quant aux Soviétiques, très occupés en Iraq et en Iran, ils se félicitent de l'arrivée des compagnies américaines. Des années plus tard, Henri Deterding, le PDG de Shell, a accusé EXXON de collaborer étroitement avec les bolcheviks, un fait amplement étayé par les documents des services de renseignement du MI6 en possession de Lord Alfred Milner. Deterding a déclaré qu'EXXON avait toujours soutenu les bolcheviks, nombre de ses programmes étant conçus spécifiquement pour favoriser le gouvernement communiste. EXXON, dans le plus pur style de John D., a fermé les écoutilles et a survécu à la tempête de critiques que les accusations ont suscitées aux États-Unis. Quant à Deterding, en raison de ses révélations, qui ont nui à l'industrie pétrolière, il a été mis sur la liste noire et est tombé en disgrâce.

Dans les documents relatifs à la campagne russe blanche visant à vaincre l'Armée rouge, conservés dans les archives de Whitehall, il est révélé que les généraux russes blancs, Wrangle et Deniken, se sont vu promettre par la Standard Oil que s'ils parvenaient à repousser l'Armée rouge hors des riches champs pétrolifères de Bakou, ils bénéficieraient d'un soutien substantiel du gouvernement américain.

La tâche a été accomplie par les forces militaires des Russes blancs. En fait, elles ont écrasé l'Armée rouge, la repoussant jusqu'aux portes mêmes de Moscou. Mais au lieu de recevoir de l'argent et des armes comme promis, Lloyd George, représentant personnel du département d'État américain, et William Bullit, Premier ministre britannique, agissant sur les instructions du Comité des 300 par l'intermédiaire de son Council on Foreign

Relations (CFR), ont coupé l'herbe sous le pied des armées russes blanches, les laissant sans argent ni armes, et sans autre choix que de se dissoudre.

Le boycott des munitions destinées aux forces russes blanches était une conspiration du CFR, menée par Lloyd George, et il a assuré l'effondrement de la seule force militaire capable de détruire l'Armée rouge et de mettre fin au régime bolchevique en Russie, mais ce n'était pas ce que la Grande-Bretagne impériale et un partenaire américain avaient en tête.

Pourquoi Bullit et Lloyd George ont-ils poignardé les armées de la Russie blanche dans le dos ? Pourquoi, alors que l'Armée rouge regardait la défaite en face, alors que la révolution bolchevique était en danger imminent d'effondrement, les gouvernements américain et britannique ont-ils agi de façon si perfide ? Dans les documents auxquels j'ai déjà fait référence, qui se trouvent au War Office de Whitehall, à Londres, il est révélé que le CFR voulait conclure un accord pour maintenir Lénine au pouvoir, en échange d'une concession unique pour le pétrole des vastes champs russes. Ils pensaient que Lénine était plus susceptible de conclure un accord que les généraux de la Russie blanche. Cette fraude, cette trahison, est ce qui a aidé les bolcheviks à revenir du bord de la défaite pour devenir une force puissante capable de soumettre la Russie au prix de la vie de millions de ses citoyens.

Lorsque la Grande-Bretagne a officiellement reconnu le gouvernement bolchevique en 1924, c'était à la condition qu'un représentant officiel signe un accord avec British Petroleum (BP), garantissant d'énormes étendues de terres pétrolières pour l'exploration par des intérêts britanniques. Les bases de cet accord avaient été posées par Sydney Reilly, agent du MI6 britannique, pendant la révolution bolchevique. Reilly avait sept passeports avec différents noms officiels du MI6 et représentait Lord Alfred Milner, qui était en grande partie responsable du financement de la révolution bolchevique, plus directement que le gouvernement britannique.

De même, la Standard Oil des États-Unis a signé des accords

similaires avec l'impérialiste Lénine. Pour donner l'impression que les États-Unis et la Grande-Bretagne luttaient réellement contre la montée des bolcheviks, un corps expéditionnaire allié a été envoyé à Archangel, dans l'extrême nord de la Russie. Ses troupes n'ont fait que se prélasser dans leurs casernes, sauf une fois, lorsqu'elles ont effectué une marche de cérémonie dans les rues d'Archangel, après quoi le soi-disant corps expéditionnaire est monté à bord d'un navire et a pris le chemin du retour.

Le seul homme ayant des principes dans le consortium était Deterding, qui refusait catégoriquement de travailler avec les bolcheviks. Au sujet de la trahison des Russes blancs et de l'accord pétrolier bolchevique, Deterding a déclaré :

> Je pense qu'un jour, tout le monde regrettera d'avoir eu affaire à ces voleurs.

Il n'est pas étonnant que Deterding ait été relégué dans l'obscurité ! C'est l'histoire qui jugera si ses paroles étaient prophétiques, et nous ne parlons pas de l'histoire écrite par les soi-disant historiens qui étaient payés par Rockefeller. Afin de prévenir la concurrence à l'avenir, ce dont Rockefeller se disait sûr, une réunion secrète s'est tenue le 18 août 1928 au château d'Achnacarry en Écosse, sur les réserves du comte d'Achnacarry. La réunion était organisée par l'Anglo-Iranian Oil Company (appelée plus tard British Petroleum-BP) et des cadres de Standard, Shell, Anglo-Iranian Oil Company et Mobil y assistaient. Deterding est présent en tant que représentant de la Royal Dutch Shell, mais sa vie est transformée en enfer par Rockefeller, qui ne cache pas sa haine de l'homme qui s'est publiquement opposé à ses accords pétroliers conclus avec les bolcheviks.

L'Anglo-Iranian Oil Company a rédigé l'ordre du jour qui a été signé par toutes les parties le 17 septembre 1928. L'objectif unique des impérialistes d'Achnacarry était de diviser le commerce mondial du pétrole en "sphères d'intérêt", que les majors contrôleraient, ce qui signifiait en réalité que tout devait être laissé "tel quel".

L'accord de Yalta qui a suivi en 1945 était calqué sur l'accord d'Achnacarry, et les "trois grands" ont pu appliquer cet arrangement jusqu'en 1952. L'accord d'Achnacarry violait les lois anti-monopole Sherman des États-Unis, et plus encore, il montrait que les géants de l'industrie pétrolière étaient suffisamment puissants pour fixer les prix et répartir les approvisionnements, quoi qu'en disent les gouvernements légitimes du monde.

Le consommateur américain a-t-il bénéficié de l'accord Achnacarry qui a duré 28 ans ? La réponse est non. En fait, les consommateurs américains ont été victimes de prix plus élevés à un moment où les prix auraient pu être considérablement abaissés. En vérité, l'accord d'Achnacarry était une conspiration géante contre les lois antitrust des États-Unis avec l'intention de frauder les consommateurs du monde entier, mais c'est le consommateur américain qui a fait les frais de la fixation des prix.

S'il y avait une affaire criminelle flagrante qui attendait d'être poursuivie, c'était bien celle-là. Mais, apparemment, il n'y avait qu'un petit nombre d'hommes courageux au sein du ministère de la Justice américaine prêts à s'attaquer aux géants de l'industrie qui n'ont cessé d'"arnaquer" le consommateur américain tout au long de leur longue histoire. À son crédit, "les quelques" du ministère de la Justice ont bien essayé de poursuivre le cartel, mais leurs efforts ont été bloqués par Eisenhower et Truman.

Le fait que les "Big Three" se procuraient du pétrole bon marché dans le monde entier ne faisait qu'ajouter l'insulte à la blessure. La "grande main" du vieux John D. était partout, et avec le temps, les hommes honnêtes dans l'industrie pétrolière sont devenus de plus en plus difficiles à trouver.

Mais le pire était à venir. Non satisfaites de leurs profits gonflés, les trois grandes compagnies ont maintenant cherché et obtenu des concessions fiscales américaines avec l'aide des hauts responsables du département d'État. Les compagnies pétrolières ont fait valoir que leur statut spécial était justifié parce que

> "nous poursuivons la politique des États-Unis envers ces pays".

Leur affirmation va même plus loin :

> "Nous aidons à maintenir les points chauds au frais, alors qu'une intervention directe des États-Unis dans ces points chauds ne ferait qu'aggraver la situation",

a déclaré un cadre à la commission des affaires étrangères du Sénat en 1985. Nous verrons à quel point cet argument ne tient pas la route.

La principale poussée d'EXXON après Bakou était en Arabie Saoudite. Everette Lee de Goyler avait dit en 1943 :

> "Ce pétrole dans cette région (Arabie Saoudite) est le plus grand prix de toute l'histoire."

Sous couvert d'aider le clan régnant des Abdul Azziz à contrer la menace israélienne, EXXON a pu asseoir sa position en veillant à ce que les intérêts de l'Arabie saoudite ne soient pas minimisés par le formidable et menaçant lobby israélien à Washington.

Le département d'État a joué son rôle en disant au roi Ibn Saud que les États-Unis maintiendraient une politique impartiale à l'égard du Moyen-Orient si les Saoudiens travaillaient avec EXXON. Bien sûr, le roi a accepté cet accord infâme. En guise de "contrepartie", EXXON a payé la modique somme de 500 000 dollars pour s'assurer les droits exclusifs sur le pétrole saoudien ! Cependant, ni EXXON ni le département d'État n'ont pu respecter leur promesse de maintenir l'impartialité de la politique de Washington au Moyen-Orient, en raison du tollé provoqué par le lobby israélien. Cela ne convenait pas aux Saoudiens qui s'étaient amèrement opposés à la création d'Israël en tant qu'État en 1946. Le sénateur Fulbright avait toujours adopté une approche impartiale et était généralement capable de rester sur ses positions, même lorsque les choses se compliquaient à Washington. Cependant, lorsque Fulbright a été nommé au poste de secrétaire d'État, le lobby sioniste s'est joint à Exxon pour annuler la nomination, qui a été attribuée à Dean

Rusk, un ennemi des nations arabes et un impérialiste de la pire espèce. En conséquence, la politique étrangère des États-Unis à l'égard des pays arabes/musulmans du Moyen-Orient, toujours terriblement déséquilibrée et totalement biaisée en faveur d'Israël, est devenue beaucoup plus pro-israélienne.

La famille royale saoudienne a ensuite exigé d'Exxon un tribut annuel pour maintenir la concession, tribut qui a atteint 50 millions de dollars la première année de sa mise en œuvre. La production de pétrole saoudien bon marché atteignant des sommets vertigineux, le "gadget doré des concessions fiscales" s'est développé en proportion, et il demeure à ce jour l'une des plus grandes fraudes aux dimensions monumentales. En vertu d'un accord avec le Département d'État, EXXON (ARAMCO) est autorisée à déduire les pots-de-vin de ses impôts aux États-Unis, au motif que le pot-de-vin est un paiement légitime de "l'impôt sur le revenu saoudien" !

Il s'agissait en fait d'un énorme versement d'aide étrangère à l'Arabie saoudite — bien qu'il n'ait pas été enregistré comme tel — afin qu'EXXON puisse continuer à produire et à exporter du pétrole saoudien bon marché. Six ans après le recours à cette échappatoire fiscale, Israël a commencé à réclamer sa part du butin, et a fini par obtenir environ 13 millions de dollars, grâce aux contribuables américains. Le montant total de l'aide étrangère d'Israël en provenance des États-Unis s'élève actuellement à environ 50 milliards de dollars par an. Les contribuables américains, qui paient la facture, tirent-ils un quelconque avantage de cet arrangement, un avantage tel que la baisse du prix de l'essence à la pompe ? Après tout, le pétrole saoudien étant si bon marché, le bénéfice ne devrait-il pas être répercuté sur le client ? La réponse est : "pas en ce qui concerne ARAMCO".

Les consommateurs américains n'en ont retiré aucun avantage. Pire encore, le prix du pétrole national a subi une énorme augmentation, dont il ne s'est jamais remis, car le pétrole brut bon marché du Moyen-Orient a tué tous les efforts locaux visant à rendre les États-Unis indépendants sur le plan énergétique en produisant davantage de gaz et de pétrole à partir de sources américaines, comme les champs de l'Arctique.

CHAPITRE 14

Nixon ferme la fenêtre de l'or

Un grand nombre de petites sociétés indépendantes de prospection pétrolière, les "wildcatter", ont été contraintes de cesser leurs activités en raison de l'augmentation des taxes qui leur étaient imposées et d'un dédale de nouvelles mesures plus strictes visant à restreindre leurs activités. L'occasion d'augmenter le prix de l'essence à la pompe s'est présentée avec la mini-récession de 1970, à la fin du mandat du président Nixon. L'économie américaine était en récession et les taux d'intérêt ont été fortement réduits, ce qui a déclenché une fuite alarmante de capitaux étrangers. Le président Nixon, sur les conseils de Sir Sigmund Warburg, Edmond de Rothschild et d'autres banquiers de la City de Londres membres du "Comité des 300", a décidé de fermer le guichet de l'or des banques de la Réserve fédérale.

Le 15 août 1971, Nixon annonce que, dorénavant, les dollars américains ne seront plus échangés contre de l'or. La disposition centrale de la Conférence de Bretton Woods est réduite en miettes. La démonétisation du dollar fait grimper en flèche le prix de l'essence à la pompe.

Selon les preuves présentées à la commission des auditions multinationales en 1975, les grandes compagnies pétrolières américaines réalisaient près de 70% de leurs bénéfices à l'étranger, bénéfices sur lesquels elles ne devaient payer aucun impôt sur le revenu aux États-Unis. La majeure partie de leurs activités étant réalisée "en amont" (dans des pays étrangers), les grandes compagnies américaines n'étaient pas sur le point d'investir des capitaux importants dans le forage et l'exploration locaux, sur lesquels elles auraient dû payer des impôts.

Pourquoi dépenser de l'argent pour rechercher et exploiter des gisements de pétrole aux États-Unis alors que le produit peut être obtenu, sans taxe et à un prix plus bas, en Arabie Saoudite ? Pourquoi permettre à de petits exploitants indépendants d'explorer des gisements de pétrole et d'y trouver des vilayets importants, ce qui aurait inévitablement réduit les profits des Seven Sisters ? EXXON a fait ce qu'elle sait le mieux faire. Elle s'est tournée vers les membres dociles du Congrès et a exigé (et obtenu) l'imposition d'une lourde taxe sur la prospection pétrolière dans la partie continentale des États-Unis.

Les consommateurs américains ont continué à subventionner les majors impérialistes dans les pays étrangers, tout en payant des prix artificiellement élevés à la pompe, ce qui, si l'on ajoute le coût de toutes les taxes cachées, fait de l'essence américaine l'une des plus chères au monde, une situation choquante et artificiellement créée, qui aurait dû être supprimée il y a des décennies. L'immoralité de cet arrangement est que si les majors n'avaient pas été aussi avides, elles auraient pu produire et vendre plus d'essence aux États-Unis grâce à un prix très réduit. À notre avis, la façon dont l'industrie pétrolière a encouragé une pratique illégale l'expose à des accusations criminelles de complot visant à escroquer le consommateur américain.

En 1949, le ministère de la Justice des États-Unis a engagé des poursuites pénales contre le "cartel international du pétrole", qui comprenait les principales compagnies pétrolières américaines, mais avant que l'affaire n'aille très loin, Truman et Eisenhower sont intervenus et ont forcé le ministère de la Justice à réduire les poursuites à une affaire civile.

Lorsque les taux de change flottants ont frappé le monde économique, les États arabes producteurs de pétrole ont exigé et obtenu la promesse d'un prix fixe pour le pétrole, afin de ne pas subir de manière inattendue une forte baisse de leurs revenus pétroliers en raison des fluctuations monétaires. Les majors ont obtempéré en truquant les prix de l'essence. Ainsi, les compagnies pétrolières ont payé des taxes sur un prix artificiel, qui n'était pas le prix réel du marché, mais qui était compensé par les taxes moins élevées qu'elles payaient aux États-Unis, un avantage dont aucune autre industrie aux États-Unis n'a jamais bénéficié. Cela a permis à EXXON et Mobil, ainsi qu'aux autres majors de ne payer en moyenne que 5% d'impôts, malgré les énormes bénéfices qu'ils réalisaient. Il ressort clairement de ce qui précède que non seulement les grandes compagnies pétrolières escroquaient le contribuable américain — et elles continuent d'escroquer les consommateurs pour tout ce qu'elles valent — mais qu'elles appliquaient la politique étrangère impérialiste des États-Unis en agissant comme des bailleurs de fonds des pays étrangers, dont elles achetaient le pétrole à des prix d'aubaine. Cet arrangement plaçait les grandes compagnies pétrolières au-dessus de la loi, leur donnant une position d'où elles pouvaient constamment dicter leur conduite aux gouvernements élus. Comment cette victoire éclatante sur le consommateur américain a-t-elle été obtenue ? Pour répondre à cette question, il faut se reporter à la réunion secrète qui s'est tenue sur l'île de Saltsjöbaden, propriété des Suédois de Wallenberg, membres du Comité des 300. En mai 1973, le groupe Bilderberg a tenu une réunion secrète à laquelle ont participé Sir Eric Roll de Warburg, Giani Agnelli, du conglomérat Fiat, Henry Kissinger, Robert O. Anderson de l'Atlantic Richfield Oil Company, George Ball de Lehman Brothers, Zbignew Brzezinski, Otto Wolf von Armerongen et David Rockefeller. L'idée maîtresse de la réunion était de savoir comment déclencher un embargo mondial sur le pétrole afin d'augmenter les prix du pétrole jusqu'à 400%.

La réunion de Saltsjöbaden a certainement été un moment fort pour le Comité des 300, car jamais un si petit nombre n'avait contrôlé l'avenir économique du monde entier. Les mesures qu'ils ont décidé de prendre pour atteindre leur objectif d'une augmentation de 400% des revenus pétroliers et l'énorme élan qui en résulte pour le dollar ne sont pas connues, sauf par ceux qui ont assisté à la réunion. Mais le résultat de leurs délibérations ne s'est pas fait attendre.

À peine six mois plus tard, le 6 octobre 1973, l'Égypte et la Syrie déclenchent une guerre contre Israël, la guerre dite de "Yom Kippour". Laissons pour l'instant de côté toutes les raisons ostensibles de l'attaque contre Israël et pénétrons dans les coulisses. D'après ce que nous avons pu découvrir en lisant une série de dépêches et de rapports, il est à peu près certain que, par des voies diplomatiques détournées, Henry Kissinger a orchestré le déclenchement de la guerre depuis Washington. Il est bien connu que Kissinger était très proche de l'ambassadeur d'Israël à Washington, un certain Simcha Dinitz. Dans le même temps, Kissinger travaillait ses relations égypto-syriennes. Kissinger a utilisé la plus vieille formule du monde : il a délibérément déformé les faits pour les deux parties.

Le 16 octobre 1972, l'OPEP s'est réunie à Vienne et a annoncé au monde entier qu'elle augmentait le prix de son pétrole de 1,50 $ à 11 $ le baril et qu'elle boycotterait les États-Unis en raison de leur favoritisme flagrant et constant envers Israël. Les Pays-Bas ont fait l'objet d'une attaque spéciale, car c'est là que se trouvent les principaux ports pétroliers d'Europe. Les comploteurs du Bilderberg ont atteint leur objectif. Si nous examinons les prix du pétrole de 1949 à 1970, nous constatons que le prix du baril de pétrole brut n'a augmenté que d'environ 1,89 dollar. En janvier 1974, le prix du pétrole brut avait augmenté de 400%, soit l'objectif du groupe Bilderberg à Saltsjöbaden.

Il ne fait guère de doute qu'Henry Kissinger, au nom du groupe Bilderberg, a orchestré et exécuté le plan élaboré lors de la retraite de Wallenberg, tout en rejetant la responsabilité de l'augmentation de 400% du prix du pétrole brut sur les producteurs arabes et de l'OPEP, alors que la consommation mondiale de pétrole a été multipliée par 5,5 depuis 1949. Le sénateur "Scoop" Jackson a demandé le démantèlement et le désinvestissement immédiats des grandes compagnies pétrolières, qualifiant leurs profits d'"obscènes".

Ensuite, nous nous tournons à nouveau vers le Mexique et le très détesté Henri Deterding de Shell, qui a racheté certaines des concessions de Cowdrey (que John D. avait rejetées, car il estimait qu'elles ne valaient pas grand-chose de toute façon). C'est le début des pratiques corrompues des compagnies pétrolières, soutenues par un gouvernement dont certains fonctionnaires sont très sensibles aux pots-de-vin.

Le pétrole a été découvert au Mexique par le magnat britannique de la construction, Weetman Pearson, que nous avons déjà rencontré. Pearson n'était pas vraiment dans le domaine du pétrole, mais il l'a découvert par hasard après une visite à Laredo, au Texas, si l'on en croit son récit des événements. Le président mexicain, Porfirio Diaz, a donné à Weetman le droit de prospecter (à titre privé) et l'homme d'affaires britannique a installé son équipement de forage sur des terres censées contenir d'énormes réserves de pétrole, à côté de l'endroit où le vieux John D. avait déposé ses demandes. John D., toujours prompt à la haine, commence alors à dynamiter les concessions de Weetman et à mettre le feu à ses puits. Tous les coups bas enseignés par William "Doc" Avery ont été immédiatement utilisés contre son rival. Mais Weetman s'en tient à sa tâche, et pour la première fois de sa vie, Rockefeller est contrecarré. Ayant pris le contrôle de toutes les ressources pétrolières des États-Unis, Rockefeller n'aimait pas ça. Son masque de philanthropie bienveillante, affiché dans la salle d'audience du juge Whyte, tombe, révélant toute la laideur du caractère de l'homme, un visage moulé dans une rapacité impitoyable.

Weetman était plus malin que Rockefeller, ce qui lui a fait faire un mauvais calcul. "Je pense que les gisements de pétrole mexicains sont trop coûteux", a-t-il déclaré à Avery, mais il était loin de se douter que son évaluation de la situation mexicaine était très erronée. Mais dans les coulisses, le service de renseignement privé de Rockefeller était déterminé à créer un maximum de problèmes pour Weetman, ainsi que des troubles et des effusions de sang pour le peuple mexicain.

Le gouvernement britannique a promu Weetman à la Chambre des Lords en reconnaissance de son travail dans les champs pétrolifères mexicains pour son pays, et pour la construction de bombardiers pour le Royal Flying Corps (RFC) pendant la Première Guerre mondiale. Il était un ami proche de Sir Douglas Haig, qui a lancé le programme du Royal Flying Corps (RFC). Dès lors, il est connu sous le nom de Lord Cowdrey. Il ne tarde pas à devenir très ami avec le président Woodrow Wilson, nouvellement élu.

Furieux d'avoir été battu, John D. a commencé à exercer une pression énorme sur Wilson. La Standard Oil voulait revenir dans le jeu, et s'il fallait faire appel à l'armée américaine pour y parvenir, qu'il en soit ainsi. C'était l'impérialisme à son pire, les compagnies pétrolières utilisant l'armée américaine comme leur propre armée privée, comme nous l'avons vu lorsque, plus tard, le président Bush a ordonné l'invasion du Panama et de l'Iraq.

Au Mexique, l'armée de renseignements privée de Rockefeller fomentait des troubles 24 heures sur 24 et, pour ajouter à la crise imminente, le Mexique a élu le général Huerto comme nouveau président. Dans son manifeste électoral, Huerto avait juré qu'il reprendrait le contrôle du pétrole mexicain pour son peuple. Par l'intermédiaire de Lord Cowdrey, le gouvernement britannique a demandé à Wilson de solliciter l'aide américaine pour se débarrasser du fougueux Huerto. La Grande-Bretagne et les États-Unis ont uni leurs forces "contre l'ennemi commun", comme l'a dit Cowdrey, tout en pompant autant de pétrole brut qu'il le pouvait, nuit et jour, avant que le ballon ne s'envole. Mais ce sont les États-Unis qui ont fait le plus de mal au Mexique, en plongeant le pays dans une série de guerres civiles, appelées à tort "révolutions", et en versant inutilement le sang de centaines de milliers de Mexicains, afin que les impérialistes étrangers puissent garder le contrôle des ressources naturelles du Mexique. Le Mexique était en proie à l'amertume et aux conflits, mais pendant ce temps, Cowdrey devenait de plus en plus riche. Son empire personnel englobait Lazard Frères, la banque internationale et maison de courtage, "Penguin Books", "The Economist" et le "Financial Times" de Londres, tous construits sur le sang et les larmes du peuple mexicain et le sang de millions de personnes tuées lors de la Première Guerre mondiale, qui n'aurait pu être poursuivie si le pétrole mexicain n'avait pas été utilisé. Le peuple mexicain a été volé aveuglément, d'abord par Cowdrey, puis par Shell, qui a acheté les intérêts du milliardaire au Mexique en 1919, à la fin de la Première Guerre mondiale, lorsque Cowdrey, gravement blessé par la mort de son fils pendant la Première Guerre mondiale, a décidé qu'il avait gagné assez d'argent pour prendre sa retraite.

Une guerre civile s'ensuivit (appelée "révolution" dans la presse britannique et américaine) — le peuple mexicain cherchant à reprendre le contrôle de ses ressources naturelles. Alors que Cowdrey vivait dans un luxe total, les travailleurs mexicains du secteur pétrolier étaient plus mal lotis que les esclaves du pharaon, se serrant les uns contre les autres dans une misère noire et sordide dans des "villes" pétrolières indescriptibles, composées des plus viles cabanes sans assainissement ni eau.

En 1936, 17 pays étrangers s'affairaient à pomper le pétrole qui appartenait légitimement au Mexique. Enfin, alors que les travailleurs mexicains du pétrole étaient au bord de la révolte contre leurs employeurs en raison de leurs conditions, le président mexicain Lazaro Cardenas a tardivement exigé de meilleures conditions et de meilleurs salaires pour eux. En Amérique, la presse a annoncé que "le communisme essayait de prendre le pouvoir au Mexique".

Les 17 sociétés incriminées ont refusé de céder sur les justes revendications des travailleurs, et Cardenas a alors nationalisé toutes les sociétés pétrolières étrangères, comme il était en droit de le faire. Comme ils l'avaient fait avec l'Iran, lorsque l'agression brutale de Churchill a ruiné l'économie en instituant un boycott mondial du pétrole iranien, les gouvernements britannique et américain ont annoncé qu'ils appliqueraient un embargo contre toute personne expédiant du pétrole hors du Mexique. PEMEX, la société nationale qui gère l'industrie pétrolière, a été tellement perturbée par le boycott qu'elle est devenue totalement incompétente et, à mesure que le boycott se prolongeait, les employés de PEMEX ont commencé à succomber aux pots-de-vin et à la corruption. Tous ces méfaits étaient l'œuvre de l'armée privée d'agents et d'espions de

Rockefeller, qui étaient partout. En 1966, plusieurs écrivains éminents ont cherché à exposer le rôle joué par les impérialistes britanniques et américains au Mexique. Cowdrey a alors engagé Desmond Young, un écrivain éminent de l'époque, pour préparer un blanchiment de ses activités, pour lequel Young a été payé au tarif courant des prostituées.

Pour revenir à l'Europe, juste avant la Seconde Guerre mondiale. En 1936, les communistes ont essayé de prendre le contrôle de l'Espagne. C'était leur grand prix après avoir capturé la Russie. Texaco, voyant une aubaine en devenir, s'est rangé du côté du Général Franco. Ses pétroliers, chargés de pétrole mexicain, ont été détournés vers des ports espagnols contrôlés par Franco.

C'est là qu'intervient Sir William Stephenson, l'homme qui a comploté pour s'emparer des services de renseignements américains pendant la Seconde Guerre mondiale et qui a ensuite organisé l'assassinat du président John F. Kennedy. Stephenson a découvert l'accord pétrolier Texaco-Franco et s'est empressé d'en faire part à Roosevelt. Comme le veut la coutume du gouvernement secret américain — et une longue histoire vient étayer cette affirmation — lorsque des gouvernements de droite sont engagés dans une lutte à mort contre des forces communistes qui tentent de les renverser (comme à Cuba), le CFR adopte soit une position de neutralité, tout en sapant secrètement le gouvernement légitime et en soutenant les forces communistes, soit il se range ouvertement du côté des forces insurgées (comme en Espagne et, plus tard, en Afrique du Sud).

Dans la guerre espagnole contre le communisme, connue sous le nom de "guerre civile espagnole", l'Amérique était officiellement "neutre". Mais Roosevelt autorisa le CFR à fournir secrètement de l'argent, des armes et des munitions aux communistes contre lesquels Franco luttait. Lorsque Stephenson est arrivé au galop dans son bureau avec les "mauvaises nouvelles", Roosevelt s'est mis très en colère et a ordonné avec indignation à Texaco de respecter les lois sur la neutralité et de cesser les livraisons de pétrole à Franco.

Cependant, Roosevelt n'a pas arrêté le flux d'argent, d'armes et de nourriture vers les communistes. Il n'a pas non plus ordonné aux bolcheviks de ne pas recruter aux États-Unis des hommes prêts à se battre pour les communistes en Espagne.

Les communistes ont rapidement commencé à recruter des volontaires américains pour combattre dans la "Brigade Abraham Lincoln" en opposition à Franco. Roosevelt n'a pas tenté de poursuivre les responsables. Franco n'a jamais été pardonné pour avoir écrasé la tentative de prise de contrôle de l'Espagne chrétienne par les communistes. Il ne le sera jamais non plus par les socialistes qui constituent la majeure partie du département d'État américain. Bien qu'il n'ait pas joué un rôle majeur dans la guerre civile espagnole, le Federal Reserve Board, l'organe directeur des 12 banques de la Réserve fédérale, a été un acteur majeur de la Première et de la Deuxième Guerre mondiale. Sans lui, il n'y aurait pas eu de guerres mondiales ni de guerres de Corée et du Vietnam. Les banques de la Réserve fédérale ont été créées par le sénateur Nelson Aldrich, sur l'ordre et au service des Rockefeller. Le sénateur Nelson Aldrich a été acheté et payé par les Rothschild et il est devenu le principal instigateur du projet de loi visant à établir une banque centrale aux États-Unis, en violation de son serment de défendre et de faire respecter la Constitution américaine.

Il est juste de dire que l'argent des Rothschild et des Rockefeller a payé le coût (légitime, et en pots-de-vin) de la mise en place des banques de la Réserve fédérale. La fille du sénateur Aldrich, Abbey Green Aldrich, a épousé John Rockefeller Jr. et Abbey a toujours été très généreuse avec ses subventions aux institutions de gauche et carrément communistes.

Le Mexique et la Réserve fédérale sont deux autres inculpations dans le dossier contre l'industrie pétrolière. Les Rockefeller sont également accusés d'avoir distribué leur argent du pétrole dans des foyers de communisme tels que le Conseil mondial des églises et l'église Rockefeller Riverside de New York. Ces deux institutions de gauche étaient à l'avant-garde de la campagne visant à rayer l'Église chrétienne de la carte en Afrique du Sud.

L'industrie pétrolière est devenue si impérialiste qu'avec l'aide d'un vaste réseau d'espionnage, très peu de choses se produisaient sans que les Rockefeller en soient informés. Très peu de temps après la fin de la Seconde Guerre mondiale, le pétrole a commencé à couler à flots des champs saoudiens, tandis que le prix de l'essence passait de 1,02 $ à 1,43 $ le gallon, sans aucune raison économique à ce bond. L'avidité pure et simple de l'industrie pétrolière a coûté des milliards de dollars au consommateur américain, sans compter les milliards de dollars que les contribuables américains ont dû fournir pour maintenir la "poule aux œufs d'or".

EXXON ne montrait aucune crainte du peuple américain ou du gouvernement. L'exécutif secret du gouvernement parallèle de haut niveau, connu sous le nom de Council on Foreign Relations, veillait à ce que personne n'ose lever le petit doigt sur EXXON et sa société saoudienne, ARAMCO.

Par conséquent, ARAMCO a pu s'en tirer en vendant du pétrole à la France à 0,95 $ par baril, tout en facturant à la marine américaine 1,23 $ par baril pour le même pétrole. C'était un vol éhonté et arrogant du peuple américain. Mais malgré la dissimulation par la presse et la radio, en 1948, le sénateur Brewster décida qu'il avait assez d'informations pour défier l'industrie pétrolière.

Brewster a accusé les majors d'avoir agi de mauvaise foi,

> … avec un désir avaricieux de réaliser des profits énormes, tout en cherchant constamment à se couvrir de la protection et de l'aide financière des États-Unis pour préserver leurs vastes concessions.

Les grandes compagnies pétrolières ont répondu par un mémo à Brewster, dans lequel elles déclaraient avec arrogance qu'elles ne devaient aucune allégeance particulière aux États-Unis ! L'"impérialisme" de Rockefeller n'a jamais été affiché plus hardiment à la face de l'Amérique que pendant les audiences de Brewster.

En dehors des considérations géopolitiques, les grandes compagnies pétrolières se sont également rendues coupables d'une simple manipulation des prix. Le pétrole arabe bon marché, par exemple, était fixé au prix américain, plus élevé, lorsqu'il était vendu à l'Europe occidentale et importé aux États-Unis. Cette escroquerie était réalisée grâce à ce que l'on appelait des "taux de fret fantômes".

L'un des meilleurs rapports à jeter beaucoup de lumière sur la conduite de l'industrie pétrolière est le "International Petroleum Cartel; A report compiled by the staff of the Federal Trade Commission".[6] Ce rapport incisif devrait être une lecture obligatoire pour tous les membres de la Chambre des représentants et du Sénat des États-Unis.

Je suis étonné que ce rapport ait jamais vu le jour, et je suppose qu'il était une raison suffisante pour que Rockefeller et ses conspirateurs soient très inquiets. Inspirée par feu le sénateur John Sparkman et soigneusement mise en forme par le professeur M. Blair, l'histoire du cartel du pétrole remonte jusqu'à la conspiration du château d'Achnacarry en Écosse.

6 "Le cartel international du pétrole ; un rapport compilé par le personnel de la Commission fédérale du commerce." NDT.

CHAPITRE 15

Le sénateur Sparkman s'en prend à l'empire pétrolier de Rockefeller

Le sénateur Sparkman n'a pas ménagé ses efforts, s'en prenant à l'empire pétrolier de Rockefeller en particulier. Le professeur Blair a soigneusement, et de manière convaincante, monté l'affaire contre l'industrie pétrolière, centimètre par centimètre, pour finalement fournir des preuves inattaquables que les principales compagnies pétrolières s'étaient engagées dans une conspiration pour atteindre les objectifs suivants :

- Contrôler toutes les technologies et tous les brevets relatifs à la production et au raffinage du pétrole.
- Pour contrôler les pipelines et les camions-citernes entre sept compagnies, "Les Sept Sœurs".
- Se partager les marchés mondiaux et se répartir les sphères d'influence.
- Contrôler tous les pays étrangers producteurs de pétrole en ce qui concerne la production, la vente et la distribution de pétrole.
- Agir conjointement et solidairement pour maintenir des prix du pétrole artificiellement élevés.

Le professeur Blair a déclaré qu'ARAMCO s'était notamment rendue coupable de maintenir les prix du pétrole à un niveau élevé alors même qu'elle pompait du pétrole en Arabie Saoudite à des prix incroyablement bas. Au vu des allégations de grande envergure du sénateur Sparkman, le ministère de la Justice a commencé sa propre enquête sur les pratiques commerciales d'ARAMCO pour voir si les lois américaines étaient violées. La Standard Oil et les Rockefeller ont immédiatement dépêché Dean Acheson, leur mercenaire au Département d'État, pour faire échouer l'enquête. Acheson, qui aurait pu être mis en accusation pour trahison, est le meilleur, ou peut-être le pire exemple de la façon dont le gouvernement américain est suborné et mis sens dessus dessous par les grandes compagnies pétrolières. Cela s'est produit chaque fois que l'on a voulu enquêter sur les conspirateurs qui, depuis longtemps, ont déclaré qu'ils ne devaient aucune allégeance particulière aux États-Unis. Comparaissant devant une commission d'enquête du Sénat en 1952, Acheson a cité les intérêts du Département d'État comme étant prééminents dans la protection des intérêts de la politique étrangère de l'Amérique au Moyen-Orient (admettant ainsi tacitement que les grandes compagnies pétrolières dirigeaient la politique étrangère), Acheson a demandé à la commission et au Département de la Justice de mettre en veilleuse leurs enquêtes sur les transactions d'ARAMCO, dans le but de ne pas affaiblir les initiatives diplomatiques américaines au Moyen-Orient. Acheson a très intelligemment utilisé la crise de Mossadegh en Iran pour faire valoir son point de vue, et le ministère de la Justice a dûment obtempéré. Mais le procureur général a pu faire une remarque acerbe, avant que les portes ne se ferment sur les pratiques commerciales peu recommandables d'ARAMCO :

> Le commerce du pétrole est entre les mains de quelques-uns. Les monopoles pétroliers ne sont pas dans le meilleur intérêt du libre-échange. La libre entreprise ne peut être préservée qu'en la protégeant des excès de pouvoir, tant gouvernementaux que privés.

Mais la réprimande la plus cinglante du procureur général a été adressée au cartel du pétrole, qui, a-t-il dit, "est profondément préjudiciable aux intérêts de la sécurité nationale". Un Rockefeller furieux a immédiatement pris des mesures pour limiter les dégâts, en utilisant son chien d'attaque, Acheson, pour accuser les procureurs antitrust d'être "des chiens policiers de la section antitrust du ministère de la Justice, qui ne veulent pas avoir affaire avec Mammon et les injustes". Son ton était belliqueux et plein de grandiloquence.

En alignant les ministères de la Défense et de l'Intérieur, Acheson déclara le credo impérialiste :

> "Les compagnies (les Sept Sœurs) jouent un rôle vital dans l'approvisionnement du monde libre en sa denrée la plus essentielle. Les opérations pétrolières américaines sont, à toutes fins pratiques, des instruments de notre politique étrangère envers ces nations."

Le coup de maître d'Acheson a été de faire planer le spectre d'une possible intervention bolchevique soviétique en Arabie Saoudite :

> Nous ne pouvons pas négliger l'importance du rôle joué par les compagnies pétrolières dans la lutte pour la promotion des idéaux de l'ancienne Union soviétique, et nous ne pouvons pas non plus laisser sans réponse l'affirmation selon laquelle ces compagnies sont engagées dans une conspiration criminelle à des fins d'exploration prédatrice.

La position d'Acheson était tout à fait fausse. Le cartel du pétrole était, et est toujours, engagé dans un viol prédateur impérial des pays producteurs de pétrole, et ses activités d'ingérence ou de prise de décisions de politique étrangère basées sur leurs meilleurs intérêts, constituent un danger pour les bonnes relations du monde arabe et islamique avec les États-Unis, et menacent plutôt que de protéger nos intérêts de sécurité nationale. Quant au hareng rouge soviétique d'Acheson, depuis la révolution bolchevique, l'industrie pétrolière, et les Rockefeller en particulier, ont entretenu des relations très confortables et chaleureuses avec les dirigeants bolcheviques. Lorsqu'un de leurs membres, Sir Henri Deterding, a tourné en dérision le fait d'être de mèche avec les bolcheviks, on lui a montré la porte. Les Rockefeller couchaient depuis longtemps avec les bolcheviks dans une relation illicite des plus flagrantes et, de toute façon, n'est-ce pas Churchill, avec l'approbation totale de l'industrie pétrolière, qui a invité les Russes à se joindre à l'invasion de l'Iran et de l'Iraq ? La puissance du cartel pétrolier n'a jamais fait de doute. Le procureur général de Truman avait prévenu des années auparavant que le monde devait être libéré du contrôle de l'industrie pétrolière impériale :

> Le cartel mondial du pétrole est un pouvoir de domination autoritaire sur une industrie mondiale importante et vitale, aux mains de particuliers. Une décision de mettre fin à l'enquête en cours serait considérée par le monde entier comme un aveu que notre aversion pour les monopoles et les activités restrictives des cartels ne s'étend pas à la plus importante industrie du monde.

C'est, en substance, mon dossier contre l'industrie pétrolière. Comme on pouvait s'y attendre, Rockefeller et son équipe juridique, en particulier Acheson, l'emportent. N'ayant rien à perdre, alors qu'il s'apprête à quitter la Maison-Blanche, Truman demande au procureur général d'abandonner les poursuites contre le cartel, "dans l'intérêt de la sécurité nationale".

CHAPITRE 16

Le Koweït créé à partir de terres irakiennes volées

Pour faire plaisir au peuple américain, bien que cela n'ait aucun sens, Truman a déclaré que les procédures civiles seraient autorisées à se poursuivre. Mais la ruse a été révélée pour ce qu'elle était, lorsque les compagnies pétrolières ont refusé d'accepter les citations à comparaître. L'affaire fut discrètement abandonnée lorsque Eisenhower et Dulles, deux des principaux serviteurs du Comité des 300, des Rockefeller et du CFR, remplacèrent Truman et Acheson. Le décor était ainsi planté pour la propagation du cancer de l'impérialisme pétrolier.

Kermit Roosevelt a été impliqué dès le début dans le complot visant à renverser le Premier ministre Mossadegh. Alors même qu'une procédure civile contre ses maîtres corrompus était en préparation en avril 1953, Kermit était à Téhéran pour superviser le coup d'État à venir contre Mossadegh, qui a éclaté le 15 avril et a réussi. Le pauvre Mossadegh, ignorant que Rockefeller et Eisenhower étaient de mèche, a continué à faire appel à Eisenhower, qui, étant le jouet pathétique des Rockefeller et du cartel du pétrole, n'a rien fait pour arrêter les activités illégales de la CIA en Iran.

Après l'éviction de Mossadegh, le Shah est retourné en Iran, mais il a vite déchanté lorsqu'il a découvert — grâce au travail du Dr Mossadegh — comment les compagnies pétrolières américaines vidaient les réserves pétrolières de l'Iran et en tiraient de gros profits.

S'appuyant sur le précédent des demandes du Mexique et du

Vénézuéla, et sur l'important pot-de-vin versé à l'Arabie saoudite, le Shah a pensé qu'il était temps de réclamer une part beaucoup plus importante des revenus pétroliers que celle que l'Iran avait obtenue. Le Shah a appris que l'industrie pétrolière vénézuélienne avait été corrompue par Juan Vincente Gomez, qui avait été soudoyé pour permettre à un Américain de rédiger les lois pétrolières du Vénézuéla, ce qui a entraîné une grève désastreuse à Maracaibo en 1922. Mais les informations fournies par le Shah allaient causer sa perte. Les poursuites civiles engagées à Washington contre les membres du cartel pétrolier commencent à s'essouffler et, alors même que Kermit Roosevelt s'acharne à Téhéran, Eisenhower demande à son procureur général d'élaborer un compromis qui permette de sauver la face entre les tribunaux et le cartel pétrolier, compromis qui, selon lui,

> " ... protégerait les intérêts du monde libre au Proche-Orient en tant que source majeure d'approvisionnement en pétrole".

Plus étonnant encore, Eisenhower a ensuite demandé au procureur général de "considérer dorénavant les lois antitrust comme secondaires par rapport aux intérêts de la sécurité nationale". Il n'est pas étonnant que l'Ayatollah Khomeini ait appelé les États-Unis "le Grand Satan". En ce qui concerne l'industrie pétrolière, c'est une épithète bien méritée. Agissant sous le drapeau des États-Unis impérialistes, Eisenhower a donné carte blanche au cartel pétrolier pour agir comme bon lui semblait.

Khomeini a pris soin de dire que le "Grand Satan" n'était pas le peuple américain, mais son gouvernement corrompu. Lorsque nous considérons la façon dont le gouvernement américain a menti à son propre peuple, la façon dont il a demandé aux fils et aux filles de cette nation de sacrifier leur vie dans l'intérêt de l'industrie pétrolière, nous pouvons certainement voir comment Khomeini pourrait être justifié dans une telle caractérisation.

Tout au long des procédures civiles s'apparentant à de véritables farces contre les membres du cartel du pétrole, le Département d'État a continuellement fait référence aux défendeurs comme "le soi-disant cartel du pétrole", sachant très bien qu'il n'y avait rien de "soi-disant" chez les Sept Sœurs et les participants à la conspiration d'Achnacarry Castle. Nous pourrions ajouter qu'à cette époque, le Département d'État était densément peuplé de sympathisants des Rockefeller et des Rothschild et qu'il l'est encore aujourd'hui.

Faisant l'apologie des membres du cartel, le Département d'État a finalement permis à celui-ci de s'imposer. C'est ainsi que la justice a été pervertie et violée et que les conspirateurs se sont tirés d'affaire avec leurs crimes, comme ils le font encore aujourd'hui. L'affirmation du Département d'État selon laquelle les Sept Sœurs étaient en première ligne pour repousser la pénétration soviétique dans les champs pétrolifères saoudiens et iraniens était un mensonge flagrant dans toute une série de mensonges mis en avant par l'industrie pétrolière depuis l'époque de John D. Rockefeller.

En 1953, les grandes compagnies pétrolières de la Grande-Bretagne impériale et des États-Unis ont conclu un gigantesque complot qui appelait à une nécessité unifiée d'agir contre ce qu'il appelait "le problème iranien". (Vous vous souvenez du Mexique et de "l'ennemi commun" ?) Sir William Fraser a écrit à Mobil, Texaco, Socol, BP, Shell et Gulf Oil, pour proposer qu'une réunion des esprits soit organisée dès que possible, afin de régler les difficultés avec l'Iran, une fois pour toutes.

Les représentants des principales compagnies pétrolières américaines ont rejoint leurs homologues britanniques à Londres (un lieu de rencontre favori de longue date de ceux qui cherchent à éviter les lois sur la conspiration aux États-Unis). Ils ont été rejoints par des représentants de la société française, la Française des Pétroles. Il a été convenu qu'un cartel serait formé — seulement il serait appelé un "consortium" pour prendre le contrôle total du pétrole en Iran. Des décennies plus tard, lorsque le Shah a tenté de s'opposer au cartel, il a été mis en fuite, puis tué.

Cette lettre et l'accord ultérieur du cartel ont constitué la base de la conspiration mise en place par l'administration impériale

Carter pour se débarrasser du Shah, et il s'agissait en fait d'une copie carbone des méthodes utilisées pour se débarrasser du Dr Mossadegh. Quelque 60 agents de la CIA de la "Fraction des banquiers" ont été envoyés à Téhéran pour saper le Shah. Un autre exemple du pouvoir de l'industrie pétrolière s'est produit lors de la guerre israélo-arabe de 1967.

Le 4 juin 1967, l'armée israélienne envahit l'Égypte, ce qui entraîne un boycott éphémère de tout l'Occident par les Arabes. Ce boycott s'est ensuite réduit aux principaux bailleurs de fonds d'Israël, la Grande-Bretagne et les États-Unis. Au lieu d'ouvrir de nouveaux champs pétrolifères nationaux, les compagnies pétrolières ont augmenté le prix du gaz alors qu'il n'y avait aucune raison de le faire. Nous disons qu'il n'y avait aucune raison d'augmenter le prix, parce que les compagnies pétrolières avaient sous la main un énorme stock de milliards de gallons d'essence raffinée à partir de pétrole saoudien bon marché. Le ministre égyptien des Affaires étrangères a suggéré que

> "... le soutien à l'agresseur, Israël, qui nous a attaqués, a coûté au contribuable américain des milliards de dollars, non seulement par le biais de vastes livraisons d'armes à l'État agresseur d'Israël, mais aussi par l'augmentation du prix de l'essence que le public américain doit maintenant payer".

Je crois avoir établi un dossier solide de conspiration criminelle contre l'industrie pétrolière, qui s'est lancée dans une conspiration avec des compagnies pétrolières étrangères pour piller, voler et dépouiller le peuple américain ; pour saper la politique étrangère du gouvernement élu, et en général, agir comme un gouvernement à l'intérieur du gouvernement qui a commis des centaines d'actes criminels. Les États-Unis sont devenus une puissance impériale dans tous les sens du terme.

L'autre allié des États-Unis et du Koweït, l'Arabie saoudite, est désormais à couteaux tirés avec l'Iran et craint pour sa sécurité. Discrètement, et en coulisses, le roi Fahd subit de nombreuses pressions de la part des membres de sa famille qui l'incitent à demander aux États-Unis d'installer leurs bases militaires en dehors du royaume. Le roi Fahd, en tentant de mettre un frein à l'agitation croissante dans la nation, était censé instituer un certain nombre de réformes après la guerre du Golfe. Comme au Koweït, les réformes "démocratiques" ont été longues en discours et courtes en action. Les familles dirigeantes ne sont pas prêtes à relâcher leur emprise sur le pays, et encore moins à s'opposer au cartel du pétrole.

En mars 1992, le roi Fahd a déclaré que la censure serait levée dans le cadre des réformes promises. Cette déclaration fait suite au traitement brutal infligé à un journaliste saoudien, Zuhair al-Safwani, qui a été arrêté le 18 janvier 1992 et condamné à quatre ans de prison pour avoir fait une remarque légèrement défavorable sur la famille Abdul Aziz, que la Maison des Saoud jugeait inconfortablement proche de la vérité. En plus de la peine de quatre ans de prison, al-Safwani a reçu 300 coups de fouet qui l'ont laissé paralysé du côté gauche de son corps.

Des tortures aussi horribles auraient fait les gros titres de CNN, ABC, NBC, FOX et du *New York Times* si elles avaient eu lieu en Afrique du Sud, en Iraq ou en Malaisie. Lorsqu'un jeune Américain a été condamné à neuf coups de canne par un tribunal de Singapour après avoir été reconnu coupable de trafic de drogue, même le président Clinton a fait appel à la clémence.

Mais cette horrible brutalité s'étant produite en Arabie Saoudite, nos intrépides géants des médias qui aiment dire la vérité, toute la vérité, ont maintenu un silence assourdissant. Pas un mot de condamnation de l'Arabie Saoudite n'est sorti de CNN, CBS, ABC, NBC et FOX.

Le gouvernement des États-Unis est de mèche avec les despotes saoudiens, c'est pourquoi nous précipitons nos forces militaires là-bas s'il y a une quelconque menace, réelle ou imaginaire, contre la "démocratie" saoudienne. Le fait est que les troupes américaines sont basées à Dhahran, en Arabie saoudite, uniquement pour protéger et perpétuer l'un des régimes les plus despotiques du monde actuel. La bonne chose à faire serait de ramener les troupes américaines à la maison et d'annuler les paiements de "droit de protection" qui se chiffrent en milliards de dollars, depuis que le programme a été lancé par les

Rockefeller. L'argent versé aux dirigeants saoudiens pour inciter les compagnies pétrolières américaines à pomper le pétrole de leurs puits est déduit des impôts sur le revenu des États-Unis, en tant qu'impôts payés dans un pays étranger. Le peuple américain doit injustement supporter ce coût.

Pendant ce temps, les choses n'allaient pas bien pour l'industrie pétrolière en Somalie. Comme le révèle ma monographie intitulée "What Are We Doing in Somalia",[7] l'ancien président Bush, toujours au service de l'industrie pétrolière, a dépêché des forces armées américaines en Somalie, soi-disant pour nourrir la population somalienne affamée. Ma monographie a arraché ce masque du visage de l'administration Bush, révélant la véritable intention et le but derrière la présence d'unités des forces armées américaines en Somalie.

Le magazine *World In Review* a rapporté que les États-Unis étaient engagés dans la rénovation de l'ancienne base de la ville portuaire de Berbera, stratégiquement située sur la mer Rouge, bien à cheval sur les champs pétrolifères de l'Arabie saoudite. Il a également révélé que les forces armées américaines se trouvaient en Somalie pour protéger les équipes de foreurs pétroliers qui prospectaient le pétrole dans ce pays, pétrole réputé y être abondant. Si la base de Berbera, récemment réaménagée, peut contribuer à apaiser les craintes des chiites quant à la présence de troupes américaines en Arabie saoudite, l'inconvénient est une possible perte de revenus pour le royaume si et quand le pétrole somalien commencera à couler, bien qu'il faille attendre vingt ans ou plus. Néanmoins, l'insistance des éléments religieux de Riyad pour que les États-Unis soient avertis de quitter le royaume n'a pas été bien accueillie par le roi Fahd et certains de ses fils.

Elle a fait remonter à la surface les divergences familiales au sein du palais de manière très nette. Avec sa santé défaillante et les demandes de relâchement de l'emprise de la famille saoudienne sur le pays, ce qui semblait être un interminable avenir radieux

---

[7] "Que faisons-nous en Somalie ?", NDT.

pour la famille royale saoudienne a commencé à s'assombrir.

La force de l'opposition religieuse au maintien du pouvoir absolu des Saoudiens et des wahhabites avait un effet révélateur. Chaque jour apporte de nouvelles provocations de la part des chiites et d'autres fondamentalistes qui veulent que le roi Fahd tienne sa promesse d'organiser des élections dans un avenir immédiat, ce qu'il n'est pas du tout désireux de faire. Autrefois, les dirigeants despotiques de la famille Abdul Aziz en Arabie saoudite présentaient un front uni à tous les étrangers qui s'opposaient à leur régime dictatorial.

Des sources du renseignement m'ont appris que ce n'est plus le cas. D'intenses rivalités familiales et la mort du roi Fahd menacent le front autrefois uni. À cela s'ajoute l'escalade de la pression des fondamentalistes musulmans, qui a culminé avec l'arrestation de plusieurs centaines de leurs dirigeants, que Riyad a décrits comme des "radicaux religieux", mais qui sont en réalité un groupe de mollahs cherchant à avoir leur mot à dire sur la manière dont le pays est gouverné.

La guerre entre le Hezbollah et l'armée israélienne au Liban qui a débuté en juillet 2006 a eu un effet inquiétant à Riyad. Les fondamentalistes souhaitaient que le régime saoudien se déclare ouvertement du côté du Hezbollah, ce que le clan régnant des Abdul Aziz espérait éviter. Dans ses guerres pétrolières permanentes contre les États arabes et musulmans producteurs de pétrole, l'industrie pétrolière compte de plus en plus sur l'armée américaine pour s'impliquer et mener ses batailles pétrolières.

Il faut rappeler que Bush n'avait aucun pouvoir constitutionnel pour envoyer des troupes américaines combattre l'Iraq. Seul le Congrès peut déclarer la guerre. Le président n'a aucune autorité pour envoyer des troupes où que ce soit et aucune autorité pour maintenir des troupes stationnées en Arabie Saoudite conformément à la garde des actifs de BP au Koweït.

Ainsi, Bush, qui n'a aucune autorité pour envoyer des troupes américaines où que ce soit sans l'approbation du Congrès (sous la forme d'une déclaration de guerre), s'en est littéralement tiré avec un crime grave, celui de violer son serment, pour lequel il aurait dû être poursuivi pour ne pas avoir respecté la Constitution et pour crimes de guerre, entre autres choses.

Le représentant Henry Gonzales a en fait dressé une liste des crimes commis par G.H.W. Bush et a cherché à le faire mettre en accusation, mais ses efforts ont été bloqués par les démocrates et les républicains de la Chambre, qui ont jugé déloyal de ne pas aller dans le sens de la marche contre le président Saddam Hussein, mais tout à fait pour protéger Bush des accusations de trahison. Cela montre bien que sur les questions vitales, il y a peu de différence entre les deux partis politiques américains. En conséquence, la politique étrangère des États-Unis s'est détériorée pour devenir une puissance impérialiste. Depuis 1991, le Congrès adopte toutes sortes de lois anticonstitutionnelles sous le couvert de la lutte contre le "terrorisme". Le Congrès des États-Unis doit donner à Bush et au ministère de la Défense un coup sec sur les articulations. Toute tentative des États-Unis d'interférer dans les affaires souveraines d'autres nations ne pourrait être considérée par le monde — et par la majorité des Américains — que comme un acte d'extrême violence, dépassant de loin, en termes de terrorisme et de dépravation totale, tout bénéfice marginal qui pourrait en découler.

L'une des choses qui refroidissent le plus, c'est qu'il n'y a pas eu de tollé public contre George Bush pour avoir même proposé d'utiliser des armes nucléaires contre de petites nations, et montrent à quel point les États-Unis sont sur la voie d'un gouvernement mondial unique. Depuis trente ans, les États-Unis affirment que l'utilisation des armes nucléaires doit être interdite. Pourtant, voici une personne qui n'a pas été élue par les électeurs et qui crée un dangereux précédent en affirmant qu'il n'y a pas de problème à attaquer des nations tant que ces nations sont des "États rouges" situés au-dessus de précieuses réserves de pétrole. Nos militaires ne doivent pas être autorisés à devenir les chiens d'attaque de l'industrie pétrolière. Nous avons sûrement appris quelque chose de la guerre du Golfe ?

Si l'on étudie l'œuvre du grand constitutionnaliste qu'est le juge Joseph Story, volume III du *Commentaires sur la Constitution des États-Unis*, et en particulier le chapitre cinq, il n'est fait aucune mention du fait que le secrétaire à la Défense et le Pentagone ont le pouvoir d'élaborer et de mettre en œuvre la politique étrangère des États-Unis. Chaque membre du Congrès devrait être obligé de lire cet ouvrage, afin d'être en mesure de mettre fin à des abus de pouvoir aussi flagrants que ceux auxquels Bush s'est livré au Moyen-Orient. L'industrie pétrolière pensait que ce serait un bon moyen d'affaiblir les deux nations qui sont les principaux producteurs de pétrole, et de les préparer à un effondrement rapide. Le président Bush, sans la moindre autorité du Congrès, a créé un climat de haine contre l'Iraq, pensant que l'armée américaine aurait une excuse pour s'engager dans une guerre d'usure impérialiste contre le peuple irakien, tout cela pour le seul bénéfice de l'industrie pétrolière. Quand cette nation apprendra-t-elle que l'industrie pétrolière est dirigée par les mondialistes du gouvernement mondial unique dont la cupidité ne connaît aucune limite ? On ne peut faire confiance à l'industrie pétrolière — ses dirigeants sont de véritables fauteurs de troubles, qui plongeront cette nation dans toutes sortes de bourbiers si c'est à leur seul avantage.

Les dernières pertes parmi les militaires américains en Iraq sont une honte nationale. Nos militaires ne sont pas là-bas à se battre pour les États-Unis. Ils sont à Bagdad pour sécuriser les réserves de pétrole de l'Iraq pour le cartel du pétrole. Et nos troupes sont en Arabie Saoudite pour maintenir la dynastie Abdul Azziz en place, parce que leur régime est un régime de montagnards qui maintient l'écoulement du pétrole vers le géant américain ARAMCO. Pas un seul soldat américain ne doit plus jamais être sacrifié sur l'autel de la cupidité de l'industrie pétrolière.

Qui a mis nos militaires dans cette zone de danger et en vertu de quelle autorité constitutionnelle cela a-t-il été fait ? La précipitation frénétique de George Herbert Walker Bush et du Pentagone pour défendre le Koweït, l'une des dictatures les plus malsaines du monde (après l'Arabie Saoudite) est révélatrice de l'état d'anarchie et de chaos qui règne à Washington. Les troupes et les fournitures américaines qui se sont précipitées au Koweït pour le compte des banquiers de la British Petroleum et de la City de Londres ont révélé à quel niveau avancé de lavage de cerveau le public américain a été amené. Mettons les choses en perspective :

Le Koweït n'est pas un pays. C'est un appendice de British Petroleum et des banquiers de la City de Londres. Le territoire connu sous le nom de Koweït a appartenu à l'Iraq et a été reconnu comme faisant partie intégrante de l'Iraq pendant plus de 400 ans — jusqu'à ce que l'armée britannique débarque, trace une ligne à travers les sables du désert et déclare : "C'est maintenant le Koweït". Bien sûr, la frontière imaginaire se trouvait justement au milieu des champs pétrolifères les plus riches de la région, les champs pétrolifères de Rumaila qui avaient appartenu à l'Iraq pendant 400 ans, et qui appartiennent toujours à l'Iraq. Le vol de terres ne transfère jamais la propriété.

Citation de "Diplomacy by Deception":[8]

> En 1880, le gouvernement britannique s'est lié d'amitié avec un cheikh arabe du nom d'Émir Abdullah al Salam al Sabah, qui a été nommé leur représentant dans la zone située le long de la frontière sud de l'Iraq, où les gisements de pétrole de Rumaila avaient été découverts à l'intérieur du territoire Irakien. À l'époque, il n'y avait pas d'autre pays que l'Iraq — auquel appartenaient toutes les terres, l'entité Koweït n'existant pas.
>
> La famille Al Sabah a gardé un œil sur le riche butin… Au nom du Comité des 300, le 25 novembre 1899 — l'année même où les Britanniques sont entrés en guerre contre les petites républiques boers d'Afrique du Sud — le gouvernement britannique a conclu un accord avec l'émir Al Sabah, en vertu duquel les terres empiétant sur les champs pétrolifères de Rumaila appartenant à l'Iraq seraient cédées

[8] *La diplomatie par le mensonge — un compte rendu de la traîtrise des gouvernements de l'Angleterre et des États-Unis*, John Coleman, Omnia Veritas Ltd, www.omnia-veritas.com.

> au gouvernement britannique, bien que ces terres fassent partie intégrante de l'Iraq et que ni l'émir Al Sabah ni les Britanniques n'y aient droit.

L'accord a été signé par le Cheik Mubarak Al Sabah, qui a voyagé à Londres avec style... Le "Koweït" est devenu un protectorat britannique de facto. La population locale et le gouvernement irakien ne sont jamais consultés et n'ont pas voix au chapitre. Les Al Sabah, dictateurs absolus, font rapidement preuve d'une cruauté impitoyable. En 1915, les Britanniques marchent sur Bagdad et l'occupent dans ce que George Bush aurait appelé un acte d'"agression brutale".

Le gouvernement britannique met en place un "mandat" autoproclamé et envoie le haut-commissaire Cox pour le diriger, qui nomme l'ancien roi Faisal de Syrie à la tête d'un régime fantoche à Bassora. La Grande-Bretagne avait maintenant une marionnette dans le nord de l'Iraq et une autre dans le sud de l'Iraq...

En 1961, le Premier ministre irakien Hassan Abdul Kassem attaque férocement la Grande-Bretagne sur la question du Koweït, soulignant que les négociations promises par la Conférence de Lausanne n'ont pas eu lieu. Kassem a déclaré que le territoire appelé Koweït faisait partie intégrante de l'Iraq et était reconnu comme tel depuis plus de 400 ans par l'Empire ottoman. Au lieu de cela, le gouvernement britannique a accordé l'indépendance au Koweït...

Il n'y avait pas de frontière réelle entre le "Koweït" et l'Iraq ; tout cela n'était qu'une farce. Si Kassem avait réussi à reprendre les terres occupées par le Koweït, les dirigeants britanniques auraient perdu des milliards de dollars de revenus pétroliers. Mais lorsque Kassem a disparu après l'indépendance du Koweït (il ne fait guère de doute qu'il a été assassiné par des agents du MI6 britannique), le mouvement visant à défier la Grande-Bretagne a perdu son élan.

En accordant l'indépendance au Koweït en 1961, et en ignorant le fait que la terre ne leur appartenait pas, la Grande-Bretagne a pu repousser les justes revendications de l'Iraq. Nous savons que le gouvernement britannique a fait la même chose en Palestine, en Inde, et plus tard, en Afrique du Sud.

Pendant les 30 années suivantes, le Koweït est resté l'État vassal de la Grande-Bretagne, déversant dans les banques britanniques des milliards de dollars provenant de la vente du pétrole irakien, tandis que l'Iraq ne recevait rien... La saisie par la Grande-Bretagne de terres irakiennes, qu'elle a appelées Koweït et auxquelles elle a accordé l'indépendance, doit être considérée comme l'un des actes de piraterie les plus audacieux des temps modernes et a directement contribué à la guerre du Golfe.

Je me suis donné beaucoup de mal pour expliquer les événements qui ont conduit à la guerre du Golfe, afin de montrer le pouvoir du Comité des 300 et l'injustice de l'attitude des États-Unis à l'égard de l'Iraq.

Le président G.H.W. Bush a répété les mêmes tactiques 100% illégales pratiquées par le Cartel du pétrole. C'est ce genre de comportement qui conduit les États-Unis vers l'anarchie et le chaos. Depuis 1991, les femmes et les enfants irakiens sont morts par centaines de milliers, de maladies, dont beaucoup ont été causées par les radiations émanant des douilles d'obus à l'uranium appauvri (DU), et de malnutrition résultant du boycott inhumain qui a duré 19 ans.

L'Iraq n'avait pas d'argent pour acheter de la nourriture et des fournitures médicales — ce que l'Union européenne a fait.

L'embargo de l'ONU a été magnanimement autorisé. Comment l'Iraq pouvait-il acheter ces produits essentiels alors que ses revenus pétroliers étaient réduits à un niveau inférieur au seuil de subsistance ? La méningite faisait rage parmi les enfants de Bagdad, tandis que la Grande-Bretagne et les États-Unis jouaient avec la vie d'un peuple qui ne leur avait jamais fait de mal. L'impérialisme contre l'Iraq a régné en maître au cours des 18 dernières années. Rien ne le justifie et il est tout à fait inconstitutionnel que les États-Unis soient à la solde du cartel du pétrole. Aucune escroquerie n'est trop grande ou trop petite ou peu recommandable pour le cartel du pétrole.

Au milieu de l'année 2008, nous sommes une fois de plus témoins de la façon dont le cartel impérial du pétrole est une loi en soi, une organisation impitoyable qu'aucun gouvernement n'a été en mesure de freiner ou de contrôler. Nous avons assisté à une situation tout à fait étonnante où les réserves pétrolières américaines de l'Alaska alimentent désormais régulièrement des raffineries en Chine. Les États-Unis et la Chine en viendront-ils un jour aux mains ? Cela reste à voir.

Au Moyen-Orient, nous avons été témoins de la politique d'extermination menée par les géants du pétrole, dont le peuple irakien est la victime. Cette histoire d'horreur continue est restée bien cachée par les médias, de peur que certains n'ouvrent les yeux et ne commencent à s'interroger sur ce qui se passe. N'oubliez jamais que les États-Unis et la Grande-Bretagne sont les deux pays les plus impérialistes et les plus décadents du monde actuel, et que sous leur direction, l'impérialisme a prospéré et s'est répandu comme la peste. Le peuple américain tolère aujourd'hui des choses qu'il n'aurait pas tolérées il y a seulement quelques années.

L'ancien président George Bush et le président Clinton se sont tous deux rendus coupables d'ingérence. Lorsque George Bush père a établi unilatéralement, et sans aucune autorité en vertu du droit international et de la Constitution des États-Unis, deux soi-disant "zones d'exclusion aérienne" au-dessus de l'Iraq, il a agi en violation de la Constitution des États-Unis, imposant sa volonté à la nation souveraine de l'Iraq et au peuple américain, sans la moindre autorité pour soutenir ses actions.

Cet acte a été accompli soi-disant pour protéger le peuple kurde qui risquait d'être envahi par Saddam Hussein. Jamais un acte dictatorial plus unilatéral n'a été perpétré au nom du peuple américain, renforcé par le poids des forces armées américaines. Et voilà qu'aujourd'hui, en 2008, nous supportons encore les actes douteux de George Bush comme s'il s'agissait d'un roi, dont le monde entier a peur et tremble. Amérique, que t'est-il arrivé ?

Il n'y a pas de secrétariat des Nations Unies pour le numéro de résolution du Conseil de sécurité autorisant les "no fly zones" et le Conseil de sécurité n'a pas émis de résolutions pour couvrir les "no fly zones". M. Bush a pris cette mesure unilatéralement. Le département d'État n'a pas été en mesure de citer une autorisation pour les "zones d'exclusion aérienne" dans une loi américaine établie ou dans la loi suprême, la Constitution américaine. L'action unilatérale de George Bush père était un cas évident de dictateur impérialiste à l'œuvre. Le respect de longue date de l'État de droit, le respect de notre Constitution, a été piétiné par un président Bush arrogant et impérialiste. Les Américains sont apparemment satisfaits de laisser les magnats de l'industrie pétrolière s'en tirer avec une conduite illégale et illicite.

George Bush père est l'un des hommes les plus importants de l'industrie pétrolière ; il ne s'intéresse pas au bien-être des Kurdes. L'industrie pétrolière que ce groupe sans foi ni loi a à l'œil est celle des énormes réserves de pétrole inexploitées dans les vilayets de Mossoul en Iraq. Comme par hasard, les Kurdes, que George Bush voulait "protéger", occupent justement les terres en Iraq sous lesquelles se trouvent les gisements de pétrole de Mossoul. Le magnat de l'industrie pétrolière, ami de la reine Elizabeth II, George Bush, a donc déclaré qu'aucun avion irakien ne pouvait voler dans les "zones interdites".

Bush père a déclaré que les "zones d'exclusion aérienne" devaient protéger les Kurdes. Pourtant, à quelques kilomètres de là, le nombre de Kurdes tués par l'armée turque constitue une étrange toile de fond. Bien sûr, cela a du sens quand on sait que la politique étrangère des États-Unis est dictée par les géants du pétrole, et cela est encore plus logique lorsque nous commençons à comprendre que les vilayets pétroliers de Mossoul sont la véritable raison des "zones d'exclusion aérienne" et du lancement à deux reprises de missiles de croisière de plusieurs millions de dollars sur les citoyens sans défense de Bagdad.

Le peuple américain est le peuple le plus crédule, le plus trompé, le plus connivent, le plus enrégimenté et le plus réglementé du monde, vivant dans une jungle dense de désinformation et des fourrés encore plus denses de propagande éhontée. En conséquence, le peuple américain ne se rend pas compte que son gouvernement est un gouvernement sous la direction d'un organisme parallèle secret de haut niveau, le Comité des 300, qui permet aux dictateurs et tyrans en puissance de couvrir leurs actions despotiques et anticonstitutionnelles. Quiconque remet en question la politique étrangère de Bush à l'égard de l'Iraq est taxé d'antipatriotique, alors qu'à vrai dire, les antipatriotiques sont la famille Bush et ceux qui soutiennent leur politique du cartel pétrolier à l'égard de l'Iraq et, en fait, de l'ensemble du Moyen-Orient. Ce sont ces personnes qui ont soutenu le bombardement totalement anticonstitutionnel et le boycott illégal (en vertu du droit international) de l'Iraq, le bombardement anticonstitutionnel de la Serbie et les actes d'agression contre les peuples iranien et libanais. Aucune nation n'est à l'abri des magnats de l'industrie pétrolière. La Californie compte des dizaines de raffineries, de Los Angeles à Bakersfield en passant par la région de San Francisco. Le pétrole se trouve en bonne quantité dans l'État. Pourtant, depuis des années, les citoyens californiens se font escroquer par la cupidité de l'industrie pétrolière. Lorsque l'essence coûtait 79 cents le gallon au Kansas, les Californiens payaient 1,35 dollar le gallon.

Cela n'a jamais été justifié, mais avec la législature californienne dans leurs poches, de quoi les magnats pouvaient-ils s'inquiéter ? Et c'est ainsi que l'arnaque sur les prix s'est poursuivie. Les prix de l'essence à la pompe ont atteint le chiffre stupéfiant de 2,65 $ pour l'essence ordinaire et de 3,99/10e pour l'essence super. Rien ne justifie ces hausses de prix choquantes. La cupidité était le facteur de motivation. Les raffineries n'ont jamais manqué de pétrole brut et les stocks d'essence sont restés à des niveaux proches de la normale.

Les militaires américains sont aujourd'hui des mercenaires du monstre gargantuesque qu'est l'industrie pétrolière. Les forces armées américaines seront entraînées dans une guerre régionale après l'autre dans l'intérêt de la cupidité et du profit des monstres de l'industrie pétrolière. Les contribuables américains continueront à financer le "prix du racket", qui permet à

ARAMCO de continuer à pomper du pétrole en Arabie Saoudite. Ce qu'il faut, c'est un grand réveil du peuple américain. Comme un vieux réveil religieux, un esprit de loi et d'ordre, d'amour pour la Constitution américaine est nécessaire pour balayer cette nation autrefois grande et la restaurer comme une nation de lois, et non d'hommes.

Les barons voleurs des temps modernes escroquent le peuple américain à la pompe de la manière la plus effrontée et la plus éhontée de leur longue histoire. Le cartel du pétrole est impitoyable, bien organisé et ne tolère aucune interférence de la part du gouvernement, qu'il s'agisse du gouvernement des États-Unis ou de toute autre nation. Les contribuables américains sont obligés d'assumer le coût des pots-de-vin versés à la famille régnante saoudienne par l'intermédiaire de ses agents au sein du gouvernement, qu'ils ont acheté et payé et qu'ils paient encore chaque fois que vous faites le plein de votre voiture.

Les Américains doivent savoir ce qu'est ce cartel géant qui bafoue les lois de plusieurs pays, dont le leur, et avec la connaissance viendra le désir de prendre des mesures correctives et un tollé public faisant pression sur les législateurs pour briser le monopole. Derrière ce cartel se trouve le pouvoir de la Central Intelligence Agency (CIA). Quiconque s'oppose à ce cartel tout-puissant ne peut être en sécurité. Ils ont imposé le "grand vol, essence" au peuple américain sans aucune opposition digne de ce nom de la part de nos représentants élus à Washington. Il s'agit d'une histoire de corruption qui surpasse tout ce qui a été fait dans l'histoire moderne.

Soit la Chambre et le Sénat ne feront rien pour empêcher les magnats de consommer notre vie, soit ils ont tellement peur de leur pouvoir qu'ils ne feront même pas la plus faible tentative pour le limiter.

Que l'industrie pétrolière américaine produise des tableaux et des graphiques et en dise autant qu'elle le veut ; que ses économistes expliquent pourquoi nous devons supporter le coût de leurs affaires ; les transactions douteuses ; pourquoi le peuple américain doit payer les salaires de la CIA engagée dans le maintien de leur monopole, mais il devient évident que leurs efforts équivalent à un gros mensonge lorsque nous connaissons les faits !

Quels sont les faits ? En raison de la manière dont le cartel a manipulé les lois fiscales, depuis 1976, aucune nouvelle raffinerie de pétrole n'a été construite en Amérique, alors qu'en Arabie saoudite, grâce aux impôts américains versés sous forme de pots-de-vin à la famille royale saoudienne, des milliards de dollars ont été investis dans l'expansion des installations pétrolières.

Entre 1992 et aujourd'hui, pas moins de 36 raffineries américaines ont fermé. Entre 1990 et aujourd'hui, le nombre de plates-formes pétrolières américaines est passé de 657 à 153. Le nombre d'Américains engagés dans des opérations d'exploration pétrolière en Amérique est passé de 405 000 à 293 000 en l'espace de dix ans. Alors, d'où vient le pétrole que nous utilisons en quantités croissantes ? Du Moyen-Orient ! Ainsi, nous sommes frappés de trois coups de massue :

- La structure fiscale américaine fait qu'il est impossible pour les foreurs indépendants de rester dans le secteur de l'exploration pétrolière.
- Le raffinage et la distribution du produit fini sont un monopole.
- Le bénéficiaire de cette trahison est ARAMCO, qui peut faire payer plus cher l'essence provenant de sources saoudiennes et engranger des bénéfices obscènes au détriment de l'automobiliste américain.

Leur racket est tel que la richesse de l'ensemble des "familles" de la Mafia en Amérique ressemble à de la menue monnaie, ce qui fait peut-être des membres du cartel pétrolier des racketteurs. Pourquoi la loi RICO n'est-elle pas appliquée contre l'industrie pétrolière ? Grâce à leurs agents au sein de la législature, ils ont pu s'en tirer avec le "vol d'essence" pendant des décennies.

Que les législateurs se saisissent de ce cas déplorable et qu'ils mettent un terme au vol à la sauvette aux pompes à essence, qui, en raison de leur silence, est devenu un élément permanent du paysage américain. Soyez sûrs d'une chose, les racketteurs du cartel du pétrole ne s'arrêteront pas tant qu'ils ne nous auront pas imposé un prix de 4,50 $ le gallon.

CHAPITRE 17

Rockefeller se plaint au département d'État La Grande-Bretagne envahit l'Iraq

L'histoire de la convoitise de la Grande-Bretagne et des États-Unis pour s'emparer du pétrole irakien remonte à 1912, alors que le président Saddam Hussein, le grand méchant, qui a été pendu par un tribunal fantoche, n'était pas encore né, et que Henri Deterding, fondateur de la Royal Dutch Shell Company, s'était vu accorder des concessions pétrolières dans un certain nombre d'États producteurs de pétrole. En 1912, Deterding s'intéresse aux intérêts pétroliers américains en Californie en acquérant un certain nombre de petites et grandes sociétés pétrolières, notamment la California Oil-Field Company et Roxana Petroleum.

Naturellement, la Standard Oil Company de John D. Rockefeller a porté plainte contre Deterding auprès du Département d'État, mais Deterding a permis à Standard d'acheter des actions dans les entreprises californiennes de Shell afin d'annuler la plainte. Ce que le vieux John D. ne semble pas réaliser, c'est qu'en s'empressant d'accepter les offres de Deterding, il subventionne les efforts de Shell pour s'accaparer le marché américain. Mais tout a changé en 1917 lorsque le président Wilson, en violation flagrante de son serment, a entraîné l'Amérique dans la Première Guerre mondiale.

Soudain, du jour au lendemain, la Grande-Bretagne, qui avait attaqué Standard et surtout Deterding de Royal Dutch Shell, fait volte-face. Le méchant de la pièce devient le Kaiser Wilhelm II et Henri Deterding devient soudainement un allié important.

Un an à peine avant ce changement d'avis, les Britanniques ont envahi l'Iraq dans la violation la plus flagrante du droit international, mais ils n'ont pas réussi à atteindre Mossoul lorsqu'ils ont été désertés par la France, dont les troupes n'ont pas soutenu les envahisseurs britanniques. Au lieu d'aider les Britanniques, la France a signé un accord avec la Turquie, cédant à cette dernière une partie des champs pétrolifères de Mossoul. Imaginez le culot de ces agresseurs ! Ils ont qualifié Staline de "dictateur", mais personne n'a agi de manière plus dictatoriale envers l'Iraq que la Grande-Bretagne, la France, la Turquie et, plus récemment, les États-Unis.

Les querelles entre les prétendus voleurs de pétrole irakien se sont poursuivies jusqu'à la conférence de San Remo du 24 avril 1920, au cours de laquelle la Grande-Bretagne, la France et la Turquie ont convenu que la plus grande partie de Mossoul serait cédée à la Grande-Bretagne, en échange de certaines considérations concernant un conglomérat pétrolier, qui n'incluait pas l'Iraq et dont l'Iraq ne tirait aucun avantage. Le gouvernement irakien n'a été consulté à aucun moment.

En mai 1920, le Département d'État s'est adressé au Congrès américain pour se plaindre de la prise par la Grande-Bretagne de Mossoul et de plusieurs autres champs pétrolifères importants. Non pas que le Département d'État se soit soucié des droits du peuple irakien. Je le répète, l'Iraq n'a jamais été consulté pendant que ses terres et ses richesses pétrolières étaient morcelées et vendues au plus offrant — les membres du cartel pétrolier. Ce qui préoccupait plutôt le département d'État, c'est que John D. Rockefeller et la Standard Oil avaient été complètement exclus de l'"accord" de Mossoul.

Le département d'État fait pression et pousse à la tenue d'une nouvelle conférence multipartite à Lausanne. Sous couvert d'accepter ostensiblement de rencontrer les États-Unis et d'autres "nations intéressées", les Britanniques en profitent pour lancer une nouvelle invasion de l'Iraq, et cette fois, les troupes britanniques réussissent à atteindre et à prendre le contrôle de Mossoul. Enfin, la Grande-Bretagne a mis la main sur le grand prix ! De cet acte d'agression éhonté, la presse mondiale n'a rien dit.

S'il y avait encore un doute sur l'agression des forces impériales britanniques en Afrique du Sud dans leur quête sans merci pour arracher le contrôle de l'or à la République du Transvaal en Afrique du Sud, il a été dissipé des années plus tard par les actions des forces armées britanniques en Iraq.

La quête de l'or entamée par Cecil John Rhodes pour le compte de ses maîtres, les Rothschild, se répète maintenant en Iraq, cette fois pour "l'or noir". Il n'y a eu aucune tentative d'inviter l'Iraq à Lausanne pour adoucir l'image du "grand vol de pétrole brut". En fait, la presse britannique jubilait du succès de la soi-disant diplomatie de Whitehall.

La Turquie a eu beau essayer, elle n'a pas pu déloger les Britanniques de ce qu'elle considérait comme son droit légitime au pétrole irakien ! Réfléchissez-y un instant. Ce n'est que le 23 avril 1921, lors de la deuxième conférence de Lausanne, que la Turquie a concédé que la Grande-Bretagne avait ce qu'elle décrivait pittoresquement comme la "possession légale" du Mossoul, et ce sans le consentement du peuple irakien, auquel Mossoul appartenait. Ainsi, uniquement en vertu de sa puissance armée supérieure, la Grande-Bretagne s'est emparée de Mossoul et des super riches gisements pétroliers d'Ahwaz et de Kirkuk.

Pas étonnant que le correspondant britannique du *Financial Times* de Londres se soit réjoui :

> Nous, Britanniques, aurons la satisfaction de savoir que trois énormes gisements situés à proximité l'un de l'autre, et capables de répondre aux besoins en pétrole de l'Empire pendant de nombreuses années, sont presque entièrement développés par l'entreprise britannique.

Source : Le *Financial Times* de Londres,
le British Museum de Londres

Mais le triomphe britannique est de courte durée. Lorsque la Société des Nations a été contrainte de se réunir à nouveau par la France, la Russie et la Turquie en colère, elle a refusé de reconnaître l'agression armée de la Grande-Bretagne et l'acquisition de Mossoul comme légitimes, et a rendu la ville à ses propriétaires légitimes, le peuple irakien. Depuis lors, la Grande-Bretagne et les États-Unis tentent de voler Mossoul à l'Iraq et les combats menés aujourd'hui contre l'Iraq le sont dans l'espoir que leur rêve devienne réalité.

Peut-être aurons-nous maintenant une vision plus équilibrée des raisons pour lesquelles George Bush père a ordonné aux forces armées américaines d'attaquer l'Iraq, même s'il devait être conscient qu'il n'avait pas de mandat du Congrès, et donc qu'il violait son serment et le droit international. La Chambre des représentants et le Sénat des États-Unis n'ont pas réussi à mettre un terme à cette action illégale en coupant le financement, action constitutionnelle qu'ils avaient trop peur de prendre ; peur des représailles du Comité des 300. La peur joue un rôle énorme dans le destin des nations. La peur n'a pas disparu. Lorsque les Rothschild ont ordonné à un groupe d'hommes d'effrayer le gouvernement français pour qu'il accepte ses conditions de contrôle financier de la nation, une grande force de communistes sans pitié s'est précipitée vers les Communes de Paris. Effrayé par la démonstration de force, le gouvernement français a capitulé devant les exigences des Rothschild. Il semble que le Congrès américain se soit trouvé dans la même situation difficile — trop effrayé par le cartel du pétrole pour agir contre lui. Si les États-Unis d'Amérique n'étaient pas dirigés par le Comité des 300, les Rothschild, les Rockefeller et leur cartel du pétrole, soutenus par la puissance des banquiers internationaux, et si tant de membres clés de la Chambre et du Sénat des États-Unis n'étaient pas dictés par le Council on Foreign Relations (CFR), la Chambre et le Sénat des États-Unis auraient mis un terme à la guerre de génocide contre l'Iraq. La liste partielle suivante dont nous disposons concerne l'année 2006, mais elle donne une certaine indication du contrôle du CFR, qui a dû s'intensifier au cours des deux dernières années :

La Maison-Blanche	5
Le Conseil de Sécurité Nationale	9
Département d'État	27
Ambassadeurs américains servant à l'étranger	25
Département de la défense	12
Les chefs d'état-major des armées	8
Département de la justice	6
Sénat	15
Maison des représentants	25

Puisque la Chambre et le Sénat des États-Unis n'ont pas déclaré la guerre à l'Iraq ni donné le consentement constitutionnel approprié sous la forme d'une déclaration de guerre obligatoire, l'invasion de l'Iraq en 1991 et en 2003 était clairement illégale et illicite, et a fait des États-Unis une nation de bandits sous le contrôle du parrain de tous les bandits, les magnats du cartel du pétrole. Les hommes du cartel du pétrole, dont la devise est "Nous nous battons pour le pétrole", n'ont pas négligé d'autres domaines : La Chine, l'Alaska, le Vénézuéla, l'Indonésie, la Malaisie et le Congo. Leur tour viendra.

CHAPITRE 18

L'environnement perd l'Alaska au profit du pétrole

En avril 1997, WIR a parlé d'un "accord" aux ramifications et à la portée bien plus vastes que tout autre qui était en préparation. Pour que Tommy Boggs, le lobbyiste qui pilotait l'affaire, et le gouverneur Tony Knowles réussissent à libérer les énormes réserves de pétrole sous les parcs d'État de l'Alaska pour une exploitation ultime par British Petroleum (BP), ils avaient besoin de la coopération totale du secrétaire à l'Intérieur Bruce Babbitt.

Knowles a discuté du plan de match de Tommy Boggs avec le président Clinton lors d'un "café" à la Maison-Blanche, et a été invité à y passer la nuit en janvier 1995. Le plan de match a ensuite été exposé en détail par le lieutenant-gouverneur de l'Alaska, Fran Ulmer, lors d'un autre de ces interminables "cafés", cette fois-ci, de manière plutôt appropriée, dans la salle des cartes de la Maison-Blanche, le matin du 28 février 1996.

Après avoir fixé la ligne de conduite — vendre les réserves pétrolières nationales de l'Alaska à British Petroleum qui utiliserait le pétrole pour répondre aux besoins toujours croissants de la Chine en pétrole brut, Knowles a commencé par faire de la démagogie, en utilisant son message de 1996 sur l'état de l'État comme forum :

> Il y a cinq ans à peine, on disait que nous allions éteindre les lumières de l'industrie qui emploie le plus grand nombre de personnes dans l'État. Aujourd'hui, notre devise devrait être ce vieil autocollant de pare-chocs : "Seigneur, faites qu'il y

> ait encore un boom pétrolier, et je vous promets que nous ne le gâcherons pas"."

Knowles a obtenu une réponse à sa prière : le 7 février, le secrétaire d'État à l'intérieur, Bruce Babbitt, s'est présenté à la plaque du batteur, juste au bon moment. Profitant des feux de la rampe, Babbitt a tenté d'excuser le fait d'avoir mis la charrue avant les bœufs — qu'une étude environnementale de la nouvelle zone de forage proposée aurait dû être réalisée en premier lieu, et Babbitt a déclaré qu'il garantirait le respect de l'environnement, même s'il était maintenant prêt à approuver l'entreprise, avant même qu'aucune étude n'ait commencé, et encore moins été achevée.

Babbitt a annoncé une nouvelle façon de faire des affaires avec les dictateurs de l'industrie pétrolière, tout en remettant le Congrès à sa place, en faisant fi de la loi sur la politique environnementale nationale, qui stipule clairement que de telles études doivent être réalisées et faire l'objet d'un rapport au Congrès avant que tout forage ne puisse commencer sur les terres des parcs nationaux. Avec son halo positivement rayonnant, Babbitt a dit au peuple de l'Alaska et à la nation :

> Nous aimerions rompre le style accusatoire et voir si nous pouvons mettre en place une nouvelle façon de faire des affaires avec l'industrie pétrolière. Je pense que nous avons beaucoup de possibilités.

Là encore, il n'a pas été mentionné que le bénéficiaire final serait British Petroleum (BP). Le "nous" auquel Babbitt faisait référence était le géant Shell Oil et un groupe de compagnies pétrolières multinationales qui ont toujours démontré leur mépris pour les lois des nations qu'elles désobéissent fréquemment.

Le cartel du pétrole remet le "nous avons" en perspective et prouve sans l'ombre d'un doute qu'il s'agit d'un groupe rapace, d'une cabale, capable de faire un très grand mal sans se soucier des conséquences de ses actes, et de toujours atteindre son objectif, peu importe qui s'y oppose ou comment il menace la sécurité nationale des États-Unis.

Le Congrès a l'obligation constitutionnelle de faire comparaître les barons voleurs des temps modernes devant des commissions spéciales afin de protéger un bien important du peuple des États-Unis et de soulever de sérieuses objections à l'exportation du pétrole de l'Alaska vers la Chine, une nation communiste. Mais le Congrès a échoué de manière lamentable à faire son devoir.

Poursuivant la mascarade, Babbitt a déclaré :

> Je veux aller sur le terrain cet été et je veux examiner chaque centimètre carré (23 millions d'acres) de la National Petroleum Reserve. J'ai l'intention de me rendre à Anchorage, de changer d'avion à Barrow, puis de disparaître dans la R.N.P. aussi longtemps que nécessaire, afin de comprendre chaque structure géologique, chaque lac, et d'examiner chaque problème de faune et de flore, de manière à être prêt à participer de manière significative à ce processus.

C'est un exemple parfait de la façon dont le peuple américain est le peuple le plus complice et le plus trompé de la planète. Nous pouvons voir à quel point cette déclaration d'intention de Babbitt était trompeuse, lorsque nous considérons le temps qu'il faudrait pour explorer "chaque pouce" de 23 millions d'acres. La Réserve nationale de pétrole (NPR) a la taille de l'Indiana, mais le secrétaire n'a pas expliqué comment il se proposait d'en "explorer chaque centimètre", ni comment il pouvait se permettre de s'absenter de son bureau pendant au moins un an. Le secrétaire serait-il accompagné de représentants de British Petroleum et ferait-il enfermer toute la baie de Prudhoe, d'où les petites sociétés de prospection pétrolière seraient sommairement éjectées ?

Le peuple américain allait bientôt le découvrir : Le NPR allait devenir la chasse gardée de BP, Shell (deux des plus grandes compagnies pétrolières étrangères du monde), Mobil, ARCO et du reste des conspirateurs de Jackson Hole, Wyoming, au profit des "Sept Sœurs". Il s'agissait d'un cas évident où le profit passait avant la sécurité nationale des États-Unis. En d'autres temps, cela aurait été qualifié de trahison.

Ensuite, le président Clinton est devenu la propriété personnelle du cartel du pétrole, comme en témoigne son discours en lever de rideau en leur nom :

> De nombreux Américains ne le savent pas, mais un pourcentage important du pétrole et du gaz naturel produits aux États-Unis proviennent des terres fédérales. Jusqu'à aujourd'hui, la paperasserie réglementaire et les décisions de justice contradictoires avaient découragé de nombreuses entreprises de tirer pleinement parti de ces ressources.

Il aurait également dû souligner que l'accord sur le pétrole de l'Alaska concernait du pétrole provenant de notre réserve nationale d'urgence, à laquelle il est interdit de toucher. C'est l'une de nos réserves stratégiques nationales ! Ce qui allait suivre était l'une des plus grandes escroqueries de l'histoire des États-Unis, une escroquerie qui éclipse le scandale du Tea Pot Dome, et, comme il se doit, c'est ARCO qui a englouti l'ancienne société de Harry Sinclair en 1969. Ce à quoi Clinton faisait allusion, c'est à la supercherie, la chicane, les pratiques trompeuses et l'esclavage, entrepris dans les derniers jours de la session d'été 1996 du Congrès 104. Ce Congrès, sans aucune entrave de la part de la presse, sans aucune protestation de la part des groupes environnementaux, sans aucune protestation de la part d'ABC, NBC, CBS ou de tout autre chacal des médias, a fait passer l'un des projets de loi aux titres les plus arrogants et trompeurs qui aient jamais souillé les allées du pouvoir, "The Federal Oil and Gas Simplification and Fairness Act". Ce projet de loi était l'œuvre des lobbyistes du pétrole qui infestent le Congrès.

Ce que la "loi sur l'équité" a fait, c'est déverser de l'argent en un flot ininterrompu dans les coffres déjà bien remplis des grandes compagnies pétrolières. Comme je l'ai dit précédemment, ce scandale éclipse celui du Teapot Dome, une affaire à deux balles comparée à la "Federal Oil and Gas Simplification and Fairness Act".

Le système fonctionne de la manière suivante : un moratoire a été déclaré sur les audits fédéraux pendant une période de sept ans concernant les paiements de redevances au Trésor pour le pétrole extrait des terres fédérales. Plus encore — et nous avons dû nous frotter les yeux pour nous assurer que ce que nous lisions était bien dans la loi — il y a une clause qui prévoit que les compagnies pétrolières peuvent poursuivre le gouvernement fédéral pour "trop-perçu" de redevances ! Et ce n'est pas tout. La loi permet aux barons voleurs de fixer leur propre "juste prix du marché" pour le pétrole extrait des terres fédérales appartenant au peuple américain. Peut-être que les lecteurs ne croiront pas cette clause stupéfiante ? Moi non plus, mais après avoir lu le projet de loi plusieurs fois, j'ai vu qu'il dit exactement ce qu'il va faire : permettre des avantages massifs à deux des plus grandes compagnies pétrolières étrangères du monde (BP et Shell) sur une assiette en or du Congrès.

C'est le prix du marché du pétrole brut qui détermine le montant des redevances que les compagnies pétrolières doivent verser au gouvernement fédéral, mais une disposition légale approuvée par le Congrès permet aux compagnies pétrolières de fixer leur propre prix, ce qui, dans les années à venir, privera les citoyens de milliards de dollars de redevances. C'est une escroquerie qui commence à ressembler à celle du Federal Reserve Act de 1912. Tel était l'ordre du jour de la réunion des conspirateurs à Jackson Hole, à laquelle Clinton a joué le rôle d'hôte génial. Ainsi, pour un montant relativement faible de dons de campagne – 350 000 dollars dans le cas d'ARCO — des milliards de dollars ont été remis aux grandes compagnies pétrolières qui devaient participer à l'arnaque du pétrole de l'Alaska pour la Chine. Pauvre peuple américain, sans leader au Congrès, sans champion pour défendre ce qui est le mieux pour les États-Unis ; à la merci d'un groupe de super-charlatans qui pratiquent une chose et en prêchent une autre ; comment pouvaient-ils savoir à quel point ils étaient trompés, lorsque Clinton a juré d'opposer son veto à tout projet de loi qui ouvrirait aux foreurs la réserve naturelle de l'Arctique, d'une superficie de 17 millions d'acres, alors que de l'autre main, derrière son dos, il ouvrait la porte à un prix bien plus riche, le pétrole sous les réserves des parcs nationaux, conservés exclusivement pour le carburant d'urgence national.

La réunion de Jackson Hole, Wyoming, terrain de jeu de la famille Rockefeller, avait pour but de préparer le terrain pour l'accord pétrole-Chine. Le président Clinton a joué le rôle d'un hôte gracieux et a annoncé ses intentions à ses honorables invités, heureux que des personnalités aussi estimées aient accepté de profiter de son hospitalité, dans un cadre qui ressemble beaucoup à celui d'un parrain de la mafia qui réunit les chefs de "famille" dans sa propriété sur les rives du lac Tahoe, et les reçoit comme des membres de la famille royale. En effet, la royauté n'aurait pas pu faire mieux si le lieu avait été le château de Balmoral.

Ainsi, quelques années seulement après avoir promis aux dirigeants chinois qu'ils disposeraient du pétrole de notre réserve nationale d'urgence de l'Alaska, l'administration Clinton a tenu sa promesse. Ne comptez pas sur les républicains pour revenir sur l'accord conclu avec BP, Shell, Mobil et ARCO. La politique pétrolière ne connaît pas les lignes de parti. Les gros capitaux sont mobiles. Regardez ce qui s'est passé au plus fort de la guerre du Vietnam.

En échange de concessions pétrolières au large des côtes du Viêt Nam, la Standard Oil de Rockefeller a envoyé des médecins à Haiphong, dans le nord du Viêt Nam, pour consulter Ho Chi Min, très malade. Il s'agissait de médecins américains, qui auraient dû être jugés pour trahison. Nous ne disposons pas d'une deuxième source pour vérification, mais la source a indiqué que Kissinger Associates avait négocié l'accord. Quoi qu'il en soit, nous avions là des Américains faisant du commerce avec l'ennemi en temps de guerre alors que nos soldats mouraient dans les jungles et les rizières du Sud-Vietnam. Observez l'arrogance du cartel du pétrole. Ils savaient déjà que les États-Unis allaient perdre la guerre ! Comment cela a-t-il pu se produire ? Tout simplement parce que Henry Kissinger devait se rendre à Paris pour conclure un accord de "paix" avec les Nord-Vietnamiens, qui connaissaient déjà la date à laquelle il se rendrait à Paris et savaient précisément comment il abandonnerait le Vietnam au contrôle communiste.

George Bush père était dans le coup dès le début, ayant entretenu de bonnes relations avec Kissinger tout au long de la guerre. On pourrait qualifier Kissinger de traître, mais il était au service d'un président républicain. Ce n'est pas par hasard que l'homme du pétrole George Bush a été envoyé en Chine, alors qu'il y avait d'autres personnes plus qualifiées que lui pour accomplir la mission. Mais Bush connaissait le secteur pétrolier, et le pétrole était ce dont la Chine avait besoin.

À son retour de sa visite en Chine, Bush a mis la machine en route pour et au nom du gouvernement chinois, à qui l'on avait promis la part du lion du pétrole de l'Alaska. Et nous passons maintenant du Moyen-Orient à l'Alaska, où nous trouvons le Cartel du Pétrole occupé à voler au peuple américain ses réserves de pétrole de l'Alaska au mépris de la loi ; prouvant une fois de plus, comme si une preuve était nécessaire, que le Cartel du Pétrole était une loi en soi, au-dessus de la portée de tout gouvernement sur cette planète.

La Chine a beaucoup de bons amis haut placés dans l'industrie pétrolière rapace, qui ne connaissent ni ne respectent les frontières nationales et internationales ou la souveraineté nationale.

L'un de ces amis est ARCO, qui occupe une place élevée sur l'échelle des sociétés du Comité des 300 et qui, avec un autre joyau de la couronne des sociétés pétrolières du Comité des 300, BP, a commencé à manigancer et à comploter pour expédier du pétrole brut de l'Alaska à l'énorme raffinerie de Zhenhai, dans la banlieue de Shanghai, qui était prête à commencer ses activités.

Lodwrick Cook était l'ancien PDG d'ARCO et comme les vieux soldats ou les chefs de partis politiques qui ne s'effacent jamais, Cook était actif en 1996, faisant campagne pour la réélection de son vieil ami, Bill Clinton, l'"outsider" de l'Arkansas. En 1994, l'année même où Cook a fait élire Tony Knowles au poste de gouverneur de l'Alaska, il a été invité à la Maison-Blanche pour fêter son anniversaire avec Bill Clinton, qui a offert à son ami un gâteau d'anniversaire géant, puis lui a permis de se rendre en

Chine avec le secrétaire d'État au commerce Ron Brown, où les deux hommes ont annoncé au gouvernement chinois qu'ARCO investirait des milliards dans la nouvelle raffinerie de Zhenhai. En réponse aux questions de la délégation du gouvernement chinois, les sources ont dit que Cook les a assurés que le pétrole brut de l'Alaska serait disponible pour la raffinerie de Zhenhai en dépit du fait qu'en août 1994 il y avait une interdiction permanente sur l'exportation du pétrole de l'Alaska. Environ un an après le voyage de Brown-Cook en Chine, Robert Healy, le président des affaires gouvernementales d'ARCO, a été invité au White Coffee House pour prendre un café avec Al Gore et Marvin Rosen, alors président financier du Democratic National Committee. Pour montrer la gratitude d'ARCO, Healy a laissé un "pourboire" de 32 000 dollars au DNC.

C'est là qu'intervient Charles Manatt, ancien président du parti démocrate et directeur de Manatt, Phelps and Phillips, l'ancienne alma mater de Mickey Kantor, une société de lobbying qui s'occupe et sert de façade aux grandes compagnies pétrolières, EXXON, Mobil, BP, ARCO et Shell. Le 26 mai 1995, Manatt est invité à un autre café de la Maison-Blanche pour une rencontre avec Clinton.

Manatt a versé 117 150 dollars en guise de remerciement, puis, de manière tout à fait indépendante, bien sûr, Kantor, en tant que membre du cabinet Clinton, a fait entendre sa voix pour demander la levée de l'interdiction d'exporter le pétrole de l'Alaska. Jusqu'à présent, la loi fédérale interdisait l'exportation du pétrole de la réserve nationale de pétrole, car elle était censée être un stock de réserve en cas d'urgence nationale.

Dans mon ouvrage de 1987 "Environnementalisme : la Deuxième Guerre civile a commencé", les grandes compagnies pétrolières sont exposées comme étant les plus grands contributeurs aux mouvements écologiques "Earth First" et "Greenpeace". Les raisons de la contradiction apparente entre le soutien du mouvement écologique pendant des décennies et les sommes importantes versées par les grandes compagnies pétrolières sont expliquées en détail. L'environnementalisme est une ruse lorsqu'il s'agit de terres pétrolières.

Les grandes compagnies pétrolières voulaient que les terres des réserves nationales, dont une grande partie renfermait d'énormes réserves de pétrole, soient gardées à l'abri des "étrangers" afin de pouvoir, le moment venu, s'installer et prendre possession des réserves de pétrole situées sous les terres des parcs nationaux à des prix avantageux. En ce qui concerne les réserves nationales de faune sauvage en Alaska, ce jour est arrivé en 1996. Les majors pétrolières hypocrites se sont peu ou pas du tout souciées de l'écologie ou de la protection de la faune et de la flore de ces régions, comme en témoigne ce qu'elles ont fait à Prudhoe Bay.

En 1996, le célèbre lobbyiste Tommy Boggs est appelé à travailler l'oracle de la levée de l'interdiction du pétrole brut de l'Alaska. Boggs est le fils de feu le sénateur Hale Boggs, dont la disparition mystérieuse dans la nature sauvage de l'Alaska en 1972 n'a jamais été élucidée. Tommy Boggs est le principal lobbyiste de Washington pour le cabinet d'avocats Patton Boggs et ses clients comprenaient ARCO, EXXON, BP, Mobil et Shell et, juste par coïncidence, il était un ami de golf proche de Bill Clinton.

Redoutable lobbyiste, Boggs est considéré comme le principal responsable de l'annulation par le 104e Congrès de l'interdiction d'exporter du pétrole brut de l'Alaska, et c'est ainsi qu'en 1996, Clinton a signé un décret levant l'interdiction, comme Ron Brown et Lodwrick Cook l'avaient promis au gouvernement chinois deux ans plus tôt. Il faudrait être aveugle pour ne pas voir que les manœuvres visant à priver la nation de ses réserves de pétrole de l'Alaska ont été mises en branle en 1994. En 1996, après les "cafés" à la Maison-Blanche, le président Clinton a remis aux grandes compagnies pétrolières impliquées en Chine et en Alaska, une étonnante prime. La presse aurait dû crier cette braderie sur tous les toits, mais Dan Rather, Peter Jennings et Tom Brokaw, sans parler de Larry King, sont restés aussi silencieux que la tombe sur cet événement capital. Sans bruit, et sans fanfare, Clinton a mis fin à l'interdiction d'exporter nos réserves de pétrole sous la nature sauvage de l'Alaska et a offert aux géants du pétrole un cadeau de plusieurs milliards de dollars.

Alors que les prix du mazout et du pétrole n'ont jamais été aussi élevés en 1996, Clinton et ses contrôleurs étaient occupés à vendre les États-Unis en piétinant nos droits en échange d'importantes contributions en espèces au fonds de sa campagne de réélection.

Prédisant ce désastre national — mais il ne l'a pas appelé ainsi — Tommy Boggs a écrit un mémo à ses clients prévoyant qu'il obtiendrait la levée de l'interdiction de l'exportation du pétrole de l'Alaska par le Congrès 104.

Mais ce n'est pas le seul choc que le peuple américain a reçu ; le dernier jour de la session d'été 1996 du Congrès, Clinton a également signé le "Federal Oil and Gas Simplification and Fairness Act". Comme son nom l'indique, ce projet de loi visait à induire en erreur et constituait une autre forme de fraude à grande échelle. La partie "équité" n'était pas destinée à bénéficier au peuple américain. En fait, la loi était une trahison totale du peuple américain par l'administration Clinton. En d'autres termes, la législation a consisté à jouer au plus fin avec le prix du pétrole pour lequel les compagnies devaient payer des redevances au gouvernement fédéral.

Cette gigantesque escroquerie du peuple américain, sanctionnée par le gouvernement, a permis aux majors de l'industrie pétrolière de recevoir des milliards de dollars absolument gratuitement. Cette loi est l'un des vols en plein jour les plus audacieux jamais réalisés par l'industrie pétrolière. Et tout au long de ce grand vol, les chacals des médias — de la presse écrite et électronique — sont restés mortellement silencieux.

C'est là qu'intervient Tony Knowles, le gouverneur de l'Alaska. N'oublions pas qu'ARCO a versé 352 000 $ en contributions pendant les élections de 1996. En 1994, Knowles a reçu 32 000 $ et cela a contribué à son élection en tant que premier gouverneur démocrate de l'Alaska, probablement aussi le premier gouverneur d'un État à dormir à la Maison-Blanche, tout cela faisant partie de la conspiration globale visant à voler le peuple américain.

CHAPITRE 19

Le pétrole libyen et l'attentat à la bombe contre Pan Am

Ce n'est pas la fin de l'histoire du détournement du pétrole de l'Alaska par les grandes compagnies pétrolières. Il s'agit plutôt du premier chapitre d'une saga en cours, qui se terminera avec le peuple américain comme perdant, tandis que la Chine et le cartel du pétrole s'en tirent avec des milliards de dollars de butin illicite.

Le chapitre suivant de notre saga de l'industrie pétrolière se déroule en Libye, car les intrépides membres du cartel, qui ne dorment jamais et sont toujours en mouvement, leur slogan étant "Nous nous battons pour le pétrole", considéraient depuis longtemps le pétrole libyen comme une aubaine, si seulement ils pouvaient mettre la main dessus. Le leader libyen Mouammar Kadhafi s'est avéré plus qu'un adversaire pour les hommes du Cartel du pétrole, et tous leurs efforts pour le déposer ayant échoué, de nouvelles méthodes et de nouvelles opportunités sont constamment recherchées.

Ils ne pouvaient pas l'empoisonner ; Kadhafi faisait toujours goûter sa nourriture. L'assassinat serait difficile, car il ne se déplaçait jamais qu'en compagnie de ses gardes de confiance, à l'abri des pots-de-vin, et il n'utilisait jamais les transports publics. Puis, de façon tout à fait inattendue, l'occasion s'est présentée avec l'attentat à la bombe du vol 103 de Pan Am, qui s'est écrasé au-dessus de Lockerbie, en Écosse, tuant les 270 personnes à bord. Aidés (comme toujours) par la CIA, les hommes du cartel se sont mis au travail.

Dans leur détermination à arracher le contrôle du pétrole libyen à ses propriétaires légitimes, les hommes du Cartel du pétrole ont saisi l'occasion d'accuser Mouammar Kadhafi du tragique attentat à la bombe contre le vol 103 de la Pan Am. Dans la poursuite de leur objectif, les hommes du Cartel du pétrole ont facilement convaincu le président Ronald Reagan qu'il était souhaitable et nécessaire que l'armée de l'air américaine bombarde la capitale libyenne de Tripoli. À cette fin, des bombardiers américains ont été lancés depuis des bases en Grande-Bretagne, et ils ont effectivement bombardé Tripoli en violation flagrante de la Constitution des États-Unis, de l'Acte de neutralité de 1848, des quatre Conventions de Genève et de la Convention de La Haye sur les bombardements aériens dont les États-Unis sont signataires. Le pouvoir du cartel du pétrole est tel que cette attaque anticonstitutionnelle contre un pays contre lequel les États-Unis n'ont jamais déclaré la guerre, un pays qui ne s'est jamais engagé dans un acte de belligérance avéré contre les États-Unis, n'a pas été condamnée comme un acte illégal, mais a été saluée par le peuple américain, longtemps victime de la machine infernale de lavage de cerveau de l'Institut Tavistock, et par les chacals de la presse. Kadhafi a perdu un membre de sa famille dans cet attentat qui a brisé sa détermination à conserver l'indépendance de la Libye. On ne rendra jamais totalement compte de la tragédie de Pan Am 103, car la vaste machine de propagande dont disposent les gouvernements américain et britannique veillera à ce que la vérité ne soit jamais révélée sur ce crime commis contre le peuple américain. L'observation faite par Benjamin Disraeli en 1859, agent de Lionel Rothschild, mérite d'être citée :

> Tous les grands événements ont été déformés, la plupart des causes importantes ont été dissimulées, certains des principaux acteurs n'apparaissent jamais, et tous ceux qui figurent sont tellement mal compris et déformés que le résultat est une mystification complète. Si l'histoire de l'Angleterre est un jour écrite par quelqu'un qui a la connaissance et le courage, le monde sera stupéfait.

Les gouvernements britannique et américain ont démontré leur capacité peu commune à tergiverser et à obscurcir de la manière la plus convaincante. Ce talent n'est pas nouveau, mais il a été considérablement aiguisé par les employés de la Maison Wellington, dont Bernays, un parent des Rothschild, était le principal propagandiste. Ce grand moulin à propagande a été développé au début de la Première Guerre mondiale, pour contrer le manque d'enthousiasme du peuple britannique pour la guerre contre l'Allemagne.

L'histoire du bombardement de Pan Am 103 commence le 3 juillet, lorsqu'un Airbus de la compagnie Iranian Airways, rempli de 290 passagers en route pour le Haj à la Mecque, est abattu par l'USS Vincennes. L'Airbus, qui avait décollé de l'aéroport civil de Bandar Abbas en Iran, venait d'atteindre son altitude de croisière lorsqu'un missile Aegis tiré par l'USS Vincennes l'a percuté. L'Airbus s'est écrasé, tuant toutes les personnes à bord. L'équipage du Vincennes savait-il que sa cible était un avion de ligne civil ? Tous ceux qui ont été consultés au sujet de l'attaque, sans exception, ont confirmé que l'Airbus ne pouvait être confondu avec autre chose qu'un avion de ligne civil. Un Khomeini outré gardait un calme relatif, mais il avait secrètement ordonné au chef des Pasdarans (services secrets) de sélectionner quatre compagnies aériennes américaines à cibler pour une attaque de vengeance. Le chef des Pasdarans a rapporté à Ali Akbar Mohtashemi qu'il avait choisi Pan American Airways comme cible.

Le plan a été présenté à Mohtashemi à Téhéran le 9 juillet 1988 et approuvé par lui pour une action immédiate. Il a ensuite été remis à un ancien officier de l'armée syrienne, le colonel Ahmed Jabril, qui commandait le Front populaire de libération de la Palestine (FPLP), dont le siège se trouvait à Damas, sous la protection de feu le président Hafez al Assad.

Les dés étaient jetés lorsque Jabril a pris pour cible le vol 103 de Pan Am, au départ de Francfort, en Allemagne, avec une escale à Londres — la destination finale étant New York. Bien que la Grande-Bretagne et les États-Unis l'aient nié par la suite, Jibril lui-même a déclaré avoir été payé 10 millions de dollars pour mener à bien sa mission, et certains rapports ont affirmé que la CIA avait effectivement retracé des virements d'un montant de 10 millions de dollars sur un compte suisse numéroté détenu par Jibril.

L'expertise de Jibril est incontestable : il était connu pour être un maître-bombardier qui avait commis une série d'attentats à la bombe contre des avions britanniques, suisses et américains, depuis 1970. En outre, Jibril était très fier de ses interrupteurs de bombes, qui portaient sa propre marque et sa propre méthode de déclenchement, ce qui, selon les experts des services de renseignements, rendait son "travail" indiscutable.

Deux ressortissants libyens, Abdel Basset Ali al-Megrahi et Lamen Khalifa Fhimah, ont été accusés de l'attentat à la bombe, alors qu'ils n'avaient aucune expérience en matière de fabrication de bombes et ne disposaient pas des installations nécessaires pour fabriquer une bombe aussi sophistiquée. Il n'y a jamais eu aucune preuve positive, aucune preuve qui relierait la bombe et la chute de Pan Am 103 aux deux accusés. Au contraire, de nombreuses preuves ont permis d'établir que l'attentat était l'œuvre de Jibril et du FPLP. Il était clairement établi que l'équipe de Jibril était composée d'experts en fabrication de bombes, Hafez Kassem Dalkamoni et Abdel Fattah Ghadanfare, tous deux vivant à Francfort, en Allemagne. Le 13 octobre, Dalkamoni a été rejoint par un autre expert en fabrication de bombes, un certain Marwan Abdel Khreesat, dont la résidence se trouvait à Amman, en Jordanie. Khreesat était connu parmi les officiers syriens et le FPLP comme le meilleur "spécialiste des explosifs". Plus encore, Khreesat avait récemment commencé à travailler des deux côtés — il était également un informateur pour les services de renseignements allemands, le BKA. J'ai publié l'histoire complète sous le titre "PANAM 103, une piste mortelle de tromperie", en 1994.

Une campagne internationale de calomnie et de dénigrement a été lancée contre la Libye pour sa responsabilité dans le bombardement. Aucune base factuelle n'a jamais été fournie, si ce n'est les noms des deux Libyens accusés du crime. Lorsque la

Libye a refusé de livrer les "accusés" à un tribunal écossais, un boycott international contre la vente de pétrole brut libyen a été institué, accompagné d'une guerre des mots contre la Libye, comme on n'en avait pas vu depuis la Seconde Guerre mondiale.

Comme nous l'avons déjà dit, un président Reagan impressionnable a été facilement convaincu d'accepter un raid de bombardement sur Tripoli. Tous les avoirs libyens dans les banques étrangères, lorsqu'il était possible de les localiser, ont été gelés. En fait, une guerre totale a été lancée contre le pays. Un avion civil libyen en route pour Tripoli depuis le Soudan a été abattu par des "forces inconnues", croyant à tort que Kadhafi était à bord. Tout commerce entre la Libye et l'Occident a été interrompu.

La Libye a été faussement accusée de fabriquer des "armes de destruction massive" et placée sur la liste du Département d'État des pays parrainant officiellement le terrorisme international. Pendant ce temps, une clameur internationale demandant à la Libye de livrer les deux "suspects" à la Grande-Bretagne ou à l'Écosse était maintenue et augmentait en intensité. Les accusations sauvages et non fondées contre la Libye fusent de toutes parts. Pendant ce temps, la Libye continue à vendre du pétrole à l'Europe occidentale et à la Russie, mais certains pays, comme la France et l'Italie, commencent à s'irriter des restrictions et négocient en privé la fin du boycott. Mais la Grande-Bretagne et les États-Unis ne veulent rien entendre, et Robin Cook (ministre britannique des Affaires étrangères) déclare aux ministres de l'Union européenne que Kadhafi est d'accord pour livrer les deux "suspects", à condition qu'ils soient jugés par un tribunal écossais, une annonce que Kadhafi qualifie d'abord de "mensonge". La Russie a commencé à augmenter ses achats de brut libyen, au point que la Grande-Bretagne et les États-Unis ont compris que le boycott ne serait plus efficace très longtemps.

Une équipe de négociateurs américains s'est rendue à Tripoli afin de conclure avec Kadhafi un accord qui permettrait aux deux grandes puissances de sauver la face et à la Libye de se tirer d'affaire, tout en semblant se conformer aux demandes de remise des deux "suspects" à un tribunal écossais établi en territoire neutre. Cela permettrait de satisfaire à la loi musulmane selon laquelle les citoyens libyens ne sont jamais extradés pour être jugés dans des pays étrangers qui les accusent d'un crime, ce qui est une solution que l'on peut attendre d'esprits retors.

Le "tribunal écossais" s'est réuni au Camp Zeist, en Hollande, puisque la Hollande ne faisait pas partie des pays accusateurs qui cherchaient à poursuivre les deux Libyens. Cela a permis de régler la question du droit musulman. Camp Zeist a été déclaré "territoire écossais" dans un spectacle de magie qui aurait fait la fierté de Las Vegas. Les deux "suspects" se sont ensuite portés "volontaires" pour être jugés et une date a été fixée pour l'ouverture de la procédure à leur encontre.

Pourquoi la juridiction était-elle de droit écossais ? La réponse est qu'outre le fait que la cause de l'action est née en Écosse, le droit écossais autorise un troisième verdict spécial, celui de "non prouvé", qui se situe entre la culpabilité et la non-culpabilité. Kadhafi a été assuré que les preuves présentées par l'accusation ne seraient pas suffisantes pour condamner les Libyens. Ainsi, alors que la "justice" serait considérée comme rendue, les Libyens seraient libres. Mais la promesse n'a pas été tenue.

C'est dans ce contexte que s'est déroulé le procès qui a débuté en fanfare. Le dossier du procureur contre al Megrahi et Khalifa était faible. L'avocat de la défense a attendu le début du procès pour annoncer sa défense. Ils allaient présenter des preuves que Jabril et le FPLP avaient commis l'attentat et appeler 32 témoins à l'appui de leur défense. Les experts avec lesquels j'ai parlé sont d'avis que, s'il s'avérait que les témoins du FPLP allaient effectivement comparaître, le procès serait interrompu pour cause de "non prouvé". La dernière chose que la Grande-Bretagne et les États-Unis voulaient, c'était que tous les faits soient révélés dans un tribunal ouvert. En échange de sa "coopération", Kadhafi a reçu la garantie que le boycott contre la Libye serait levé et que le robinet du pétrole brut libyen serait à nouveau ouvert.

Les principaux bénéficiaires seraient bien sûr les membres du cartel du pétrole. Le vrai méchant responsable du crime odieux de Pan Am n'a jamais été inculpé. Et l'USS Vincennes et l'Airbus iranien qu'il a détruit ? Cela aussi faisait partie de l'accord passé par le gouvernement de l'ombre. Il serait officiellement déclaré que l'équipage du Vincennes a cru par erreur qu'il était attaqué par un avion militaire.

Les seuls à en profiter ont été le cartel du pétrole, qui a presque immédiatement commencé à réaliser d'énormes profits sur la vente du brut libyen. Quant aux proches de ceux qui sont morts aux mains du FPLP de Jabril, ils n'ont pas obtenu la résolution qu'ils recherchaient depuis douze ans, même si le verdict officiel a déclaré deux hommes innocents coupables de cet attentat odieux.

Il convient d'ajouter une note, à savoir le rôle joué par George Bush et Margaret Thatcher pour faire en sorte qu'une couverture soit jetée sur toute enquête complète sur l'attentat à la bombe de Pan Am 103 qui pourrait être demandée ultérieurement. Le député écossais Tom Dalyell a déclaré à la Chambre que

> "les autorités britanniques et américaines ne sont pas intéressées par la découverte de la vérité parce que cela les mettrait mal à l'aise."

Dalyell est le député qui, à lui seul, a poursuivi Thatcher pour son acte criminel consistant à ordonner à un sous-marin britannique de torpiller et de couler le navire de croisière argentin "Belgrano" dans les eaux internationales, en violation flagrante de la Convention de Genève.

À cause de l'acharnement de Dalyell, Thatcher a perdu la confiance de ses contrôleurs et a été forcée de quitter son poste en disgrâce et s'est retirée prématurément de la vie publique. Il ne fait aucun doute que les deux personnes qui souffriraient le plus d'embarras si la vérité venait à éclater seraient George Bush et Margaret Thatcher. Un autre type de terrorisme a ensuite été mis en scène à la frontière entre le Koweït et l'Iraq. Le régime dictatorial corrompu des Al Sabah a remporté un grand triomphe en persuadant George Bush d'ordonner par procuration à une nation chrétienne civilisée de faire pleuvoir à nouveau des missiles de croisière sur un Iraq qui souffre déjà, en guise de punition collective pour une prétendue tentative d'assassinat de Bush père. Tout le monde n'accepte pas la parole des dictateurs impitoyables d'Al Sabah selon laquelle le prétendu complot d'assassinat de Bush était authentique. De nombreux pays ont exprimé de sérieux doutes quant à la validité de la revendication d'Al Sabah. Voici ce qu'en dit une source des services de renseignements :

> … Les "preuves" prétendument détenues par les Al Sabahs seraient rejetées par n'importe quel tribunal américain ou britannique. Les "preuves" sont tellement truquées qu'il n'est pas étonnant que le gouvernement américain n'ose pas les révéler dans un forum ouvert. Cette affaire (la tentative présumée d'assassinat de George Bush par des ressortissants irakiens) est tellement truquée et scandaleuse que l'on s'interroge sur la profondeur de la dépravation dans laquelle sont descendus les États-Unis. S'il y avait des sénateurs un tant soit peu indépendants, ils auraient dû exiger que Clinton leur présente ses preuves lors d'une séance publique de la commission, mais bien sûr, Clinton n'a aucune preuve qui résisterait à un examen dans un tribunal ouvert où les témoins seraient sous serment, de sorte que les sénateurs ont pu esquiver leur devoir.

Un observateur qui a assisté au procès a déclaré :

> Les Irakiens qui ont été inculpés étaient des contrebandiers ordinaires, sans expérience dans le domaine du renseignement ou des explosifs. Il serait difficile de trouver un groupe plus improbable — pas le genre de personnes que le gouvernement irakien emploierait s'il voulait tuer George Bush. Le camion censé contenir des explosifs était en fait rempli de marchandises de contrebande et a été "trouvé" à des kilomètres de l'université du Koweït, l'endroit où les "agents de renseignements Irakiens" étaient censés se rendre pour mettre à exécution le "complot" d'assassinat de George Bush.

L'affaire contre les deux trafiquants irakiens est si pleine de trous, et si enveloppée de double langage, d'obscurcissement, de "preuves" fabriquées, qu'elle ferait une bonne intrigue pour une comédie de Laurel et Hardy si elle n'était pas si tragique. Les enquêteurs américains ont interrogé les deux hommes qui ont avoué avoir tenté de commettre un attentat contre George Bush, mais tout aveu obtenu alors que les accusés étaient entre les mains des Al Sabah devait être traité avec le plus grand scepticisme. Le Koweït a un passé infâme de torture, de lynchage, de haine des étrangers — en particulier des Irakiens —, de propagande habile et de mensonges purs et simples. La famille Al Sabah est aussi cruelle, vindicative, dictatoriale et barbare que n'importe quelle autre dans le monde aujourd'hui. On ne peut se fier à leur parole. Tout cet épisode sent le coup monté à la hâte et maladroitement pour faire croire que Bush était en danger.

Quoi qu'il en soit, supposons un instant que les terroristes ineptes en puissance soient venus au Koweït avec l'intention d'assassiner George Bush. Pourquoi alors l'Iraq n'a-t-il pas été traduit devant les Nations unies ou la Cour internationale de justice de La Haye ?

Si Bush et les Al Sabah étaient si désireux d'envelopper leurs actes dans le manteau des Nations Unies, pourquoi les États-Unis et le Koweït ne sont-ils pas allés à La Haye et au Conseil de sécurité de l'ONU pour présenter leur cas ? Les États-Unis n'auraient pas dû prendre part à cette cruelle mascarade. Pas la moindre preuve vérifiable n'a été produite lors du "procès" de ces deux pauvres boucs émissaires bien commodes. Toute l'affaire était une honte, un acte politique, qui n'avait rien à voir avec la punition judiciaire d'un crime.

Les États-Unis ont maintenant commencé à punir toute nation qui ose être en désaccord avec eux, et nous opérons sous la prémisse douteuse que la force a raison. Nous sommes en train de devenir l'intimidateur numéro un dans le monde. Il est de notoriété publique que les magnats du cartel pétrolier ont versé à un certain nombre de pays d'importantes sommes d'argent pour qu'ils participent à la guerre illégale contre l'Iraq. Les pays qui ont reçu un pot-de-vin ont été énumérés dans des rapports, y compris les montants versés.

L'un de ces rapports traitait du marché conclu par Al Sabah avec Hill and Knowlton, la célèbre agence de publicité, pour laquelle cette société a reçu la somme de 10 millions de dollars afin de convaincre le peuple américain qu'il fallait sauver les dictateurs d'Al Sabah.

C'est par le mensonge bien entraîné et bien répété de Nayira Al Sabah devant une commission sénatoriale que Hill et Knowlton ont vendu leur affaire tordue à l'Amérique, avec le soutien des prostituées entretenues des médias contrôlés. Ensuite, une source tout à fait fiable, le *Financial Times* de Londres, a confirmé les allégations faites contre les dictateurs Al Sabah et leurs sbires américains en 1990 et 1991. Selon le *Financial Times* du 7 juillet, les Al Sabah ont utilisé le Koweït Investment Office (KIO) à Londres pour distribuer de l'argent aux pays prêts à être soudoyés pour défendre le Koweït dans la guerre du Golfe. Le *Financial Times* a déclaré que "300 millions de dollars ont été utilisés aux Nations unies pour acheter des votes en faveur du Koweït", ce qui a été rapporté au plus fort de la fièvre de la guerre du Golfe. "Cela (les votes des Nations unies) a fourni la base légale pour la libération du Koweït par les forces multinationales."

Les Al Sabah, pris en flagrant délit, ont lancé une contre-attaque furieuse contre l'article du *Financial Times*. Le ministre des Finances Nasser Abdullah al-Rodhan a déclaré :

> Le Koweït n'a jamais eu recours à ces moyens, ni dans le passé ni aujourd'hui. L'accusation visait à ternir l'image du pays et son droit à rétablir sa souveraineté après l'invasion irakienne de 1990.

Le ministre des Finances a poursuivi en affirmant que les 300 millions de dollars avaient été volés à l'Organisation des industries culturelles et que les auteurs du crime tentaient simplement de brouiller les pistes en accusant le Koweït d'acheter des votes. Les commissions sénatoriales responsables avaient le devoir d'enquêter sur ces accusations et un devoir encore plus grand de découvrir pourquoi les États-Unis ont suivi les despotes du Koweït et ont lâché deux fois des missiles de croisière sur Bagdad, alors que nous n'avions aucun droit constitutionnel, légal ou moral, d'entreprendre une telle action. Il est absolument nécessaire, même à cette heure tardive, que la vérité sur le Koweït et l'Iraq soit présentée au peuple américain, ce que les magnats de l'industrie pétrolière sont déterminés à empêcher. Ils remueront ciel et terre pour que les dictateurs d'Al Sabah soient protégés, et continueront à mentir sur l'Iraq aussi longtemps qu'il le faudra. Le remède est entre les mains de Nous, le Peuple. La façon dont le Congrès a été disposé à s'incliner et à ramper devant les dictateurs d'Al Sabah n'est rien d'autre qu'une honte nationale.

CHAPITRE 20

Une histoire qui doit être racontée

L'histoire du Vénézuéla mérite d'être racontée, car il s'agit d'un pays où le déséquilibre entre l'extrême pauvreté et l'extrême richesse est plus évident que de coutume. Le Vénézuéla a toujours été exploité sans vergogne et vidé de son sang par le cartel du pétrole, sans que le pays ou sa population n'en tirent aucun avantage. Telle était la situation lorsqu'en 1998, les pauvres ont été fédérés par un ancien parachutiste, Hugo Chavez, et incités à se rendre aux urnes en nombre record. Chavez a été élu président par une victoire écrasante qui a ébranlé les maîtres du cartel du pétrole.

Une fois au pouvoir, Chavez n'a pas perdu de temps pour tenir ses promesses électorales. Le Congrès vénézuélien, dans les poches des barons du pétrole depuis 30 ans, est dissous. Chavez dénonce les États-Unis comme l'ennemi des pauvres de la nation. Le nouveau président a institué une loi sur les hydrocarbures très semblable à la loi adoptée par le patriote mexicain, le président Carranza, qui a repris le contrôle de l'industrie pétrolière au cartel du pétrole et l'a placé carrément entre les mains du peuple du Vénézuéla.

Puis Chavez a frappé le cartel pétrolier là où ça faisait le plus mal – au portefeuille — en introduisant une augmentation de 50% des redevances à payer par les compagnies pétrolières étrangères. La société d'État Petroleos de Vénézuéla a subi un remaniement qui a laissé la plupart des chefs d'entreprise pro-américains sans emploi. Il s'agissait d'un coup dur pour les États-Unis et, en fait, pour le reste du monde.

Le Vénézuéla n'est pas un petit joueur dans l'industrie pétrolière. En 2004, il était le quatrième plus grand exportateur de pétrole au monde et le troisième fournisseur de pétrole brut des États-Unis. Petroleos de Vénézuéla emploie 45 000 personnes et réalise un chiffre d'affaires annuel de 50 milliards de dollars. L'ancien parachutiste à la voix tonitruante est monté hardiment sur la selle d'un cheval sauvage. La grande question était de savoir combien de temps il faudrait avant que les magnats du cartel pétrolier ne le désarçonnent. En prenant le contrôle de cette grande industrie, Chavez s'est soudainement imposé sur la scène mondiale comme un homme avec lequel il fallait compter, un peu comme le Dr Mossadegh.

Maracaibo est le centre du pouvoir de Chavez. Les travailleurs du pétrole le soutenaient fermement et, bien que manquant d'argent, ils avaient la majorité lors des élections. Comme l'énorme geyser de pétrole qui a jailli de terre le 14 décembre 1922 (cent mille barils par jour se sont répandus dans l'air pendant trois jours avant d'être maîtrisés), les travailleurs du pétrole ont besoin d'être organisés et contrôlés. Chavez aurait fort à faire pour arrêter le pétrole.

Au cours des quarante années suivantes, le Vénézuéla est passé d'un pays d'Amérique du Sud pauvre et sans ressources à l'un des pays les plus riches du continent. L'embargo pétrolier de l'OPEP a triplé le budget national du Vénézuéla, attirant l'attention des requins prédateurs qui croisent dans ses eaux internationales. Les agents du cartel pétrolier ont persuadé le pays de faire des dépenses excessives. Le Fonds monétaire international (FMI) a inondé le gouvernement vénézuélien d'énormes prêts.

Le décor était planté pour le sabotage économique et il est arrivé avec l'effondrement des prix mondiaux du pétrole brut. Le Vénézuéla était sur le point de découvrir que les gentils hommes en costume d'affaires portant des porte-documents estampillés "FMI" portaient également des poignards acérés. Les mesures d'austérité les plus impossibles ont été imposées au Vénézuéla. En conséquence, les pauvres ont dû rembourser les prêts et le revenu par habitant du pays a chuté de près de 40%.

Le modèle classique de prise de contrôle par un cartel pétrolier était en train de se mettre en place. Le ressentiment et la colère ont grandi côte à côte jusqu'à ce que la pression ne puisse plus être contenue. Des émeutes ont éclaté, au cours desquelles plus de deux cent mille personnes ont été tuées. La classe moyenne naissante est la plus durement touchée et la plupart des gens sont réduits à la pauvreté au cours des deux années suivantes. Étonnamment, Chavez s'accroche au pouvoir. Les États-Unis organiseraient-ils une autre opération du type "Kermit Roosevelt" ou le pays serait-il simplement envahi par les mercenaires des forces armées américaines ? Mais pendant que le cartel pétrolier pesait ses options, le 11 septembre est intervenu. Le Vénézuéla devait attendre. Mais il n'a pas attendu très longtemps. Les premiers coups de feu ont été tirés par le *New York Times* qui a dépeint Chavez comme un ennemi de la liberté. Les commentateurs américains prédisent une agitation ouvrière massive qui conduira à la chute de Chavez. Tout analyste digne de ce nom pouvait voir que le modèle iranien était appliqué au Vénézuéla ; Washington ne semblait d'ailleurs pas enclin à le cacher.

Comme dans le cas du général Huyser à Téhéran, les agitateurs américains exhortaient les travailleurs du pétrole à faire grève, et ils l'ont fait. Le *New York Times* pouvait à peine contenir sa joie. Des gros titres criards déclaraient :

> Des centaines de milliers de Vénézuéliens ont rempli les rues aujourd'hui en déclarant leur engagement dans une grève nationale, qui en est à son 28e jour, pour forcer l'éviction du président Hugo Chavez. Ces derniers jours, la grève a atteint une sorte d'impasse, M. Chavez utilisant les travailleurs non-grévistes pour tenter de normaliser son fonctionnement au sein de la compagnie pétrolière d'État. Ses opposants, menés par une collation de chefs d'entreprise et de dirigeants syndicaux, affirment que leur grève poussera l'entreprise, et donc le gouvernement Chavez, à l'effondrement.

Si l'on devait superposer le plan de Kermit Roosevelt, de la CIA et du général Huyser (celui qui a fait tomber le Shah), à la situation à Caracas, cela correspondrait parfaitement. Les provocateurs formés par les États-Unis étaient à pied d'œuvre. Mais cette fois, ce n'était pas Kermit Roosevelt, mais Otto J. Reich, un vétéran de la populace ayant une grande expérience de la fomentation de révolutions au Guatemala, en Équateur, aux Philippines, en Afrique du Sud, au Chili, au Nicaragua, au Panama et au Pérou. À Washington, l'administration Bush a levé des verres de champagne pour célébrer le succès de Reich au Vénézuéla. Mais leur célébration a été de courte durée. Ralliant ses partisans les plus durs parmi les travailleurs du pétrole, Hugo Chavez, l'ex-parachutiste, est capable de garder les militaires de son côté. Toutes les tentatives de Reich de retourner le corps des officiers contre leur président sont tombées à plat. Reich a dû rentrer la queue entre les jambes et s'envoler pour Washington en toute hâte.

Soixante-douze heures plus tard, le président Chavez prend fermement le contrôle de son gouvernement et commence immédiatement à éliminer les traîtres et les mercenaires de l'agent Otto Reich. Les cadres des compagnies pétrolières qui avaient prématurément changé de camp ont été expulsés du pays, ainsi qu'une poignée d'officiers déloyaux de l'armée. Deux des chefs du coup d'État, qui ont admis leur complicité avec Reich et ses patrons de Washington, sont condamnés à vingt ans de prison. Pour une fois, la CIA a dû se retirer avec un œil noir.

Dans un autre pays, attaqué par les magnats du cartel pétrolier, l'Iran était engagé dans un combat avec les héritiers des Illuminati. Leurs plans soigneusement élaborés ont été couronnés d'un succès apparent avec l'arrivée au pouvoir de l'Ayatollah Khomeini, leader fondamentaliste, et devaient à l'avenir servir de modèle pour des attaques contre d'autres États-nations sélectionnés disposant de ressources naturelles convoitées.

Dans ce livre, nous examinerons qui étaient les conspirateurs, quels étaient leurs motifs et ce qu'ils ont gagné en détruisant le Shah et en installant un fondamentaliste fanatique à sa place. Je tenterai d'éclaircir le mystère du retour de l'Iran à l'âge des ténèbres dont il avait tant essayé de sortir sous la direction du Shah, en s'appuyant sur la modernisation de son industrie pétrolière.

Les conspirateurs sont les héritiers de l'ordre secret du 18e siècle dont le plan a été établi par Adam Weishaupt et son ordre des Illuminati, les illuminés. La liste des hommes importants du cartel du pétrole qui sont membres des Illuminati n'a jamais été rendue publique, mais tout indique qu'il s'agit d'un nombre important. Nous nous limiterons ici à un bref exposé sur les Illuminati.

L'objectif de l'Illuminisme est d'établir un gouvernement mondial unique en renversant l'ordre existant et en détruisant toutes les religions, en particulier le christianisme. Il appelle à un nouvel ordre mondial, le "Novus Seclorum" imprimé au dos des billets de 1 dollar de la Réserve fédérale. Il appelle à ramener l'homme à l'âge des ténèbres, sous un système féodal, où un contrôle absolu est exercé sur chaque personne dans le monde. Un tel système a été mis à l'essai en Union soviétique, dirigé par les seigneurs féodaux du Parti communiste, et a failli être reproduit par les États-Unis, la Grande-Bretagne et l'URSS avant de s'effondrer, car il a été jugé inapplicable. C'est contre ce système que George Orwell avait mis en garde.

Les conspirateurs sont connus sous un certain nombre de noms différents : la noblesse noire vénitienne, les aristocrates et les familles royales, le Conseil des Relations Étrangères, la Fondation Cini, les Fondi, etc. Les anciennes familles ont exercé un pouvoir absolu au cours des cinq derniers siècles, que ce soit en Europe, au Mexique, en Grande-Bretagne, en Allemagne ou aux États-Unis. En Union soviétique, les anciennes familles ("raskolniks") ont été renversées pour être remplacées par un nouvel ensemble d'aristocrates beaucoup plus répressifs. Le plan prévoit que toutes les nations soient placées sous la direction du "Comité des 300".

La plupart des membres de la vieille noblesse européenne professent le christianisme comme leur foi, mais en réalité, ils n'y croient pas et ne pratiquent pas ses principes. Au contraire, la majorité d'entre eux sont des adorateurs de cultes. Ils ne croient pas que Dieu existe réellement. Ils pensent que la religion n'est qu'un outil à utiliser pour manipuler les masses de gens ordinaires et, par ce biais, conserver leur mainmise sur la population.

On attribue à Karl Marx, à tort, le mérite d'avoir dit que la religion est l'opium des masses. Mais cette doctrine a été formulée et suivie des centaines d'années plus tôt, par les familles royales qui fréquentaient régulièrement l'Église chrétienne, avec un spectacle extérieur de pompe et de cérémonie, bien avant que Marx ne soit autorisé à copier le plan de Weishaupt et à le revendiquer comme son propre manifeste.

L'un des plus anciens cultes que la Noblesse Noire suit de près est le culte de Dionysos, qui enseigne que certaines personnes sont placées sur Terre en tant que dirigeants absolus de la planète, et que toutes les richesses et les ressources naturelles de la Terre leur appartiennent. Cette croyance a pris racine il y a environ 4000 ans, et à l'époque comme aujourd'hui, ses adeptes s'appellent les Olympiens.

Les Olympiens constituent une partie du Comité des 300. La perpétuation de la lignée familiale et de son règne est le premier article de foi des Olympiens. Ils sont convaincus de la rareté des ressources naturelles, plus particulièrement du pétrole, qui est réservé à leur propriété exclusive. Ils affirment que les ressources pétrolières sont consommées et épuisées beaucoup trop rapidement par une population en pleine expansion, composée de "mangeurs inutiles", de personnes de peu de valeur. Les Olympiens se distinguent de Weishaupt en ce que, alors que ce dernier souhaitait un groupe formalisé, un Novus Seclorum, un corps, qui gouvernerait la terre ouvertement, les Olympiens se sont contentés d'une organisation peu structurée, difficile à identifier. Les Olympiens d'aujourd'hui ont repris là où Weishaupt s'est arrêté, et ils portent divers noms : le Club de Rome, les communistes, les sionistes, les francs-maçons, le Council on Foreign Relations, le Royal Institute for International

Affairs, la Table ronde, le Groupe Milner, la Trilatérale, le Groupe Bilderberg et la Société du Mont-Pèlerin, pour ne citer que quelques-uns des principaux. Il existe de nombreux autres organismes conspirateurs qui s'imbriquent et se chevauchent. Des membres sélectionnés forment le Comité des 300 avec les têtes couronnées d'Europe. Tous ces organismes ont une chose en commun, à savoir le contrôle de toutes les ressources naturelles, le pétrole figurant en bonne place sur leur liste.

Le Club de Rome est la principale organisation de politique étrangère chargée de superviser tous les autres organismes conspirateurs dans le monde.

Le lavage de cerveau de nations entières est la spécialité de l'Institut Tavistock, selon les méthodes développées par le général de brigade John Rawlings Reese en 1925, et toujours utilisées aujourd'hui en 2008. C'est l'un des stagiaires de Reese qui a réussi à faire croire au peuple américain qu'un petit politicien obscur de Géorgie, James Earl Carter, pouvait réussir à diriger la nation la plus puissante du monde. La croyance était que Carter serait l'outil des compagnies pétrolières.

C'est la décision prise par le Shah de libérer son pays de l'emprise que les compagnies pétrolières impérialistes britanniques et américaines, dirigées par des membres éminents des Illuminati, avaient sur l'Iran qui a conduit à sa chute — comme dans le cas du Dr Verwoerd d'Afrique du Sud et du général Somoza du Nicaragua.

Comme détaillé dans le présent ouvrage, le Shah a conclu un accord pétrolier distinct avec la société italienne ENI par l'intermédiaire de son président, Enrico Mattei. Il l'a fait en dépit des ordres de la Grande-Bretagne de ne traiter qu'avec Philbro, un conglomérat géant, et British Petroleum, qui font partie de ce que Mattei appelait "les sept sœurs" des compagnies pétrolières. Le Shah s'est également lancé dans un programme d'énergie nucléaire de 90 milliards de dollars, au mépris des ordres de ne pas le faire donnés par les Britanniques et les dirigeants Illuminati américains du pétrole. Averell Harriman, doyen du corps diplomatique, est dépêché à Téhéran pour transmettre au

Shah un message personnel de Washington : "Respectez la ligne, ou vous serez le prochain". Parmi les émeutiers dans les rues de Téhéran se trouve un mollah du nom d'Ayatollah Khomeini, mais cette fois-ci, il se révolte contre le Shah, et non en son nom propre. Pour s'assurer que le Shah reçoive le message, une grève des enseignants de Téhéran est organisée par Richard Cottam, un professeur de l'université de Pittsburgh. C'est ainsi que les États-Unis se sont immiscés dans les affaires souveraines de l'Iran en violation flagrante de la Constitution américaine et du droit international, tout cela au nom du pouvoir des "dirigeants Illuminati" du cartel du pétrole.

En réponse à cette trahison de la part de la puissance impériale américaine, le Shah a téléphoné à Kennedy et a été invité à la Maison-Blanche en 1962. Un accord entre Kennedy et le Shah est conclu. L'Iran mettrait fin aux négociations indépendantes avec des sociétés comme ENI et ne travaillerait qu'avec BP et Philbro ; en contrepartie, le Shah serait autorisé à licencier le Premier ministre Amini.

Mais à son retour à Téhéran, le Shah n'a pas respecté sa part de l'accord. Il a renvoyé Amini et a continué à traiter avec ENI tout en cherchant activement à conclure des accords pétroliers avec plusieurs autres pays. Furieux d'avoir été doublé, Kennedy fait venir le général Bakhtiar, alors en exil à Genève. Bakhtiar arrive à Washington en 1962 et se rend directement à la Maison-Blanche.

Peu après, de graves émeutes éclatent à Téhéran, le Shah dénonçant les seigneurs féodaux qui veulent ramener l'Iran à l'âge des ténèbres d'un État laïque. Au total, quelque 5000 personnes sont mortes à la suite des émeutes fomentées par Bakhtiar et les États-Unis. Mais en 1970, la chance de Bakhtiar a tourné ; il s'est approché trop près de la frontière avec l'Iraq et a été abattu par un sniper.

La presse mondiale a déclaré qu'il s'agissait d'un "accident de chasse", une couverture pour les activités de Bakhtiar contre le Shah, qui dans ses mémoires "En réponse à l'histoire" a écrit :

> "Je ne le savais pas à l'époque, peut-être ne voulais-je pas le savoir — mais il est clair pour moi aujourd'hui que les Américains voulaient que je parte. Que devais-je penser de la nomination soudaine de Ball à la Maison-Blanche en tant que conseiller pour l'Iran ? Je savais que Ball n'était pas un ami de l'Iran. J'ai compris que Ball travaillait sur un rapport spécial sur l'Iran. Mais personne ne m'a jamais informé des domaines que le rapport devait couvrir, et encore moins de ses conclusions. Je les ai lues des mois plus tard, lorsque j'étais en exil, et mes pires craintes ont été confirmées. Ball faisait partie de ces Américains qui voulaient m'abandonner, et finalement abandonner mon pays."

Le Shah a compris trop tard que quiconque se liait d'amitié avec l'Amérique était voué à la trahison, comme le montrent les exemples du Vietnam, de la Corée, du Zimbabwe (Rhodésie), de l'Angola, des Philippines, du Nicaragua, de l'Argentine, de l'Afrique du Sud, de la Yougoslavie et de l'Iraq. À ce stade, il est nécessaire de mentionner à nouveau le nom du général américain Huyser. Du 4 janvier au 4 février 1972, le général Huyser était à Téhéran. Que faisait-il là-bas ? Son rôle n'a jamais été expliqué ni par le général lui-même ni par qui que ce soit d'autre au sein du gouvernement, mais il est apparu par la suite qu'il travaillait avec la CIA pour mener une opération de "perturbation". L'armée iranienne était privée de son commandant en chef, le Shah, et donc sans chef, tandis que Huyser comblait le vide, jouant le rôle de Judas.

Il persuade le Shah de quitter Téhéran pour des "vacances", ce qui, selon lui, contribuerait à refroidir le tempérament des foules. Le Shah accepte ce qu'il croit être un conseil amical et part pour l'Égypte. C'est à cette époque que le général Huyser s'entretient au jour le jour avec les généraux iraniens. Il leur a dit qu'ils ne devaient pas attaquer les émeutiers, sinon les États-Unis couperaient les approvisionnements militaires, les pièces de rechange et les munitions. En temps voulu, Washington donnerait l'ordre, par l'intermédiaire du Shah, d'attaquer les émeutiers, dit Huyser. Mais cet ordre n'est jamais venu.

L'armée iranienne de 350 000 hommes a été efficacement mise

sur la touche, et l'homme qui a accompli cet étonnant exploit est le général Huyser, qui n'a jamais été appelé à rendre des comptes, pas même par le Sénat américain. Lorsque le président Reagan est arrivé à la Maison-Blanche dans les années qui ont suivi, il a sincèrement voulu faire toute la lumière sur l'histoire iranienne ; il aurait pu ordonner au général Huyser de se présenter devant une commission du Sénat pour expliquer son rôle. Mais le président Reagan n'a rien fait. Derrière la scène, le marionnettiste James Baker III du cabinet Baker and Botts tirait les ficelles. Ce vieux cabinet d'avocats de Houston était au cœur de la "protection" des intérêts de ses puissantes compagnies pétrolières clientes en Iran.

James Baker III devait jouer un rôle décisif dans la montée en puissance de la guerre du Golfe de 1991. En 1990, James Baker III a fait savoir au monde entier pourquoi les États-Unis convoitaient le pétrole de l'Iraq et de l'Iran :

> La ligne de vie économique du monde industriel part du Golfe et nous ne pouvons permettre à un dictateur tel que celui-ci (Saddam Hussein) de s'asseoir sur cette ligne de vie. Pour ramener cela au niveau du citoyen américain moyen, je dirai que cela signifie des emplois. Si vous voulez le résumer en un mot, c'est "emplois".

La Constitution des États-Unis déclare que les États-Unis ne peuvent pas se mêler des affaires d'une nation souveraine, mais Baker and Botts, par l'intermédiaire de James Baker III, estime qu'il n'a pas à obéir à la Constitution. Le Shah se mettait en travers du chemin des grandes compagnies pétrolières et on ne pouvait pas le laisser "s'asseoir à califourchon" sur cette "bouée de sauvetage économique".

Tout aussi troublant est le rôle joué par l'administration Carter dans le renversement du Shah. Le président Carter savait à l'avance que l'ambassade des États-Unis serait prise d'assaut si le Shah était admis aux États-Unis, mais il n'a rien fait pour protéger l'ambassade contre une attaque. En fait, après le retour de Khomeini en Iran, les États-Unis ont acheminé par voie aérienne des armes et des pièces détachées vers l'Iran, en utilisant des avions-cargos Hercules et 747 au départ de New York, avec des escales de ravitaillement dans les îles Açores.

Le porte-parole du gouvernement britannique, le *Wall Street Journal*, et le *Financial Times* de Londres l'ont admis par la suite. Ils ont également révélé que David Aaron, de la CIA, avait constitué une équipe de soixante agents, qui ont été envoyés en Iran en janvier 1979, au moment même où le général Huyser arrivait à Téhéran. C'est surtout l'Aspen Institute, siège du Comité des 300 en Amérique, qui a trahi la confiance du Shah. Il le flattait en tant que leader moderne, et si le Shah avait un talon d'Achille, c'était sa susceptibilité à la flatterie. À la suite des flatteries d'Aspen, il a fait don de plusieurs millions de dollars à cet institut. Aspen a promis d'organiser un symposium en Iran sur le thème "L'Iran, passé, présent et futur". Aspen a tenu sa promesse et le symposium a eu lieu à Persépolis en Iran. Ce fut un événement de gala, puisque le Shah et son épouse ont offert un repas à l'assemblée de participants distingués. Si le Shah avait été correctement informé, il les aurait immédiatement renvoyés. Mais les personnes qui disent la vérité sont pénalisées ; elles n'occupent pas les chaires prestigieuses des universités célèbres.

Le Shah a reçu un portrait verbal élogieux de son règne éclairé. Mais en coulisses, une image très différente est apparue. Dix des principaux membres du Club de Rome, dont son chef, Aurelio Peccei, sont présents à Persépolis.

Parmi les autres notables figuraient Sol Linowitz, du cabinet d'avocats Coudet Brothers, et l'homme qui a donné plus tard notre canal de Panama (un membre du Comité des 300), Harlan Cleveland et Robert O. Anderson. Les deux hommes étaient des membres éminents de l'Institut Aspen.

D'autres personnes au courant du complot étaient Charles Yost, Catherine Bateson, Richard Gardner, Theo Sommer, John Oakes et Daniel Yankelovitch, l'homme qui façonne l'opinion publique par des activités de sondage. Le MI6 a qualifié cet événement de début de la "réforme" du Moyen-Orient.

CHAPITRE 21

La Réforme et un regard sur l'histoire

Au vingtième siècle, la "réforme" est menée sous les auspices des anglophiles américains — les élites dirigeantes — un groupe central autour des dynasties familiales Handyside Perkins, Mellon, Delano, Astor, Morgan, Straight, Rockefeller, Brown, Harriman et Morgan qui ont fait des fortunes incalculables grâce au commerce de l'opium avec la Chine. Bon nombre des grandes sociétés pétrolières sont issues de ce milieu. La famille Bush, à commencer par Prescott Bush, a toujours servi de satrape à la cabale.

Le "Comité des 300", composé d'impérialistes américains et de leurs serviteurs issus de la cabale britannique et américaine, a décidé juste avant la Première Guerre mondiale que le pétrole serait le combustible de la marine britannique et de la marine marchande. Lord "Jacky" Fisher a été le premier à reconnaître que le combustible de soute de la Royal Navy devait provenir du pétrole brut et non du charbon, comme je l'ai expliqué plus haut.

Lorsque Winston Churchill est devenu Premier Lord de l'Amirauté, il a chargé le MI6 d'élaborer un plan pour s'emparer des vastes champs pétrolifères de Mésopotamie, sous le prétexte transparent d'"empêcher que de si vastes réserves de pétrole ne tombent aux mains des Allemands". La Première Guerre mondiale ayant réussi à "sécuriser le monde pour la démocratie", à l'aube de 1919, l'empire pétrolier, qui n'était pas gêné par la responsabilité envers les pays ou les nations, étant en fait un groupe de sociétés privées fascistes qui dirigeaient le monde, voulait le contrôle total et incontestable des vastes réserves de pétrole du Moyen-Orient et de la partie sud de l'Union soviétique. À cette fin, les "300" ont financé les mouvements nationalistes qui se sont soulevés en Allemagne, en Italie et au Japon dans l'espoir qu'ils envahissent et contrôlent la Russie. Les dirigeants du pétrole prévoyaient la défaite des gouvernements allemand, italien et japonais et la prise de contrôle des réserves de pétrole de l'Union soviétique. Le cercle Rockefeller prévoit de prendre le contrôle du pétrole du golfe Persique au cartel British-Persian Oil et de prendre le contrôle du pétrole de l'Asie du Sud-Est à la Royal Dutch Shell. En 1939 et 1940, les Allemands et les Italiens n'ont pas attaqué la Russie comme l'avaient prévu les "Trois Grands" (une étiquette créée par Tavistock). Au lieu de cela, le brillant général allemand Irwin Rommel a lancé son armée du désert à travers l'Afrique du Nord pour s'emparer du canal de Suez et contrôler toutes les expéditions de pétrole qui y transitent. Rommel n'avait pas l'intention de s'arrêter à Suez, mais prévoyait de poursuivre sa route jusqu'en Perse et d'évincer les Britanniques des champs pétrolifères de Perse-Mésopotamie. Entre-temps, après une attaque ratée contre la Russie en 1939, les Japonais ont balayé l'Asie du Sud-Est et ont saisi toutes les propriétés pétrolières de Royal Dutch Shell. Mais avec la défaite du Japon en 1945, la plupart de ces champs de Royal Dutch sont passés sous le contrôle de la Standard Oil de Rockefeller.

Le haut commandement d'Hitler avait prévu de s'emparer des champs pétrolifères de Roumanie et de Bakou avant la fin de 1939, assurant ainsi à l'Allemagne ses propres sources de pétrole. C'est chose faite. Ensuite, le brillant général Irwin Rommel, qui commandait l'armée en Afrique du Nord, devait s'emparer des champs pétrolifères de la Perse en 1941 et des champs pétrolifères de la Russie en 1942. Ce n'est qu'alors qu'Hitler aurait suffisamment de carburant pour assurer l'avenir de l'Allemagne. Mais moins d'une semaine après l'attaque de Pearl Harbor, les Japonais convainquent Hitler de déclarer la guerre aux États-Unis. Il s'agissait d'un geste stratégique, car Hitler n'avait pas les ressources et la main-d'œuvre nécessaires pour entrer en guerre contre les États-Unis.

C'était également la pire erreur qu'il aurait pu commettre, car elle donnait à Roosevelt l'excuse d'entrer en guerre du côté des alliés, comme Stimson, Knox et Roosevelt l'avaient prévu. Hitler n'accepte que si les Japonais attaquent la Russie, car les troupes allemandes sont maintenant enlisées en Russie et Hitler obtiendrait un avantage stratégique si les Russes devaient se défendre du Japon sur leur flanc oriental. Lorsque les Japonais n'attaquent pas la Russie, l'armée allemande est repoussée avec de très lourdes pertes et ne dispose pas d'un approvisionnement suffisant en carburant.

Les champs pétrolifères roumains de Ploesti ne suffisent pas à l'Allemagne pour mener une guerre sur deux fronts, et l'effort de guerre allemand commence à s'effondrer face aux terribles bombardements de logements ouvriers allemands délibérément ciblés par Churchill et le "Bomber Harris" de la RAF. La dernière grande campagne allemande de la Seconde Guerre mondiale a été la bataille des Ardennes, brillamment planifiée et exécutée, au cours de laquelle le maréchal Gerd von Rundstedt devait attaquer les alliés envahisseurs avec ses blindés, traverser le port d'Anvers et capturer les dépôts de carburant alliés. Cela permettrait de stopper les forces américaines et britanniques et d'obtenir le carburant nécessaire à l'Allemagne pour poursuivre son effort de guerre. Mais le général Eisenhower ordonne que les dépôts de carburant alliés soient brûlés et l'Allemagne est vaincue par des bombardements aériens massifs, ses avions de chasse (y compris le nouveau chasseur bimoteur) ne pouvant pas décoller parce qu'ils n'ont pas de carburant, et par une longue période de mauvais temps.

Pour en revenir à la Russie, au début des années 1950, Armand Hammer, d'Occidental Petroleum, un satrape des Rockefeller, a négocié un accord avec le dirigeant russe Joseph Staline pour acheter le pétrole russe, en fait, en le volant au peuple russe, tout comme cela se produirait avec "Yukos" et le plan de la "Wharton School" de Chicago de 2000 pour "privatiser" la propriété nationale russe. Le pétrole russe a ensuite été vendu sur le marché mondial à un prix beaucoup plus élevé que celui que Staline aurait obtenu en le commercialisant lui-même, car peu de pays étaient disposés à acheter du pétrole à Staline.

Occidental Petroleum et les Russes ont construit deux grands oléoducs, partant des champs pétrolifères sibériens de Russie et descendant le long des deux côtés de la mer Caspienne, pour aboutir aux anciens réservoirs de la ferme pétrolière British-Persian — aujourd'hui Standard Oil — en Iran.

Pendant les 45 années suivantes, la Russie a secrètement envoyé son pétrole par ces oléoducs et la Standard Oil a vendu ce pétrole sur le marché mondial au prix du "West Texas Crude" en prétendant qu'il s'agissait de pétrole iranien. Pendant près de cinquante ans, la plupart des Américains ont utilisé du gaz raffiné de Russie par les raffineries de la Standard Oil situées dans les grands ports maritimes comme San Francisco, Houston et Los Angeles, où la plupart du pétrole du golfe Persique était expédié.

D'autres oléoducs sont construits à travers l'Iraq et la Turquie. Le pétrole russe s'appelait désormais pétrole arabe, irakien et moyen-oriental de l'OPEP et commençait à être commercialisé sous forme de quotas de l'OPEP, au prix encore plus élevé du "marché spot". L'énorme escroquerie entamée par Kissinger avec la "crise du pétrole" de 1972 était désormais pleinement reconnue et acceptée.

C'est ainsi qu'entre 1972 et 1979, des dizaines de millions d'Américains et d'Européens dupes ont soudain été confrontés à des pénuries d'essence et à d'énormes augmentations de prix qu'ils ont docilement acceptées sans broncher. Ce fut l'une des escroqueries à grande échelle les plus réussies de l'histoire et elle l'est encore aujourd'hui. En 1979, les intérêts pétroliers russes ont tenté d'obtenir une autre route d'oléoducs, courte et sûre, partant de la Russie et traversant l'Afghanistan voisin. Mais la CIA a eu vent du projet et a créé de toutes pièces une organisation qu'elle a appelée les "Talibans". L'un de ses dirigeants était un Saoudien du nom d'Oussama Ben Laden, dont la famille entretenait depuis longtemps des liens très étroits avec la famille Bush.

Armés par la CIA, financés par Washington et entraînés par les forces spéciales américaines, les talibans se sont déchaînés contre les Russes, que les journalistes américains appelaient "les envahisseurs". Les Talibans se sont révélés être de redoutables guérilleros et ont fait échec à la construction du pipeline.

Mais il y avait un inconvénient à tout cela : les Talibans, qui sont des musulmans très stricts, ont insisté pour mettre un terme au commerce du pavot et de l'héroïne en provenance de Grande-Bretagne et des familles libérales de la côte est des États-Unis. Ainsi, dès le début, il y a eu une obsolescence planifiée pour les Talibans, qui, sans être trompés, se sont accrochés à toutes les armes fournies par les Américains — et au gros stock de dollars américains. Plusieurs de leurs dirigeants ont visité les États-Unis et ont été reçus comme des invités d'honneur au ranch de Bush au Texas.

Lorsque le nouveau régime iranien contrôlé par les Britanniques de Khomeini est arrivé au pouvoir, l'industrie pétrolière américaine, qui fait la politique étrangère impérialiste du gouvernement américain, a immédiatement menacé de saisir 7,9 milliards de dollars d'actifs iraniens dans les banques et les institutions financières américaines. Le 27 janvier 1988, le *Wall Street Journal*, annonçait que Standard Oil avait fusionné avec British Petroleum.

Il s'agissait en fait de la vente de la Standard Oil à British Petroleum, le nom de la nouvelle société fusionnée étant BP-America. Le *Wall Street Journal* n'a pas jugé bon de mentionner les inquiétudes suscitées par les pratiques de marketing prédateur à l'échelle mondiale de la Standard Oil au nom trompeur ni de faire état des politiques impérialistes de la Standard Oil. Au cours des 13 dernières années, BP-America a fusionné avec toutes les "mini-entreprises" de l'ex-Standard Oil, qui existaient avant le démantèlement initial par le gouvernement américain en 1911, et les contrôle maintenant.

Des millions d'Américains n'ont aucune idée de la façon dont ils ont été égarés, trompés par le mensonge, la connivence, la trahison et la tricherie. Ils continuent à brandir le drapeau américain et à déclarer leur patriotisme comme les merveilleux citoyens bons, patriotes et confiants qu'ils sont. Ils ne sauront jamais comment ils ont été trompés et volés. Il est maintenant possible de comprendre comment le président George Bush a pu à nouveau conduire une nation qui était toujours prête à suivre aveuglément, dans un marasme en Iraq.

La lutte pour la survie des petites nations n'est pas seulement une lutte pour leur survie contre un ennemi impitoyable qui bombardera et détruira leur infrastructure civile, comme l'ont démontré les États-Unis et leurs supplétifs, Israël et la Grande-Bretagne, en Iraq, en Serbie et au Liban. Aujourd'hui, la lutte désespérée des petites nations contre les États-Unis et la Grande-Bretagne porte sur la domination de la terre entière. Seule la Russie se dresse entre les États-Unis impérialistes et la sécurité du monde. Il ne s'agit pas d'une lutte entre nations individuelles, mais d'une lutte contre le Nouvel Ordre Mondial imposé par les États-Unis — un gouvernement mondial.

Ben Laden et Saddam Hussein sont devenus les porte-parole des nouvelles guerres contre l'impérialisme américain, en fait une nouvelle guerre beaucoup plus importante pour le pétrole de la mer Caspienne, de l'Iraq et de l'Iran, la "guerre illimitée" promise par M. Bush sans un murmure du Congrès américain ni une protestation que ce que Bush proposait était inconstitutionnel. Avec 600 têtes législatives hochant la tête en signe d'assentiment, Bush a reçu des pouvoirs auxquels il n'avait pas droit en vertu de la loi suprême du pays, la Constitution américaine.

Pour en revenir aux machinations pétrolières en Extrême-Orient :

À la fin de la Seconde Guerre mondiale, le général Douglas MacArthur est nommé par le président Truman au poste de gouverneur militaire du Japon. Le rôle de MacArthur était celui d'assistant de Laurence Rockefeller, un petit-fils du vieux "John D.". Au cours des six derniers mois de la guerre, des préparatifs sont en cours pour une invasion des îles japonaises. Okinawa est transformée en un grand dépôt de munitions. Certains chroniqueurs proches de MacArthur pensent que Truman a donné l'ordre à Laurence Rockefeller de remettre les armements à Hô Chi Minh, du Nord-Vietnam, pour la somme symbolique d'un dollar américain en échange de la "coopération et de la bonne volonté" de Ho. Si les 55 000 soldats, qui allaient mourir au Vietnam, n'avaient pu qu'être au courant de l'accord, ils auraient soulevé le toit. Mais comme toutes les grandes conspirations, la puanteur a été soigneusement dissimulée sous des tonnes de "désodorisant" sous la forme de "bonnes relations" avec les communistes en langage diplomatique. Traduit, cela signifiait "mettre la main des Rockefeller sur les considérables gisements de pétrole de la région".

Et la France ? N'était-elle pas l'un des "Alliés" ? La France n'était-elle pas une puissance coloniale au Vietnam ? N'est-il pas amusant de voir que "notre côté" est toujours "les Alliés", alors que le bloc adverse est un "régime" sombre, méchant et mauvais ?

Il existe peu de réponses à la question de savoir pourquoi MacArthur s'est tenu à l'écart et a laissé Rockefeller trahir les morts de la Seconde Guerre mondiale. Un homme qui aurait pu avoir la réponse à cette question est Herbert Hoover, qui devint plus tard président des États-Unis. Il a réalisé une étude qui a prouvé que certains des plus grands vilayets pétroliers se trouvaient au large de ce qui était alors l'Indochine française, dans la mer de Chine méridionale. Il semble que la Standard Oil ait eu connaissance de cette précieuse étude. C'était avant que le forage en mer n'ait été conçu et, dans une révision des événements des années 1920, un homme nommé George Herbert Walker Bush allait devenir le PDG d'une société mondiale de forage en mer appelée Zapata Drilling Company.

À la fin de la Seconde Guerre mondiale, en 1945, le Vietnam était toujours occupé par les Français. Il n'y avait pas le moindre signe d'insurrection de la part des Vietnamiens qui semblaient apprécier les Français et avaient même adopté leur langue et nombre de leurs coutumes. Mais cela va changer. Lawrence Rockefeller a reçu l'ordre de remettre à Hô Chi Minh, le leader vietnamien, un important stock d'armes de l'armée américaine entreposé à Okinawa. C'est ainsi que les armes américaines massives, étendues et coûteuses ont été remises à Hô Chi Minh dans l'espoir que le Vietnam chasse les Français de l'Indochine afin que la Standard Oil puisse s'emparer des champs offshore encore inexploités.

En 1954, le général vietnamien Giap a vaincu les Français à Diên Biên Phu avec des armements fournis par l'armée américaine grâce à Lawrence Rockefeller. Les appels désespérés des Français pour une aide américaine sont restés sans réponse. L'administration Truman était-elle au courant de ce plan ? Bien sûr ! Le peuple américain, dupe, le sait-il ? Bien sûr que non ! À présent, les accords secrets conclus à huis clos sont devenus une pratique courante pour le gouvernement impérial américain.

Toutefois, la cabale impérialiste aux portes de Washington n'avait pas tenu compte de l'impénétrabilité orientale. Au moment où la cabale Rockefeller commençait à se féliciter d'un travail bien fait, Ho Chi Min est revenu sur l'accord.

Instruit et bien informé, Hô Chi Minh connaissait d'une manière ou d'une autre le rapport Hoover, qui prouvait l'existence d'une vaste réserve de pétrole au large des côtes vietnamiennes, et il s'était habilement servi des États-Unis pour l'aider à se débarrasser des Français avant de faire la courte échelle à Rockefeller. Dans les années 1950, une méthode d'exploration pétrolière sous-marine a été mise au point en utilisant de petites explosions dans les profondeurs de l'eau, puis en enregistrant les échos sonores rebondissant sur les différentes couches de roche situées en dessous. Les géomètres pouvaient alors déterminer l'emplacement exact des dômes de sel arqués qui contenaient le pétrole accumulé sous eux.

Mais si cette méthode était utilisée au large des côtes vietnamiennes sur une propriété que Standard ne possède pas ou dont elle n'a pas les droits, les Vietnamiens, les Chinois, les Japonais et probablement même les Français se précipiteraient aux Nations unies pour se plaindre que l'Amérique vole le pétrole, et cela suffirait à arrêter l'opération.

Ne voulant pas renoncer à ses intérêts dans le pétrole offshore le long de la côte vietnamienne, Rockefeller et ses sbires, dont Henry Kissinger, ont entrepris de diviser le Vietnam en deux pays, le Nord et le Sud, et ont persuadé d'autres nations de suivre cette division. Après la division artificielle du Viêt Nam entre le Nord et le Sud, la "situation artificielle" formulée par Stimson et Knox, et utilisée pour forcer les États-Unis à entrer dans la Seconde Guerre mondiale à Pearl Harbor, a de nouveau été mise à contribution. Le décor était planté pour que les États-Unis chassent les Nord-Vietnamiens de toute la région. À l'instigation du président Johnson, les États-Unis mettent en scène une fausse attaque contre des destroyers de la marine américaine dans le golfe du Tonkin par des torpilleurs "fantômes" censés appartenir à la marine nord-coréenne. Le président Johnson interrompt les émissions télévisées régulières pour annoncer l'attaque, déclarant à son public américain médusé qu'"au moment même où je parle, nos marins luttent pour leur vie dans les eaux du golfe du Tonkin".

C'était du bon théâtre, mais c'est tout. Il n'y avait pas une once de véracité dans l'annonce dramatique de Johnson. Ce n'était qu'un gros mensonge. L'incident du golfe du Tonkin n'a bien sûr pas été perçu comme un mensonge par le peuple américain et, sans plus attendre, les États-Unis ont plongé dans une nouvelle guerre impérialiste du pétrole, avec des résultats désastreux.

Les porte-avions américains étaient ancrés au large du Vietnam dans les eaux situées au-dessus des dômes de pétrole et la lutte des intérêts pétroliers américains pour évincer les Nord-Vietnamiens des vilayets riches en pétrole situés sous le sable du fond de la mer a commencé. Bien sûr, on ne l'appelait pas ainsi. Il n'est peut-être pas nécessaire de mentionner que la guerre a été décrite dans les termes patriotiques habituels. Elle était menée pour "défendre la liberté", "pour la démocratie", pour "arrêter la propagation du communisme", etc.

À intervalles réguliers, des bombardiers à réaction décollaient des porte-avions et bombardaient des endroits au nord et au sud du Vietnam. Puis, selon la procédure militaire normale, au retour, ils larguaient leurs bombes non sécurisées ou inutilisées dans l'océan avant de se poser à nouveau sur les porte-avions. Des zones de largage de munitions sûres ont été désignées à cette fin, loin des porte-avions, directement au-dessus des dômes de sel sous lesquels se trouve le pétrole.

Même les observateurs de près ne pouvaient que remarquer les nombreuses petites explosions qui se produisaient quotidiennement dans les eaux de la mer de Chine méridionale et pensaient que cela faisait partie de la guerre. Les porte-avions de la marine américaine avaient lancé l'opération Linebacker One et la Standard Oil avait commencé son étude décennale des fonds marins au large des côtes du Vietnam. Et les Vietnamiens, les Chinois et tous les autres, y compris les Américains, n'en savaient rien. L'étude pétrolière a à peine coûté un centime à la Standard Oil, puisque ce sont les contribuables américains qui l'ont payée.

Vingt ans plus tard, et au prix de 55 000 vies américaines et d'un demi-million de morts vietnamiens, Rockefeller et la cabale de la Standard Oil avaient recueilli suffisamment de données pour montrer exactement où se trouvaient les gisements de pétrole, et la guerre au Vietnam pouvait prendre fin. Les négociateurs vietnamiens n'étant pas prêts à abandonner sans concessions, Henry Kissinger, l'assistant personnel de Nelson Rockefeller, a été envoyé à Paris en tant que "négociateur américain" (lire agent de Rockefeller) aux pourparlers de paix de Paris et a remporté le prix Nobel de la paix dans la foulée.

Une telle hypocrisie, une telle hérésie et un tel charlatanisme sont impossibles à égaler. Après que les échos mélancoliques de la longue guerre se soient estompés, le Vietnam a divisé ses zones côtières offshore en de nombreux lots pétroliers et a permis aux sociétés étrangères de faire des offres pour ces lots, à condition que le Vietnam reçoive une redevance convenue. La société norvégienne Statoil, British Petroleum, Royal Dutch Shell, la Russie, l'Allemagne et l'Australie ont toutes remporté des appels d'offres et ont commencé à forer dans leurs zones.

Comme c'est étrange, aucun des "concurrents" n'a trouvé de pétrole. Cependant, les lots pour lesquels la Standard Oil a soumissionné et qui lui ont été attribués se sont avérés contenir de vastes réserves de pétrole. Leurs recherches sismiques sous-marines approfondies menées par les bombardiers de la marine américaine avaient porté leurs fruits.

On aurait pu penser qu'après toutes les horribles tromperies que le peuple américain avait endurées aux mains de la cabale déterminée à le trahir pour le rendre esclave d'un gouvernement mondial unique, il aurait appris à la fin des années 1970 à ne pas avoir une once de confiance dans son gouvernement et à douter à 100% de tout ce que Washington faisait et disait, quel que soit le parti dont le leader était à la Maison-Blanche.

Il ne s'agissait plus d'un conflit entre des nations individuelles, mais d'un conflit visant à instaurer une domination totale de l'ensemble de la race humaine par le biais d'un Nouvel Ordre Mondial dans un Gouvernement Mondial Unique.

Le bon sens aurait dicté une méfiance totale à l'égard du gouvernement, il l'aurait même exigée. Mais non, l'abrutissement et l'abattage devaient se poursuivre à un rythme et une férocité accrus et avec une portée plus large que jamais, pendant quarante-cinq ans. Voilà où en est le peuple américain aujourd'hui. Complètement perdu, sans aucun recours, avec apparemment tous les espoirs déçus. Malheureusement, l'appétit et la cupidité de l'industrie pétrolière ne montrent aucun signe d'apaisement. Les filiales américaines et britanniques du Comité des 300 avaient développé une stratégie qui, selon leurs prévisions, leur permettrait de s'assurer le contrôle total de l'approvisionnement énergétique mondial et des continents eurasiens. Cela a commencé en 1905 lorsque les Rothschild ont lancé les Japonais contre la Russie à Port Arthur. Placer Mao au pouvoir en Chine faisait partie intégrante de leur vision. La stratégie "prospective" que l'impérialiste Donald Rumsfeld a postulée est basée sur l'approche dialectique.

Les États-Unis commencent par vendre des armes à un gouvernement "ami", par exemple au Panama, en Iraq, en

Yougoslavie/Kosovo, en Afghanistan, au Pakistan, aux moudjahidines talibans, en Arabie saoudite, au Chili et en Argentine, entre autres. Puis, tandis que le maître de chapelle lève sa baguette, l'orchestre symphonique des médias entame l'ouverture : le gouvernement "ami" a un sombre secret ; il terrorise son propre peuple, et nous devons maintenant changer la cote de ses obligations pour les faire passer au statut de "junk".[9]

La section des percussions joue un roulement de tambour tandis que la section des cuivres fait éclater la vérité : il s'agit d'un "régime démoniaque", qui n'a rien de gentil. C'est un revirement complet, mais les Américains, dont la capacité d'attention est notoirement courte, ne remarquent pas qu'il s'agit du même gouvernement que nous avons si joyeusement félicité et auquel nous avons vendu des armes peu de temps auparavant. M. Cheney joue un solo de hautbois pour faire comprendre que ce "régime" représente désormais un danger très présent pour les États-Unis. Nous devons aller sur-le-champ déraciner cette nation et ne nous donnons même pas la peine d'obéir à la Constitution américaine ; nous ne déclarons pas la guerre. Curieusement, nous n'obéissons pas à nos lois, mais peu importe, l'orchestre symphonique des médias joue une interprétation à fond de la Gotterdammerung ! Le Panama a été envahi sur ordre de l'Empereur G. W. Bush : L'Iraq, l'Afghanistan résonnent au son de la marche des Marines américains qui ont établi des bases dans le pays qui vient d'être vaincu, dans le but déclaré d'apporter la "démocratie" aux nations occupées.

Une évaluation plus réaliste montre rapidement que toute l'opération n'était rien d'autre qu'une agression impérialiste et que les puissants conquérants ont mis en place une occupation militaire permanente qui n'a rien à voir avec la "démocratie", mais tout à voir avec le pétrole qui se cache sous les sables de ces pays.

---

[9] Terme dépréciatif signifiant "sans valeur", NDT.

Bien sûr, on ne nous dit pas que les bases militaires sont là pour contrôler les ressources énergétiques de cette nation et des pays environnants. La politique étrangère actuelle des États-Unis est régie par la doctrine de la "domination totale" ; les États-Unis doivent contrôler les développements militaires, économiques et politiques partout, dans le cadre de leur rôle impérialiste.

Cette nouvelle ère de stratégie impériale a commencé avec l'invasion de Panama, puis elle a créé la soi-disant guerre du Golfe, s'est poursuivie avec la guerre dans les Balkans sanctionnée par l'ONU, et s'étend maintenant avec les nouvelles guerres contre le terrorisme : L'Afghanistan, l'Iraq, et au-delà l'Iran dont elle convoite le pétrole depuis longtemps. Le 20 janvier 2001, le secrétaire à la défense de l'époque, Donald Rumsfeld, a déclaré qu'il était prêt à déployer des forces militaires américaines dans "15 autres pays" si c'était ce qu'il fallait pour "combattre le terrorisme".

La guerre des Balkans, sanctionnée par l'ONU, a été déclenchée par le pétrole et la servitude d'oléoduc pour le pétrole de la mer Caspienne vers les marchés d'Europe occidentale, via le Kosovo, jusqu'à la mer Méditerranée. Le conflit tchétchène porte sur la même question : qui contrôlera le pipeline ? Lorsque la Yougoslavie a refusé de capituler et de se plier aux diktats du Fonds Monétaire International (FMI), les États-Unis et l'Allemagne ont lancé une campagne systématique de déstabilisation, allant jusqu'à utiliser certains des anciens combattants d'Afghanistan dans cette "guerre".

La Yougoslavie a été divisée en mini-États compliants, comme prévu lors de la conférence de Bellagio en 1972, et l'ancienne Union soviétique a été contenue, du moins c'est ce que pensaient les États-Unis. L'occupation américaine de facto de la Serbie (où l'Amérique a construit sa plus grande base militaire depuis la guerre du Vietnam) était en marche.

Nous nous tournons maintenant vers des domaines spécifiques où le contrôle est recherché par l'industrie pétrolière de l'Empire impérialiste.

La région de la mer Caspienne est dans la ligne de mire de l'Amérique impériale, car elle possède des réserves de pétrole prouvées de quinze à vingt-huit milliards de barils, auxquelles s'ajoutent des réserves estimées à 40-178 milliards, soit un total de 206 milliards de barils — 16% des réserves potentielles de pétrole de la planète (à comparer aux 261 milliards de barils de pétrole saoudiens et aux 22 milliards de barils américains). Cela pourrait représenter un total de 3000 milliards de dollars de pétrole.

Jusqu'à présent, personne n'est en vue et avec une nouvelle source de pétrole et de gaz dans le Caucase, Standard Oil cherche à créer une "démocratie" en Arabie Saoudite pendant qu'elle développe un nouveau centre d'opérations en Asie du Sud. Les énormes réserves de pétrole et de gaz de la mer Caspienne doivent être acheminées soit à l'ouest vers les marchés européens, soit au sud vers les marchés asiatiques. La voie occidentale consiste à acheminer le pétrole de la Tchétchénie vers la Méditerranée en passant par la mer Noire et le Bosphore, mais l'étroit canal du Bosphore est déjà encombré de pétroliers en provenance des champs pétrolifères de la mer Noire.

Une autre voie consisterait à faire passer les pétroliers de la mer Noire, en contournant le Bosphore, par le Danube, puis par un très court pipeline traversant le Kosovo jusqu'à la Méditerranée à Tirana, en Albanie. Toutefois, ce processus a été stoppé par la Chine. Comme le rapporte une enquête des services de renseignement.

L'autre problème de la route occidentale est que l'Europe occidentale est un marché difficile, caractérisé par des prix élevés pour les produits pétroliers, une population vieillissante et une concurrence croissante du gaz naturel. De plus, la région est très compétitive, étant maintenant desservie par le pétrole du Moyen-Orient, de la mer du Nord, de la Scandinavie et de la Russie.

Nous savons que la Russie est sur le point de se lancer dans un programme qui supprimerait le passage du tuyau à travers l'Ukraine, un record mondial de vol de gaz et de pétrole russes, qui a fait de la "dame de la révolution orange", Julia Timochenko, une multi-millionnaire.

Le seul autre moyen d'acheminer le pétrole et le gaz de la mer Caspienne vers les marchés asiatiques est de passer par la Chine, dont la route est trop longue, ou par l'Iran, qui est politiquement et économiquement hostile aux objectifs des États-Unis en matière de pétrole standard.

Dès que les Soviétiques ont découvert de nouveaux et vastes gisements de pétrole dans la mer Caspienne à la fin des années 1970, ils ont tenté de négocier avec l'Afghanistan la construction d'un gigantesque système d'oléoducs nord-sud pour faire transiter leur pétrole par l'Afghanistan et le Pakistan jusqu'à l'océan Indien. Mais les États-Unis, avec l'aide de l'Arabie saoudite et du Pakistan, ont alors créé les "Talibans", une organisation qui n'existait pas auparavant.

Les stratégies pétrolières impérialistes américaines sont nées là-bas. Les États-Unis ont joué sur la religion musulmane, en présentant la Russie comme diabolique et opposée aux musulmans du monde entier.

Lorsque l'armée russe est entrée en Afghanistan, la CIA a armé et entraîné ses "amis" et a envoyé Oussama ben Laden à Kaboul pour diriger la résistance des talibans aux envahisseurs. Les talibans deviennent une force puissante qui considère les États-Unis comme le "Grand Satan". Il en résulte une guerre prolongée entre les talibans et les envahisseurs russes, dans laquelle les talibans sont victorieux. La CIA, par l'intermédiaire de son ancien chef, George Bush l'aîné, pensait pouvoir compter sur Ben Laden, en raison de ses nombreuses relations d'affaires avec la famille Bush, mais lorsque les États-Unis l'abandonnent sans ménagement après le départ des Russes, Ben Laden est aigri et se retourne contre Washington et Riyad, devenant leur pire cauchemar.

Ce n'était qu'une des nombreuses "guerres secrètes" impériales où l'industrie pétrolière impériale a défini la politique étrangère des États-Unis et a utilisé l'armée américaine pour la faire respecter. D'autres guerres de ce type ont eu lieu au Mexique, en Iraq, en Iran, en Italie et au Vénézuéla. Nous savons maintenant que la Standard Oil a influencé la CIA pour qu'elle attire l'attention du gouvernement américain sur le danger d'un oléoduc russe nord-sud traversant l'Afghanistan, et pour qu'elle lui fournisse l'autorisation et le financement nécessaires à la formation de groupes fondamentalistes musulmans armés, dont Oussama Ben Laden.

Le plan alternatif russe prévoyait le contrôle des flux de pétrole et de gaz vers l'Europe occidentale, par le biais de leurs pipelines qui traversaient les républiques d'Asie du Sud de l'ancienne Union soviétique, à savoir le Turkménistan, le Kazakhstan, l'Ouzbékistan, le Tadjikistan et le Kirghizstan. Ces républiques avaient été complètement négligées par les États-Unis auparavant, mais elles ont soudainement fait l'objet d'une attention considérable de la part de la CIA, qui leur a fait la cour avec de gros bouquets de dollars et des promesses d'avenir.

La CIA a courtisé ces nations comme un soupirant ardent et, grâce à ce stratagème, a pu persuader ses dirigeants que la Russie ne les traiterait pas comme des partenaires. C'est ainsi que les anciens États d'Extrême-Orient de l'URSS ont commencé à consulter les sociétés pétrolières américaines et ont rapidement découvert que c'était là le véritable responsable de la politique étrangère des États-Unis. L'industrie pétrolière impériale tourna désormais toute son attention vers les anciens États soviétiques d'Extrême-Orient, tout comme elle l'avait fait à l'époque des pionniers avec l'Iraq et l'Iran. Dirigée par la Standard Oil, elle a dessiné des plans et tracé des scénarios pour la poussée des États-Unis dans ces républiques d'Asie du Sud. L'armée américaine avait déjà établi une base opérationnelle permanente en Ouzbékistan, toujours à la demande de l'industrie pétrolière. L'Institut Tavistock a été appelé pour dissimuler la véritable intention avec une "barrière de bluff" dans laquelle l'ancien capo en chef de la maçonnerie italienne P2 de Kissinger, Michael Ledeen, était impliqué. On pense que Ledeen (qui a maintenant effacé ses traces trotskystes et bolcheviques et s'est transformé en "néoconservateur") a appelé ce stratagème "une mesure antiterroriste".

Pour qu'une telle stratégie fonctionne, il fallait imputer à l'Afghanistan la responsabilité des attentats du 11 septembre, ce qui a fourni la couverture parfaite de la "situation inventée". Le président Bush a déclaré au monde entier que "les talibans" étaient responsables de l'attaque contre les tours jumelles, ajoutant que le quartier général mondial des talibans se trouvait en Afghanistan.

Bien sûr, "apporter la démocratie" aux Afghans tout en ignorant l'absence de démocratie à côté, au Pakistan, avec un dictateur à sa tête, représentait un certain défi, mais la "pensée innovante" s'en est chargée. Désormais, l'armée américaine se trouvait exactement là où l'industrie pétrolière avait besoin qu'elle soit.

CHAPITRE 22

L'OTAN viole sa propre chartre

Avant de passer à ce qui se cachait derrière le bombardement de la Serbie par l'OTAN, ajoutons que, aussi intelligents que Ledeen et ses collègues néo-bolcheviks, Kristol, Feith, Perle, Wolfowitz et Cheney puissent se croire, dans leurs meilleurs jours, ils ne peuvent même pas se comparer au président russe Vladimir Poutine, avec une migraine. Ce qui est apparu lors de l'attaque de l'OTAN (lire les États-Unis) contre la Serbie en 1999, c'est que des voix se sont élevées pour exprimer la forte suspicion que les États-Unis et la Grande-Bretagne agissaient pour le compte du gouvernement albanais qui cherchait depuis longtemps à arracher le contrôle du Kosovo à la Serbie. L'Albanie détenait la carte maîtresse dans le projet d'oléoduc que la Grande-Bretagne et les États-Unis prévoyaient de faire passer de la mer Caspienne à travers l'Albanie.

Le pipeline devait traverser la Bulgarie, la Macédoine et l'Albanie, du port de Burgas sur la mer Noire jusqu'à Viore dans l'Adriatique. En pleine production, le pipeline ferait transiter 750 000 barils par jour. Le projet a été approuvé par le gouvernement britannique pour et au nom de BP (British Petroleum) et de ses partenaires américains.

Lorsque Robin Cook, alors ministre britannique des Affaires étrangères, a été interrogé à ce sujet, il s'est moqué de cette "idée" et a qualifié l'enquête d'absurde. "Il n'y a pas de pétrole au Kosovo", a déclaré Cook. Bien sûr, c'était vrai, et en faisant de la question du pétrole au Kosovo une notion très simpliste facilement rejetée, les enquêteurs ont été mis hors-jeu. Le projet de gazoduc transbalkanique n'a jamais vu la lumière du jour dans aucun journal américain ou britannique.

En mai 2005, le ministère américain du Commerce et du Développement a publié un document qui, s'il ne confirme pas la véritable raison de la guerre contre la Yougoslavie, fait quelques commentaires significatifs.

> Il est intéressant de noter que… le pétrole provenant de la mer Caspienne dépassera rapidement la capacité de sécurité du Bosphore en tant que voie de navigation… le (projet) fournira une source constante de pétrole brut aux raffineries américaines et donnera aux entreprises américaines un rôle clé dans le développement du corridor vital est-ouest, fera progresser la privatisation du gouvernement américain dans la région et facilitera l'intégration rapide des Balkans à l'Europe occidentale.

La première étape du plan prévu a été franchie en juillet 1993 avec l'envoi de troupes américaines à la frontière nord de la Macédoine. Cela aurait pu être considéré comme plutôt étrange, pour ne pas dire plus, mais le peuple américain n'a pas semblé remarquer que la force américaine de "maintien de la paix" n'était pas envoyée dans les régions où il y avait un conflit entre la Serbie et les Albanais. Le peuple américain n'était pas au courant, alors que toutes les violations des "droits de l'homme" étaient censées se produire en Serbie, que le projet de gazoduc transbalkanique devait passer par la Macédoine à Skopje, à seulement 15 miles de la frontière serbe.

Washington a déclaré vouloir empêcher l'expansion des Serbes en Macédoine, ce qui n'a jamais été envisagé. Mais comme les mensonges de l'administration Bush au cours de la période précédant la guerre du Golfe de 1991, lorsque Bush a averti les Saoudiens que Saddam Hussein ne s'arrêterait pas à l'invasion du Koweït, mais qu'une fois celle-ci accomplie, il envahirait l'Arabie saoudite, le mensonge a fonctionné.

Aucun mot n'a filtré sur la véritable mission de la présence du contingent militaire américain à la frontière macédonienne, et surtout pas sur le fait qu'elle s'inscrivait dans le cadre d'un accord conclu en mai 1993 pour la réalisation du gazoduc transbalkanique. Bien que l'oléoduc ne traverse pas la Serbie, le président albanais qui a assisté à la réunion qui l'a lancé avait un message pour la Grande-Bretagne et les États-Unis qui était fort et clair dans ses implications :

> Je suis personnellement d'avis qu'aucune solution confinée à l'intérieur des frontières serbes n'apportera une paix durable.

Les diplomates présents à la réunion ont été unanimes à conclure que ce qu'il disait était que si les États-Unis et la Grande-Bretagne voulaient le consentement de l'Albanie pour le pipeline transbalkanique, le Kosovo devait être placé sous la juridiction de l'Albanie. Avec 600 millions de dollars par mois en jeu, les États-Unis et la Grande-Bretagne ont lancé leur attaque lâche contre la Serbie, qui n'avait pas de pétrole, sous le couvert de l'OTAN, dans la fausse cause de mettre fin aux abus des Serbes contre les ressortissants albanais au Kosovo. Les mots de Robin Cook sonnent encore plus creux aujourd'hui que lorsqu'on lui a demandé pourquoi la Grande-Bretagne attaquait la Serbie :

> "Nous avons démontré que nous sommes prêts à mener une action militaire, pas pour nous emparer d'un territoire, pas pour nous étendre, pas pour des ressources minérales. Il n'y a pas de pétrole au Kosovo. Le Parti socialiste ouvrier ne cesse de dire que nous faisons cela pour le pétrole, ce qui laisse profondément perplexe, car il n'y a que du lignite sale, et plus tôt nous les encouragerons à utiliser autre chose que du lignite sale, mieux ce sera. Cette guerre est une guerre menée non pas pour la défense d'un territoire, mais pour la défense de valeurs. Donc ici, je peux dire… que la politique étrangère a été guidée par ces préoccupations."

Bukarian aurait été fier que Robin Cook puisse mentir de façon si convaincante.

L'énergie de la Caspienne, qui représente les réserves de la mer du Nord (environ 3% du total mondial du pétrole et 1% du gaz), est stratégiquement importante pour la Grande-Bretagne et les

États-Unis, si importante qu'ils ont décidé de déclencher une guerre contre la Yougoslavie pour accommoder l'Albanie. La véritable raison de se débarrasser du dirigeant serbe Slobodan Milosevic était sa détermination à expulser les Albanais de la province du Kosovo. Cela aurait signifié des troubles continus pour les années à venir, et aurait rendu les banques prêteuses réticentes à s'engager dans un financement à grande échelle pour le pipeline transbalkanique.

Depuis le début des années 1990, des compagnies pétrolières britanniques et américaines comme Chevron-Amoco Socar et BP ont investi massivement dans le bassin de la Caspienne. TRACEA (Transport Corridor Europe-Caucasus-Asia) a été créé en 1993. IOGATE (Interstate Oil and Gas Transportation to Europe) a été créé en 1995. SYNERGY a été créé en 1997. AMBO (Albanian Macedonian Bulgarian Oil Pipeline Corp) a été financé par l'OPIC (Overseas Private Investment Corporation). Il n'est pas étonnant que des troupes américaines aient été envoyées à la frontière macédonienne pour servir de mercenaires à l'industrie pétrolière.

Mais le rapport sur l'énergie en Europe de l'Est 20, juin 1995 Second Black Sea Oil Pipeline a déclaré que "les combats en Yougoslavie sont comme un énorme barrage routier sur tout", ce qui a jeté un froid sur ce développement prometteur que l'administration Clinton avait déjà engagé à hauteur de 30 millions de dollars dans le cadre de son initiative de développement du sud des Balkans (SBDI).

Un an avant le début des bombardements de l'OTAN, le Conseil de l'Union européenne (UE) s'est réuni pour discuter d'une "Déclaration sur le pipeline énergétique de la Caspienne". Elle était présidée par Robin Cook et constituait en fait une déclaration selon laquelle les combats serbes devaient être résolus. On ne saurait trop insister sur les conclusions à en tirer.

La propagande qui a précédé les bombardements a été totale et globale. On a fait croire au monde entier, et c'est ce qu'il a fait que la guerre de l'OTAN (lire les États-Unis) contre la Yougoslavie avait pour but de mettre fin à la violence ethnique qui se produisait prétendument en Serbie et aux violations des droits de l'homme des Albanais vivant au Kosovo. Willi Munzenberg l'aurait pleinement approuvé. Dans mon livre "The Committee of 300", et "the Tavistock Institute for Human Relation", la carrière du plus grand maître de la propagande qui ait jamais vécu, Willi Munzenberg, est couverte.

Il avait accompagné Lénine en exil en Suisse, et après que Lénine ait été renvoyé en Russie par le "train scellé", Munzenberg est devenu son directeur des Lumières populaires. Il était responsable de la formation de nombreux officiers et espions du GRU, dont le célèbre Leon Tepper, maître-espion et chef du Rot Kappell ("Orchestre rouge") qui a trompé toutes les agences de renseignement occidentales, y compris le MI6, pendant trois décennies.

John J. Maresca. Vice-président des relations internationales de l'Unocal Corporation, a déclaré ceci à propos du pétrole de la région caspienne :

> "Monsieur le Président, la région de la Caspienne contient d'énormes réserves d'hydrocarbures inexploitées. Pour vous donner une idée de l'ampleur, les réserves prouvées de gaz naturel équivalent à plus de 236 trillions de pieds cubes. Les réserves de pétrole de la région pourraient bien atteindre plus de 60 milliards de barils de pétrole. Certaines estimations vont jusqu'à 200 milliards...
>
> Un problème majeur reste à résoudre : comment acheminer les vastes ressources énergétiques de la région vers les marchés où elles sont nécessaires ? L'Asie centrale est isolée... Chacun de ces pays est confronté à des défis politiques difficiles. Certains connaissent des guerres non réglées ou des conflits latents... En outre, l'infrastructure existante des oléoducs de la région constitue un obstacle technique majeur auquel nous sommes confrontés dans l'industrie pour le transport du pétrole. Parce que les oléoducs de la région ont été construits pendant la période soviétique centrée sur Moscou, ils ont tendance à se diriger vers le nord et l'ouest de la Russie, il n'y a pas de connexions vers le sud et l'est. Dès le départ, nous avons clairement

> indiqué que la construction de l'oléoduc que nous avons proposé en Afghanistan ne pourrait pas commencer tant qu'un gouvernement reconnu n'est pas en place et qu'il a la confiance des gouvernements, des prêteurs et de notre société."

Nous savons donc maintenant pourquoi les États-Unis sont engagés dans une guerre en Afghanistan. Cela n'a pas grand-chose à voir avec le 11 septembre et les talibans, mais tout à voir avec l'établissement d'un gouvernement fantoche américain dans ce pays dans le cadre de la géopolitique impériale du pétrole. Nous connaissons aussi maintenant la véritable raison pour laquelle l'OTAN a attaqué la Serbie. Sa querelle avec l'Albanie dérangeait le gouvernement impliqué dans le projet d'oléoduc du bassin caspien, "les prêteurs et notre société".

La Russie, jouant sur la fausse affirmation selon laquelle les États-Unis sont "la seule superpuissance", a fait semblant de ne pas s'opposer aux incursions américaines en Afghanistan, car la Russie était très heureuse de voir l'Amérique s'enliser en Iraq et en Afghanistan en même temps. Le président Poutine est passé maître dans l'art de la "maskirovka" (tromperie) et pendant que l'administration Bush à Washington se félicitait d'avoir battu la Russie, Poutine négociait avec la Chine et les anciens territoires asiatiques de l'URSS pour former un bloc d'alliance afin de freiner les plans expansionnistes impérialistes des États-Unis. Sous la houlette de Poutine, la Chine et la Russie ont rejoint l'Organisation de coopération de Shanghai (OCS), qui comprend la Chine, la Russie, le Kazakhstan, le Kirghizstan, le Tadjikistan et l'Ouzbékistan. La Chine a rejoint l'OCS pour s'aligner sur la Russie, sur les plans économique, militaire et politique. Le nouveau pacte de l'OCS remplace le pacte de la famille Rockefeller-Li qui a perduré pendant près de quatre décennies.

L'adhésion de la Russie à l'OCS est une tentative de maintenir son hégémonie traditionnelle en Asie centrale. La logique sous-jacente de l'OCS est le contrôle des énormes réserves de pétrole et de gaz de ses membres. Les craintes de la Russie, de la Chine, de l'Inde et d'autres nations de l'OCS, selon lesquelles l'Afghanistan et l'Iraq sont destinés à devenir la base d'opérations pour déstabiliser, isoler et établir un contrôle sur les régimes d'Asie du Sud et du Moyen-Orient se sont avérées fondées, mais elles étaient plus faciles à dissiper puisque l'OCS était en place et fonctionnait sous la direction du président Poutine.

Un coup d'œil à une carte du Moyen-Orient montre que l'Iran se trouve entre l'Iraq et l'Afghanistan, et c'est la raison pour laquelle Bush a inclus l'Iran dans l'"Axe du mal". La stratégie impérialiste américaine repose sur le fait que la Russie doit rester à l'écart pendant que les États-Unis achèvent la conquête de cette région et que les postes militaires permanents sont installés sans objection de la part de la Russie ou de la Chine. La phase suivante est le début de la construction d'un pipeline à travers le Turkménistan, l'Afghanistan et le Pakistan pour acheminer le pétrole vers les marchés eurasiens.

Le fer de lance du projet de pipeline est Unocal pour les intérêts de Standard Oil. Unocal tente depuis plusieurs décennies de construire un oléoduc nord-sud traversant l'Afghanistan et le Pakistan jusqu'à l'océan Indien. Le président Karzaï, le président fantoche de Washington en Afghanistan, était un ancien cadre supérieur dans les aventures afghanes d'Unocal. Karzaï était en fait le cadre supérieur d'Unocal qui négociait au nom de son entreprise. Il est également le chef de la tribu pachtoune Durrani.

Membre des moudjahidines qui ont combattu les Soviétiques dans les années 1980, M. Karzaï était un contact privilégié pour la CIA, entretenant des relations étroites avec le directeur de la CIA, William Casey, le vice-président George Bush et leur service pakistanais Inter Service Intelligence (ISI) entre les deux. Après le départ de l'Union soviétique d'Afghanistan, la CIA a parrainé la réinstallation de Karzaï et d'un certain nombre de ses frères aux États-Unis.

Selon un rapport du *New York Times* :

> En 1998, la société californienne Unocal, qui détenait une participation de 46,5% dans Central Asia Gas (Cent Gas), un consortium qui prévoyait un très long gazoduc à travers l'Afghanistan, s'est retirée après plusieurs années d'essais

> infructueux. Le gazoduc devait s'étendre sur 7277 km, des champs de Dauletabad au Turkménistan à Multan au Pakistan, soit une distance de 1271 km. Son coût a été estimé à 1,9 milliard de dollars.

Ce que la société n'a pas précisé tout de suite, c'est que l'opposition ferme de Ben Laden et des Talibans avait fait capoter le projet de pipeline. Un supplément de 600 millions de dollars aurait pu amener le pipeline jusqu'à l'Inde, avide d'énergie.

C'est là qu'intervient Haliburton, la société du vice-président Dick Cheney. Les services de renseignements militaires russes signalaient depuis 1998 que les Américains prévoyaient une importante entreprise pétrolière en Azerbaïdjan et que Dick Cheney était sur le point de signer un contrat avec la compagnie pétrolière nationale d'Azerbaïdjan pour la construction d'une base marine de 6000 mètres carrés destinée à soutenir les plates-formes de forage pétrolier offshore qui devaient être construites dans la mer Caspienne.

Le 15 mai 2001, une déclaration du bureau de Cheney a indiqué que la nouvelle base d'Haliburton serait utilisée pour "assister le navire-grue catamaran d'Haliburton, le Qurban Abbasov, dans les prochaines activités de pose de conduites offshore et sous-marines". Comme mentionné, l'accord précédent d'Unocal avec les Talibans en 1998 a été résilié, car il était devenu évident que les Talibans pourraient retourner toutes les autres tribus afghanes contre la société, déstabilisant ainsi l'environnement politique pour un projet de construction de pipeline nord-sud.

Bien que je ne puisse en être absolument sûr, certains éléments suggèrent que c'est à ce moment critique qu'un nouveau stratagème de "guerre contre le terrorisme" a été conçu par Unocal-Haliburton et Standard Oil. Dick Cheney a apporté "la solution" au gouvernement américain. Le 11 septembre a fourni le prétexte nécessaire à l'envoi de troupes américaines pour mener une "guerre contre le terrorisme" en Afghanistan.

Les moulins à propagande ont débité une litanie de "raisons" pour lesquelles les troupes américaines devaient se précipiter en

Afghanistan. Il semble que les talibans dirigés par Ben Laden planifiaient "des attaques terroristes majeures dans le monde entier et contre des installations américaines à l'étranger". Pas la moindre preuve réelle n'a été produite pour étayer cette affirmation, mais le peuple américain, toujours aussi complice et trompé, l'a acceptée comme "parole d'évangile".

En 2006, les motifs transparents de la guerre de l'industrie pétrolière contre l'Afghanistan étaient désormais clairs pour tous. Le 2 janvier 2002, le projet d'oléoduc a fait un nouveau pas en avant lorsque l'ambassadrice américaine au Pakistan, Wendy Chamberlain, agissant pour le compte de Standard Oil, a respecté un engagement de longue date pour rencontrer le ministre pakistanais du Pétrole, Usman Aminuddin. L'essentiel de leur rencontre a porté sur les plans pour aller de l'avant avec l'oléoduc nord-sud, et le financement américain pour la construction des terminaux pétroliers de la mer d'Arabie du Pakistan pour l'oléoduc.

Le président Bush a déclaré à plusieurs reprises que l'armée américaine resterait en Afghanistan. Pourquoi en serait-il ainsi alors que les forces de l'ONU sont censées prendre le relais pour que l'armée américaine puisse rentrer chez elle ? La réponse est que les forces de l'ONU serviront de force de police paramilitaire, de sorte que les soldats américains seront libérés pour surveiller la construction de l'oléoduc nord-sud. Selon certains rapports, ils surveilleront également les champs de pavot à opium, mais je n'ai vu aucune confirmation de cette mission. Cette tâche a été confiée à une force britannique.

La récente nomination par le président Bush de Zalmay Khalilzad, un inconnu d'origine afghane, au sein de son équipe de sécurité nationale en a fait tiquer plus d'un. Nous pensons pouvoir expliquer cette nomination apparemment inhabituelle. Khalilzad était un ancien membre du projet CentGas. Khalilzad a récemment été nommé envoyé spécial du président pour l'Afghanistan. C'est un Pashtoun, et le fils d'un ancien fonctionnaire du gouvernement sous le roi Mohammed Zahir Shah, et il était là pour veiller à ce que le projet de gazoduc avance en temps voulu et pour rendre compte directement au président, de tout retard ou de tout accroc survenant au cours du déroulement du plan.

Sa nomination a été soutenue par Condoleezza Rice, qui était membre du conseil d'administration de Chevron, bien qu'il n'ait jamais été précisé quel était son rôle exact chez Chevron. En plus d'être consultant pour la Rand Corporation, Khalizad était un agent de liaison spécial entre Unocol et le gouvernement taliban et il a également travaillé sur diverses analyses de risque pour le projet.

Maintenant que le secteur afghan de la "guerre contre le terrorisme" est considéré comme "réglé", bien que d'après notre compréhension de la situation, c'est loin d'être le cas, et que des bases militaires américaines permanentes sont en place en Ouzbékistan et en Afghanistan — dans quel pays riche en pétrole peut-on s'attendre à ce que les éclaireurs de Standard Oil s'infiltrent dans leur recherche de plus de pétrole ? Le gouvernement américain dit qu'il doit continuer à chercher du pétrole, et idéalement (de ce point de vue) la plupart de ces endroits se trouvent dans des pays qui ont été désignés comme abritant des terroristes : l'Iraq, la Syrie, l'Iran et l'Amérique du Sud, en particulier le Vénézuéla et la Colombie. Certains pourraient dire : "Comme c'est pratique".

Mais les guerriers impériaux du pétrole ont également commencé à chercher dans l'arrière-cour de la Russie, en Sibérie. EXXON, Mobil, Royal Dutch Shell et la société française Total SA ont obtenu dans les années 1990 des contrats de ce qui était à l'époque l'URSS pour rechercher du pétrole et du gaz naturel dans la région de l'Arctique. La guerre non déclarée, inconstitutionnelle et donc criminelle de Bush l'aîné, la guerre du Golfe de 1991, a eu pour résultat que le Koweït a volé encore plus de l'énorme champ pétrolifère de Rumaila, dans le sud de l'Iraq, qu'il ne l'avait fait la première fois.

Cela s'est fait en étendant unilatéralement les frontières du Koweït après la guerre. La saisie illégale de la propriété de l'Iraq a entraîné de nombreuses représailles malvenues de la part de ce pays. La "nouvelle frontière" a permis au Koweït, contrôlé par BP et Standard Oil, de doubler sa production de pétrole d'avant-guerre. Le récit historique et véridique de la création du "Koweït" par l'armée britannique en 1921 consiste à tracer une ligne arbitraire en plein milieu des champs pétrolifères de Rumaila, puis à appeler la terre volée "Koweït".

Le texte suivant est extrait d'un article publié dans le "Oil Analyst" :"

> L'Iraq, qui a récemment découvert un gisement de pétrole dans son désert occidental, est généralement considéré comme possédant plus de pétrole que l'Arabie saoudite une fois ses gisements exploités.

Avant l'invasion illégale de l'Iraq par les États-Unis en 2003, le pays produisait 3 millions de barils par jour, dont la majeure partie était acheminée vers les marchés mondiaux par le biais d'un programme supervisé par les Nations unies, qui consacrait une petite partie des recettes à la nourriture et aux médicaments destinés au peuple irakien, dans le cadre du programme "Pétrole contre nourriture". L'Iraq était toujours en mesure d'exporter une partie de son pétrole vers la Syrie, qu'il revendait comme du pétrole syrien.

En septembre 2001, le régime Bush a commencé à menacer l'Iraq, mais en réalité le plan d'urgence pour envahir l'Iraq avait été préparé plusieurs mois auparavant. La menace était destinée à viser la France et la Russie. Ces deux pays avaient commencé à développer un commerce important avec l'Iraq et Dick Cheney, le nouveau prince impérial du pétrole, n'appréciait pas du tout cela. La réalité est que les entreprises américaines, en particulier la Haliburton Oil Company de Cheney et General Electric (GE), gagnent des milliards en Iraq en vendant des biens et des services. Aucune interférence ne serait autorisée. Avant la guerre de 2003, l'Iraq cherchait à s'attirer les faveurs des membres du Conseil de coopération arabe du Golfe (CCG) : Bahreïn, le Koweït, Oman, le Qatar, l'Arabie saoudite et les Émirats arabes unis (EAU), afin d'obtenir un soutien pour la levée des sanctions de l'ONU à son encontre.

Alarmés par cette évolution inattendue, les responsables de la politique étrangère de la Standard Oil ont demandé à Big Brother America de menacer les membres du CCG de ne pas permettre à l'Iraq de se joindre à eux sous peine d'en subir les conséquences. La Russie a commencé à exiger "un règlement global" de la question des sanctions, y compris des mesures conduisant à la levée de l'embargo militaire contre l'Iraq. Le 24 janvier 2002, le ministre russe des Affaires étrangères Igor Ivanov s'est fermement opposé à toute intervention militaire américaine en Iraq. La compagnie pétrolière russe Lukoil et deux agences gouvernementales russes avaient signé un contrat de 23 ans pour l'exploitation du champ pétrolier West Qurna en Iraq.

Selon les termes du contrat, Lukoil devait recevoir la moitié, l'Iraq un quart et les agences gouvernementales russes un quart des 667 millions de tonnes de brut du champ pétrolifère, soit un marché potentiel de 20 milliards de dollars. L'Iraq doit toujours au moins 8 milliards de dollars à la Russie depuis l'époque de la guerre froide, lorsque la Russie a armé l'Iraq, le considérant comme un État client. Mais la Russie s'opposait à "l'impérialisme américain" pour d'autres raisons. Écœurés par la brutalité des 76 jours et nuits de bombardement de la Serbie à l'instigation de la secrétaire d'État américaine Madeline Albright, les militaires russes étaient déterminés à ne pas laisser les États-Unis s'en tirer une seconde fois en agressant une petite nation.

Les forces spéciales russes s'étaient précipitées à Pristina en Serbie pour sécuriser l'aéroport contre l'arrivée des forces américaines, dans l'espoir qu'elles seraient attaquées et pourraient alors entrer en guerre aux côtés de la Serbie. Seule la pondération du commandant britannique sur place a empêché le déclenchement de la troisième guerre mondiale. La Russie, encore sous le coup du sac et du viol de la Serbie, cherche alors à se venger.

Un Washington inquiet fait la navette avec Moscou pour tenter d'apaiser la Russie, et après des négociations encore secrètes, la situation est désamorcée. En 2001, la Russie a obtenu

1,3 milliard de dollars de contrats pétroliers dans le cadre du programme "pétrole contre nourriture" des Nations unies, qui permettait à l'Iraq de vendre du pétrole pour acheter des fournitures destinées à aider les civils irakiens.

En septembre 2001, le ministère irakien du Pétrole a annoncé qu'il avait l'intention d'attribuer aux entreprises russes des contrats d'une valeur de 40 milliards de dollars supplémentaires dès que les sanctions des Nations unies seraient levées.

En février 2002, le ministre russe des Affaires étrangères, Igor S. Ivanov, a déclaré que la Russie et l'Iraq étaient d'accord sur les questions d'extrémisme et de terrorisme et que les sanctions soutenues par les États-Unis contre l'Iraq étaient contre-productives et devaient être levées. Il a ensuite souligné que la Russie s'opposait fermement à "l'extension ou l'application de l'opération internationale de lutte contre le terrorisme à tout État choisie arbitrairement, y compris l'Iraq". La rhétorique s'échauffe alors que la Russie cherche à utiliser son droit de veto au Conseil de sécurité des Nations unies pour faire cesser toutes les sanctions contre l'Iraq.

Puis, en 2003, le parti impérial républicain de guerre Standard Oil-Bush, soutenu par ses alliés néo-bolcheviques, a grossièrement violé la Constitution américaine, le droit international et les quatre Conventions de Genève, en lançant précipitamment un raid de bombardement sur Bagdad. La guerre illégale contre l'Iraq a mis fin à tous les accords permanents de l'Iraq avec la Russie, l'Allemagne et la France. À l'insu du cartel pétrolier des Sept Sœurs, de sérieuses représailles allaient suivre à peine trois ans plus tard. Le tollé des nations européennes contre Bush et l'attaque néo-bolchévique contre l'Iraq a été immédiat.

L'excuse puérile donnée au monde était que l'Iraq possédait des "armes de destruction massive" qu'il s'apprêtait à utiliser contre la Grande-Bretagne. Mme Rice, inexpérimentée, sotte et peu au fait des enjeux politiques, a ajouté ses avertissements sinistres selon lesquels, s'ils n'étaient pas arrêtés, les Américains verraient des "nuages champignons" au-dessus de leurs grandes villes. Six ans plus tard, nous attendons toujours l'apparition de ces "nuages". Le grossier mensonge généré par Tavistock a été accepté par environ 75% du peuple américain. Bien que des dizaines d'experts se soient présentés pour tourner en dérision et nier les affirmations de Bush et Blair sur les ADM, les deux hommes ont persisté dans leur mensonge jusqu'à ce qu'il s'effondre littéralement sous leurs pieds d'argile. Mais cela n'avait pas d'importance. La diplomatie impériale de la Standard Oil l'avait emporté, l'agression américaine leur avait assuré le pétrole irakien et, de toute façon, la guerre n'allait pas durer, c'est ce qu'on disait au monde. Les troupes américaines traversaient le désert à toute vitesse depuis le Koweït, et allaient bientôt envahir Bagdad.

Le changement de loyauté de la Chine n'a pas été pris en compte par les planificateurs de Bush. Bush considérait que la Chine était toujours liée par le pacte de la famille Rockefeller-Li de 1964. Mais les plans d'extension de l'impérialisme pétrolier de Standard Oil/Bush se sont heurtés à l'intérêt croissant de la Chine pour le soutien des nations du Moyen-Orient dans leur lutte contre les États-Unis. Lors de la visite du roi jordanien Abdallah II en Chine en janvier 2002, le président chinois Jiang Zemin a déclaré que la Chine souhaitait des liens plus forts avec les pays arabes pour aider à promouvoir la paix entre Israël et les Palestiniens. Cette déclaration a choqué le département d'État américain. À la consternation du président Bush et de la secrétaire d'État Rice, la Chine se tenait prête à intervenir si les néo-bolcheviks donnaient suite à leur plan fou d'attaquer l'Iran, sans tenir compte du fait que l'autorité constitutionnelle permettant d'engager les forces armées américaines dans un pays quelconque faisait totalement défaut.

La Chine a fait part de sa position en fournissant à l'Iran sa version du missile de croisière à saut de vague "Exocet", qui a le potentiel de faire de gros dégâts à la marine américaine. Les impérialistes de l'industrie pétrolière continuent d'étendre leur empire au Moyen-Orient, notamment à travers l'Iraq. Bolton a été installé aux Nations Unies, avec l'aimable autorisation de la Maison-Blanche, par un abus de pouvoir, dans le cadre d'une nomination par décret, alors que son aptitude à exercer ses fonctions avait été rejetée par le Sénat américain. (Quelques années plus tard, il a été sommairement démis de ses fonctions.) Le président est loin d'être autorisé par la Constitution à procéder à des nominations par décret, sauf lorsque cela est "nécessaire et approprié" et qu'il s'agit d'une question d'urgence. Dans le cas de Bolton, ce n'était absolument pas "nécessaire" ni "approprié", parce que le Sénat avait déjà refusé de confirmer Bolton et la nomination "recess" était donc un abus de pouvoir et de procédure constitutionnelle. Mais les impérialistes de Standard Oil/Bush ont refusé de laisser une telle préoccupation arrêter leurs plans pour faire face à la menace de la Chine au Moyen-Orient. Ils ont seulement arrêté temporairement leurs efforts jusqu'à ce que Bolton puisse être installé à l'ONU. Bolton était nécessaire à l'ONU pour harceler et intimider les nations afin qu'elles s'alignent pour soutenir les actions américaines en Iraq et aussi en Iran. Plus que cela, il est l'agent spécial du cabinet d'avocats Baker and Botts, chargé de reprendre les garanties de tous les mauvais prêts que James Baker III a fait passer.

Le cartel pétrolier impérialiste américain a pris le contrôle du pétrole irakien et a maintenant les yeux rivés sur la Syrie et le pétrole iranien. Nous sommes maintenant dans la phase deux de la guerre contre le terrorisme : envahir les pays qui, selon Bush, abritent des terroristes, avec l'intention réelle de s'emparer des sources d'énergie de ces pays. La phase trois arrivera lorsque les États-Unis s'opposeront à la Russie au sujet du pétrole de la mer Caspienne et des efforts pour l'acheminer vers le marché européen. Ce jour mémorable n'est peut-être pas si éloigné.

Actuellement, les Russes ont accéléré le rythme. Le 28 août 2006, le président Poutine s'est rendu à Athènes, en Grèce, pour faire avancer le projet d'oléoduc caspien, au point mort depuis plusieurs années. À Athènes, le président Poutine a rencontré le Premier ministre grec Costas Karamantis et le président bulgare Gregory Parvanov. Les discussions tripartites ont porté sur l'achèvement rapide d'un oléoduc reliant la mer Caspienne au port bulgare de Burgas et, de là, au port grec d'Alexandroúpolis sur la côte de la mer Égée. Une fois achevé, l'oléoduc pourra transporter 35 millions de tonnes de pétrole par an et permettra d'économiser au moins 8 dollars par baril en frais de transport. L'oléoduc permettra à la Russie de maintenir une emprise sur le pétrole de la Caspienne destiné au marché européen en écartant le grand oléoduc Bakou-Tblisi-Ceyhan soutenu par les États-Unis. Les États-Unis ont donc décidé de se concentrer pour l'instant sur l'oléoduc nord-sud de l'Afghanistan en cours de construction, gardé par des soldats américains qui se heurtent à la résistance acharnée de talibans renaissants, plus forts et mieux équipés qu'avant d'avoir été chassés par la soi-disant Alliance du Nord. Les dirigeants talibans sont déterminés à empêcher la mise en service de l'oléoduc. La reprise des combats, qui a commencé en juillet 2006, a atteint un niveau élevé en août, les batailles étant décrites dans les médias stipendiés américains comme des efforts américains pour écraser les revenus du commerce de l'opium qui iraient aux talibans. Ce n'est pas le cas, mais avec l'énorme machine de propagande à la disposition de l'administration Bush, il est probable qu'elle soit perçue comme telle par un public américain abruti.

CHAPITRE 23

La Russie s'attaque aux sept sœurs

À ce stade, la Russie, sous la direction de Vladimir Poutine, le stratège géopolitique le plus astucieux du monde actuel, a décidé de couper l'herbe sous le pied des Sept Sœurs. Le ministre russe des Affaires étrangères a annoncé que son gouvernement était sur le point de freiner les grands projets d'investissement occidentaux dans le domaine du pétrole et du gaz en Sibérie, mettant en doute le respect des accords conclus avec l'ex-URSS en 1991.

Le département d'État américain a immédiatement réagi, son porte-parole Tom Casey déclarant que l'administration Bush était

> "très préoccupée par la décision du gouvernement russe d'annuler les permis environnementaux pour des projets de gaz naturel liquéfié de 20 millions de dollars développés par Royal Dutch Shell et deux groupes japonais sur l'île de Sakhaline".

La réponse du gouvernement russe a été d'annoncer qu'il envisageait d'annuler un projet d'Exxon-Mobil à Sakhaline. Les États-Unis ont affirmé avoir des droits en vertu d'un accord conclu avec l'ex-URSS en 1991 et 1994. L'Europe occidentale et les États-Unis ont commencé à craindre que la Russie du président Poutine ne fasse un effort concerté pour affirmer son contrôle sur les vastes ressources énergétiques du pays.

Le président Poutine a effectué une visite d'État en France pour rassurer le président Chirac sur le fait que Total SA n'était pas inclus dans les changements. Les observateurs n'ont pas manqué de souligner qu'au cours de cette visite à Paris, les deux dirigeants se sont rapprochés.

Sans doute Poutine disait-il aux États-Unis que la France était récompensée pour s'être opposée à la guerre en Iraq et pour avoir refusé de se joindre au boycott de l'Iran proposé par l'ONU. Le président Chirac a remis à Poutine une médaille — la Grand-Croix de la Légion d'honneur — lors d'une cérémonie très publique au palais de l'Élysée. Au cours de la visite, le président Poutine a fait part des graves préoccupations de la Russie concernant la situation au Kosovo. Un accord pour la construction par une société française d'une autoroute entre Moscou et Saint-Pétersbourg a été conclu, ainsi qu'un accord engageant la Russie à acheter 22 Airbus A350. Le 24 septembre 2006, il est apparu que Shell risquait de voir sa licence d'exploitation du projet pétrolier et gazier Sakhaline-2, d'un montant de 20 milliards de dollars, suspendue, lorsque ses permis environnementaux ont été retirés par le ministère des Ressources naturelles. Le projet Sakhaline-2 est achevé à environ 80%. Pendant ce temps, Gazprom, le géant gazier public, négocie le rachat de Sakhaline-1. Il semble que si cette offre n'est pas acceptée, Sakhaline-2 risque d'être arrêté. Gazprom cherche à détenir jusqu'à 25% de Sakhalinee-2, ce qui signifie que la principale entreprise du cartel des Sept Sœurs deviendrait un actionnaire minoritaire. Sakhalinee-2 a des réserves de 4,5 milliards de barils. Il s'agit donc d'un riche prix que la Russie ne manquera pas de revendiquer. Ce n'est qu'une question de temps.

Au nom de Royal Dutch Shell, le Premier ministre Blair a exprimé sa profonde inquiétude quant à la possibilité que Shell soit exclu des riches bonus de Sakhaline-1 et Sakhaline-2. Le département d'État américain poursuit son lobbying en faveur de Shell et d'Exxon, mais la Russie pourrait avoir d'autres plans. Des sources de Gazprom ont déclaré qu'elle négociait secrètement avec une société indienne, "The Indian National Oil and Natural Gas Corporation" (ONGG), le rachat de sa part de 20% dans Sakhaline-1. Si un accord est conclu, Gazprom obtiendra des participations très importantes dans les projets pétroliers et gaziers les plus productifs du monde, laissant les membres du cartel des Sept Sœurs dans une position très faible.

En attendant, l'hypocrisie de la "guerre contre le terrorisme" de Bush est évidente pour tous en Colombie, où les propositions de Bush prévoient de dépenser 98 millions de dollars pour protéger l'oléoduc de 480 miles d'Occidental Petroleum, qui relie le deuxième plus grand champ pétrolifère de Colombie à la côte caraïbe.

Ces 98 millions de dollars s'ajoutent aux 1,3 milliard de dollars que les États-Unis ont déjà versés au gouvernement colombien, soi-disant pour lutter contre les "terroristes de la drogue" des FARC. En 2001, l'oléoduc Cano Limon a été fermé pendant 266 jours, parce que les guérilleros des Forces armées révolutionnaires de Colombie (FARC) n'arrêtaient pas de le faire sauter, afin de faire grimper le montant des pots-de-vin. Les rebelles des FARC ont fermé l'oléoduc à intervalles réguliers au cours des quinze dernières années, afin de souligner que leurs menaces ne sont pas vaines et de gagner toujours plus d'argent pour leur "protection". Pendant ce temps, les 2,5 millions de barils de pétrole déversés dans les rivières et les ruisseaux de Colombie dépassent de loin le volume de la marée noire de l'Exxon Valdez en Alaska en 1989.

Malgré les distractions dans les Balkans, en mer Caspienne et en Afghanistan, le cartel pétrolier n'a pas renoncé à son intention de s'emparer du pétrole iranien. Selon des sources au sein du BDN (service secret) allemand : l'administration Bush a élaboré des plans pour frapper les réacteurs nucléaires, les sites d'armes de destruction massive et les sites militaires iraniens par des bombardements intensifs à saturation utilisant des bombes bunker buster et des armes nucléaires tactiques. L'attaque sera coordonnée avec le sabotage des infrastructures critiques urbaines et rurales effectué par des éléments des Moudjahidines du peuple (MEK), des unités d'opérations spéciales du Pentagone et d'autres groupes dissidents iraniens.

Les détails des informations des services de renseignement allemands exprimant une certaine inquiétude proviennent de briefings classifiés fournis par des éléments de la CIA. Apparemment, la crainte est que les néo-bolcheviks de l'administration Bush, en attaquant l'Iran, déclenchent une chaîne d'événements qui conduira à une guerre mondiale.

Des agents de la CIA ont également transmis des renseignements sur les plans américains d'attaque de l'Iran à leurs homologues en France, en Grande-Bretagne, au Canada et en Australie. Les plans de guerre impérialistes américains contre l'Iran prévoient également la saisie rapide de la province du Khūzestān, dans le sud-ouest de l'Iran, où se trouvent la plupart des réserves de pétrole et des raffineries iraniennes.

Le Khūzestān compte une population arabe chiite majoritaire qui entretient des liens étroits avec ses frères ethniques et religieux en Iraq. Les plans de Bush prévoient une frappe militaire américaine à travers la frontière irakienne et à partir des forces navales du golfe Persique en réponse à un appel à l'aide des forces rebelles du Front démocratique populaire et de l'Organisation de libération d'Al Ahwaz au Khūzestān, qui déclareront un État arabe indépendant de la République démocratique d'Ahwaz et recevront la reconnaissance diplomatique des États-Unis, de la Grande-Bretagne et d'Israël, ainsi que de quelques autres proches alliés des États-Unis.

Après la Première Guerre mondiale, le Khūzestān a été annexé par l'Iran et a ensuite été appelé d'après son ancien nom historique, la Perse. Il est mentionné à de nombreuses reprises dans la Bible sous son ancien nom. Il est également prévu de susciter des rébellions parmi les autres minorités d'Iran, notamment les Azéris et les Turkmènes dans la région de la mer Caspienne, riche en pétrole.

Certains analystes pensent que la guerre du Golfe de 1991 a été déclenchée par les États-Unis en guise de "lever de rideau" avant le grand événement, à savoir l'invasion de l'Iran par les États-Unis, soutenus par Israël, la France et l'Allemagne, ce qui explique pourquoi les États-Unis ont donné le feu vert à Hussein pour entrer en guerre contre l'Iran. L'objectif de pousser l'Iraq à attaquer l'Iran doit être clair pour tous : l'Iraq et l'Iran se livreraient une guerre qui les laisserait tous deux désespérément affaiblis. Au minimum, les États-Unis ont signalé à Hussein qu'une certaine agression était acceptable — que les États-Unis ne s'opposeraient pas à une invasion irakienne pour reprendre le champ pétrolifère d'al-Rumaila, la bande frontalière contestée et les îles du Golfe, y compris les territoires des champs pétrolifères de Bubiyan revendiqués par l'Iraq comme ayant toujours fait partie de l'Iraq et non du Koweït ou de l'Iran. Plus tard, une April Glaspie recluse a été acculée par des journalistes britanniques qui l'ont bombardée de questions sur son rôle dans le déclenchement de la guerre de 1991 avec l'Iraq, mais sans un seul mot, Glaspie est montée dans une limousine, a fermé la porte derrière elle et est partie.

Deux ans plus tard, lors de l'émission "Decision 92" de la chaîne de télévision américaine NBC News, consacrée au troisième tour des débats présidentiels, le candidat à la présidence Ross Perot aurait déclaré :

> … Nous avons dit à (Saddam) qu'il pouvait prendre la partie nord-est du Koweït ; lorsqu'il a pris le tout, nous sommes devenus fous. Et si nous ne lui avons pas dit cela, pourquoi ne laissons-nous même pas la Commission des relations étrangères du Sénat et la Commission du renseignement du Sénat voir les instructions écrites pour l'ambassadeur Glaspie ?

À ce moment-là (Perot), est interrompu par le président de l'époque, George Bush Senior, qui s'écrie :

> Je dois répondre à cela. Cela relève de l'honneur national. C'est absolument absurde.

Absurde ou non, le fait est qu'April Glaspie a quitté Bagdad à la fin du mois d'août 1990 et est retournée à Washington où elle a été mise au secret pendant huit mois, n'a pas été autorisée à parler aux médias et n'a pas refait surface avant la fin de la guerre du Golfe (11 avril 1991) lorsqu'elle a été appelée à témoigner de manière informelle (pas sous serment) devant la commission des relations étrangères du Sénat au sujet de sa rencontre avec le président Hussein. Glaspie a déclaré avoir été victime d'une "tromperie délibérée à grande échelle" et a dénoncé la transcription de sa rencontre comme étant "une fabrication" qui déformait sa position, bien qu'elle ait admis qu'elle contenait "beaucoup" d'éléments exacts.

Mme Glaspie est ensuite envoyée au Cap, en Afrique du Sud, en tant que consul général des États-Unis. On n'a plus entendu parler d'elle depuis sa retraite du service diplomatique en 2002. C'est presque comme si Glaspie était devenue une non-personne. Pourquoi le Sénat n'a-t-il pas fait preuve de plus de fermeté et n'a-t-il pas fait son travail ? Pourquoi le département d'État a-t-il pu s'en tirer en cachant et en retenant des informations auxquelles le peuple américain avait et a toujours pleinement droit ?

Après la tromperie de Glaspie, le président George Bush a commencé à cultiver un climat de guerre, tout en bombardant l'Iraq dans les soi-disant "zones d'exclusion aérienne" qui, en plus de violer la souveraineté de l'Iraq, étaient illégales en vertu de la Constitution américaine. Aux Nations unies, Bush a fait travailler la délégation arabe avec ses équipes de "guerre à tout prix" en affirmant que si l'invasion du Koweït n'était pas réglée, ils seraient les prochains sur la liste de Hussein, une contre-vérité totale et palpable sans fondement.

Bush a réussi à faire imposer un embargo à l'Iraq. Le 29 janvier 1991, Bush a utilisé son discours sur l'état de l'Union comme un véhicule pour enflammer les sentiments contre l'Iraq. De façon étonnante, il a ajouté les remarques suivantes :

> "Le monde peut donc saisir l'occasion de la crise actuelle du golfe Persique pour réaliser la promesse de longue date d'un nouvel ordre mondial."

Le fait que Bush ait dévoilé la véritable raison de la soi-disant "crise du Golfe persique" était maintenant connu de tous, mais les chacals des médias américains n'ont pas rendu compte de ce dont le président parlait. Le concept d'un Nouvel Ordre Mondial n'est pas nouveau, puisqu'il remonte au roi George III, dont les plans ont été interrompus par la Révolution américaine. Les plans de Bush pour précipiter la nation dans une guerre en Iraq étaient assez flagrants, à tel point qu'un certain nombre de personnes importantes à Washington ont commencé à avoir de sérieux doutes et à s'opposer aux tambours de la guerre. L'une d'entre elles, l'ancien secrétaire à la Marine James H. Webb, a fait part publiquement de ses inquiétudes lors d'un débat télévisé le 12 novembre 1990 :

> Le but de notre présence dans le Golfe Persique est de favoriser le Nouvel Ordre Mondial de l'administration Bush, je n'aime pas ça.

Une autre personnalité de Washington a exprimé de vives critiques à l'égard de la précipitation de l'administration Bush à entrer en guerre : James Atkins, ancien ambassadeur en Arabie Saoudite et véritable expert des affaires du Moyen-Orient. Dans un article signé publié par le *Los Angeles Times* du 17 septembre 1990, il a accusé le secrétaire à la défense Richard Cheney d'avoir délibérément induit en erreur le roi Fahd en lui faisant croire qu'une attaque de l'Arabie saoudite par l'Iraq était imminente. Atkins a également relaté ses expériences avec Henry Kissinger qui a combattu Atkins chaque fois qu'il a attaqué les plans de guerre contre l'Iraq.

Sur la scène internationale, certains pays, notamment la France, s'inquiètent du bombardement systématique et quotidien de l'Iraq. L'ancien ministre de l'Agriculture de Charles de Gaulle a fait part de son inquiétude à un journaliste allemand :

> J'aimerais qu'il n'en soit pas ainsi (le bombardement). Je suis profondément choqué par le fait qu'une nation est puissante uniquement parce qu'elle possède des armes. Les États-Unis, qui ont des difficultés économiques extrêmes, ont réussi à faire taire le Japon et l'Europe, parce qu'ils sont militairement faibles. Combien de temps le monde acceptera-t-il que divers pays doivent payer un gendarme pour faire respecter leur propre ordre mondial ?

Ce qui est troublant pour les observateurs, c'est le silence de la Russie qui, si elle avait résisté à l'intimidation des États-Unis, aurait probablement pu empêcher la guerre contre l'Iraq. La Russie aurait au moins pu fournir à l'armée irakienne son système de défense anti-aérien de pointe "Tamara", qui aurait fait s'écraser les avions britanniques et américains et mis fin brusquement au règne de la terreur aérienne qui était devenu un phénomène quotidien en Iraq. Aucun membre de l'opposition au Sénat et à la Chambre des représentants n'a été en mesure d'arrêter la ruée vers la guerre de Bush, qui a fait des dégâts bien au-delà de l'invasion réelle de l'Iraq et dont les ondes de choc se font encore sentir en 2008. Dans une perspective appropriée, l'invasion de l'Iraq, sur les ordres du Comité des 300, avait pour but d'imposer un Nouvel Ordre Mondial au monde et en particulier à l'Europe.

Le chaos libéré par les "300" par la volonté de Tony Blair, George Bush père et son fils G. W. Bush d'attaquer l'Iraq, n'est pas encore mesuré. Dans son effet total, qui n'apparaîtra pas clairement avant au moins dix ans, nous verrons de vastes changements se produire, qui peuvent tous être attribués aux politiques pétrolières impériales des États-Unis et de la Grande-Bretagne, qui ont commencé sérieusement avec le président Wilson envoyant des marines américains à Tampico et à Vera Cruz dans le but d'arracher le pétrole brut du Mexique à ses propriétaires légitimes.

Cette poursuite des politiques pétrolières impériales était évidente dans ce que plusieurs milliers d'Américains croient être une situation artificielle, le désastre du 11 septembre. Si le 11 septembre était effectivement une situation artificielle à la manière de Pearl Harbor, alors il s'agissait essentiellement de la phase suivante de la même présentation, une stratégie pour que les États-Unis prennent le contrôle des champs pétrolifères du monde, en particulier ceux qui se trouvent au Moyen-Orient, en Asie centrale, en Amérique du Sud, en Malaisie, à Bornéo et en Afghanistan, tout en faisant passer les États-Unis d'une république confédérée à une dictature du Nouvel ordre mondial sous couvert de "lutte contre le terrorisme".

Les États-Unis ont atteint le "point de basculement" dans leur transformation de république confédérée en dictature d'un seul monde avec l'attaque du World Trade Center à New York, et le fait qu'ils y soient parvenus avec peu ou pas d'opposition ne fait que souligner l'importance du rôle joué par cet événement. Étant donné que, de l'avis de plusieurs observateurs avisés, tout était trop facile pour être le fruit du hasard, cet événement renforce la conviction d'un grand nombre de personnes que le 11 septembre était une situation artificiellement provoquée.

CHAPITRE 24

L'entrée du Vénézuéla dans l'équation

Quelles seront les perspectives si la production de pétrole atteint son maximum dans une cinquantaine d'années ? Y aura-t-il une joute encore pire avec des guerres régionales partout dans le monde, ou les forces opposées réaliseront-elles que le salut du monde industrialisé réside dans une coopération absolue dans le domaine des matières premières essentielles, en particulier le pétrole brut ? Si nous devons juger sur la base du comportement des États-Unis et de la Grande-Bretagne au cours des 50 dernières années, nous sommes obligés de conclure que, l'enjeu étant la fin des réserves mondiales de pétrole, la politique étrangère des États-Unis consistera à s'engager dans un militarisme à l'échelle de l'Empire romain, tout en réprimant la dissidence à l'intérieur du pays. C'est ce que nous voyons déjà. En fait, le grand nombre de lois qui ont été adoptées depuis le début de l'invasion de l'Iraq témoigne de l'orientation prise pour réduire l'opposition aux guerres du pétrole et, en même temps, minimise la loi suprême du pays en retirant au peuple le droit de protester.

Il est certainement vrai que les mesures restrictives introduites par l'administration Bush ont eu un effet paralysant sur les droits constitutionnels du peuple américain. À la mi-2008, il est devenu évident que les lois répressives adoptées depuis l'avènement des guerres du Golfe ont l'effet escompté. C'est peut-être ce qui a freiné tout signe de protestation contre la politique de l'administration Bush à l'égard du Vénézuéla et de son dirigeant intransigeant, Hugo Chavez.

Compte tenu de l'hostilité marquée de Washington à l'égard du Vénézuéla, il n'est pas exclu que ce pays soit la prochaine cible dans la lutte impérialiste pour le pétrole. Dans cette optique, jetons un coup d'œil au Vénézuéla en 2008. Il y a eu quelques changements. Je ne pense pas qu'ils soient spectaculaires. C'est probablement la première fois dans l'histoire du Vénézuéla qu'il y a un gouvernement qui fait plus que des gestes pour utiliser ses énormes ressources pour aider les parties les plus pauvres de la population. Cette aide concerne principalement la santé, l'éducation, les coopératives, etc. Il est difficile de dire à quel point l'impact est important. Mais nous connaissons certainement la réaction de la population à leur égard, ce qui est après tout la question la plus importante. Ce qui est important, ce n'est pas ce que nous en pensons, mais ce que les Vénézuéliens en pensent. Et cela, nous le savons très bien.

Il existe d'assez bons instituts de sondage en Amérique latine, le principal étant Latino barometro, qui se trouve au Chili. Ils surveillent les attitudes dans toute l'Amérique latine sur toutes sortes de questions cruciales. Le plus récent, réalisé au Chili, a révélé que le soutien à la démocratie et au gouvernement a augmenté très fortement au Vénézuéla depuis 1998. Le Vénézuéla est maintenant pratiquement à égalité avec l'Uruguay en tête des pays qui soutiennent le gouvernement et la démocratie.

Elle est largement en tête des autres pays d'Amérique latine pour ce qui est du soutien aux politiques économiques du gouvernement et également pour ce qui est de la conviction que ces politiques aident les pauvres, c'est-à-dire l'immense majorité, plutôt que les élites. Et il y a des jugements similaires sur d'autres questions, et il a augmenté assez fortement. Malgré les obstacles, il y a eu un certain degré de progrès qui a été considéré par la population comme très significatif, et c'est la meilleure mesure. Avec l'annonce de la création du Parti socialiste unifié du Vénézuéla (PSUV) et l'accélération de leur tentative d'appropriation de divers services et entreprises, y a-t-il une maturation de cette révolution ? Ce n'est pas facile à dire. Il y a des tendances contradictoires, et la question pour le

Vénézuéla est de savoir laquelle l'emportera. Il y a des tendances à la démocratisation, à la dévolution du pouvoir, aux assemblées populaires, aux communautés qui prennent le contrôle de leur propre budget, aux coopératives de travail, etc. Tout cela va dans le sens de la démocratie.

Il existe également des tendances autoritaires : centralisation, figure charismatique, etc. Ces politiques en elles-mêmes ne permettent pas vraiment de juger dans quelle direction elles iront. Il est certainement parfaitement raisonnable pour un pays de contrôler ses propres ressources. Donc si le Vénézuéla prend un plus grand contrôle de ses propres ressources, cela pourrait être un développement très positif. D'un autre côté, cela pourrait ne pas l'être. Ainsi, par exemple, lorsque l'Arabie saoudite a nationalisé son pétrole dans les années 1970, cela ne signifiait pas qu'elle contrôlait son propre pétrole à la place des sociétés étrangères — principalement ARAMCO. D'autre part, l'Arabie saoudite est aux mains d'une tyrannie sévère. L'allié majeur et le plus apprécié de Washington dans la région est une tyrannie brutale et l'État fondamentaliste islamiste le plus extrême du monde. L'histoire dépend donc de la manière dont les ressources sont utilisées. Le Mercosur, le marché commun du cône sud, est un groupe qui compte les plus grandes économies d'Amérique du Sud. Il est fondé sur des accords de type libre marché, comme l'ALENA, et ne semble pas s'orienter vers une alternative à la doctrine néo-libérale dominante.

Pour l'instant, le Mercosur est plus un espoir qu'une réalité. Le Mercosur en fait partie, les réunions de Cochabamba sont une autre étape, et il y a d'autres étapes. L'intégration est un pas puissant vers le maintien de la souveraineté et de l'indépendance. Lorsque les pays sont séparés les uns des autres, ils peuvent être extirpés, soit par la force, soit par l'étranglement économique. S'ils sont intégrés et coopèrent, ils sont beaucoup plus libres de tout contrôle extérieur, c'est-à-dire du contrôle des États-Unis au cours du dernier demi-siècle — mais cela remonte à bien plus loin que cela.

C'est donc une étape importante, mais il y a des obstacles. L'un de ces obstacles est que l'Amérique latine a également un besoin désespéré d'intégration interne. Chacun de ces pays présente un clivage très net entre une petite élite riche, européanisée, principalement blanche, et une énorme masse de personnes profondément appauvries, généralement indiennes, noires et métisses. La corrélation entre les races n'est pas parfaite, mais c'est une corrélation. L'Amérique latine connaît certaines des pires inégalités du monde, et ces problèmes commencent également à être surmontés. Il reste un long chemin à parcourir, mais des pas dans la bonne direction ont été faits au Vénézuéla, en Bolivie, dans une certaine mesure au Brésil, en Argentine et pas beaucoup ailleurs pour le moment. Mais l'intégration interne et l'intégration externe entre les pays sont des étapes assez importantes, et c'est la première fois depuis la colonisation espagnole il y a 500 ans, ce qui n'est pas sans importance.

Revenons à certaines des critiques d'autoritarisme qui ont suivi la prolongation des mandats et la récente loi dite d'habilitation. Ces lois ont été adoptées par le parlement. Il se trouve que le parlement est presque entièrement dominé par Chavez, mais la raison en est que l'opposition refuse d'y participer, très probablement sous la pression des États-Unis. On peut ne pas aimer ces lois. Leur issue dépend des pressions populaires. Elles pourraient être des étapes vers l'autoritarisme. Elles pourraient être des étapes vers la mise en œuvre de programmes constructifs. Ce n'est pas à nous de le dire, c'est au peuple vénézuélien de le faire, et nous connaissons très bien son opinion.

La richesse pétrolière du Vénézuéla a donné au pays la possibilité d'étendre son aide aux communautés pauvres de l'Ouest, y compris New York et Londres, et lui a permis de racheter la dette de l'Argentine, de la Bolivie et de l'Équateur.

Commençons par son aide à l'Occident, ce qui est un peu ironique. Mais il y a un contexte à cela. Ça a commencé par un programme à Boston. Un groupe de sénateurs a contacté les huit principales sociétés énergétiques et leur a demandé si elles pouvaient fournir une aide à court terme aux personnes pauvres des États-Unis pour leur permettre de passer l'hiver difficile, alors qu'elles ne pouvaient pas payer leurs factures de pétrole en raison des prix élevés du pétrole. Ils n'ont obtenu qu'une seule réponse, celle de CITGO, la compagnie vénézuélienne, et cette compagnie a effectivement fourni du pétrole temporaire à bas prix à Boston, puis dans le Bronx à New York et ailleurs. C'est l'aide occidentale. Donc il n'y a plus que Chavez qui donne de l'aide aux pauvres d'Amérique.

Pour le reste, oui, Chavez a racheté un quart, ou un tiers de la dette de l'Argentine. C'était un effort pour aider l'Argentine à se débarrasser du FMI, comme l'a dit le président argentin. Le FMI, qui est une sorte de ramification du département du Trésor américain, a eu un effet dévastateur en Amérique latine. Ses programmes ont été suivis plus rigoureusement en Amérique latine que dans toute autre partie du monde.

La Bolivie a suivi les politiques du FMI pendant 25 ans et le résultat final a été un revenu par habitant inférieur à ce qu'il était au départ. L'Argentine était l'enfant-vedette du FMI. Elle faisait tout ce qu'il fallait et exhortait tous les autres à suivre les politiques définies par la Banque mondiale et le département du Trésor américain. Eh bien, ce qui s'est passé, c'est que cela a conduit à une catastrophe économique totale. L'Argentine a réussi à échapper à la catastrophe en violant radicalement les règles du FMI, et elle a décidé de se débarrasser du FMI, comme l'a dit Kirchner, et le Vénézuéla l'a aidée. Le Brésil a fait la même chose à sa manière et maintenant la Bolivie le fait avec l'aide du Vénézuéla. Le FMI est en fait en difficulté parce que son financement provient en grande partie de la collecte de la dette et si les pays refusent d'accepter ses emprunts parce que ses politiques sont trop néfastes, on ne sait pas trop ce qu'il va faire.

Il y a aussi Petrocaribe, un programme visant à fournir du pétrole à des conditions favorables, avec un paiement différé, à de nombreux pays des Caraïbes ainsi qu'à d'autres. Un autre programme s'appelle Operation Miracle. Il utilise des fonds vénézuéliens pour envoyer des médecins cubains — les médecins cubains sont très bien formés et ils ont un système médical très avancé, comparable aux systèmes du premier monde — dans des endroits comme la Jamaïque et d'autres pays de la région. Le projet a commencé par trouver des personnes aveugles, qui ont complètement perdu la vue, mais qui pourraient être traitées chirurgicalement pour recouvrer la vue. Ces personnes sont identifiées par des médecins cubains, ramenées à Cuba, traitées dans leurs installations médicales de haut niveau, et retournent dans leur pays en étant capables de voir. Cela laisse une impression.

Les États-Unis et le Mexique ont apparemment tenté de faire quelque chose de similaire, mais cela n'a jamais abouti. En fait, l'impact des programmes de Chavez peut être vu très clairement par le dernier voyage de George Bush. La presse a parlé de sa nouvelle réorientation des programmes vers l'Amérique latine, mais ce qui s'est passé en réalité, si vous regardez bien, c'est que Bush a repris une partie de la rhétorique de Chavez. C'est ça les nouveaux programmes merveilleux, reprendre une partie de la rhétorique de Chavez, mais ne pas l'appliquer, ou à peine l'appliquer.

N'importe quel vieux conte — tant qu'il fait avancer une cause pour la guerre est en vogue. À l'exception d'Hugo Chavez et de l'islamiste iranien Mahmoud Ahmadinejad, aucun autre dirigeant mondial n'a mieux perfectionné le rôle d'"antagoniste des États-Unis" que celui qui laisse une impression saisissante. En compagnie d'un groupe de proches comprenant certains des antagonistes les plus notoires des États-Unis, comme le dictateur cubain vieillissant Fidel Castro et le président nationaliste bolivien Evo Morales, Chavez est rapidement devenu l'un des principaux porte-parole du mouvement mondial pro-nationaliste et anti-américain. Au cours de ses quelques années de pouvoir, Chavez a fait de son attitude envers l'administration Bush une question de notoriété publique.

> "L'Amérique est l'empire le plus pervers, le plus meurtrier, le plus génocidaire et le plus immoral que cette planète ait connu en 100 siècles", a déclaré Chavez à un public du Forum social mondial de Caracas.

En réponse, Washington a qualifié les débordements anti-américains de Chavez et ses menaces répétées de répandre une "révolution bolivarienne" dans toute l'Amérique latine, de délires d'un dirigeant désespéré qui tente de détourner l'attention du public de l'échec de ses politiques sociales et économiques.

Bien sûr, les politiques du Vénézuéla n'ont pas échoué, et il ne semble pas y avoir de probabilité d'une invasion américaine du pays. Mais les récents efforts déployés par Chavez pour renforcer les relations avec l'Iran dans les domaines de l'énergie, de la défense, du nucléaire et de la politique pourraient obliger Washington à revoir sa façon de penser. Dans un discours passionné prononcé devant ses partisans à Caracas, Chavez a déclaré :

> J'ai eu des liens étroits avec Mohammad Khatami, président de l'Iran de 1997 à 2005, que je considère comme un frère, et j'ai maintenant des liens étroits avec son successeur, le président Mahmoud Ahmadinejad, que je considère également comme un frère.

Bien que cette déclaration ne soit pas inhabituelle pour l'enthousiasme et la franchise de Chavez, elle montre la direction que prennent les relations. Après tout, toute nation souveraine indépendante a le droit de choisir ses amis et de conclure des alliances.

Lors de la 141e réunion ministérielle de l'Organisation des pays exportateurs de pétrole (OPEP), qui s'est tenue à Caracas fin mai, de hauts responsables iraniens et vénézuéliens ont discuté de plusieurs accords bilatéraux, notamment la participation de la société pétrolière d'État iranienne Petropars à des projets pétroliers dans la ceinture sous-développée de l'Orénoque et à des projets gaziers dans le golfe du Vénézuéla. Les deux pays devraient entreprendre l'exploration d'une des zones de la ceinture de l'Orénoque dans le but ultime de permettre à Petropars d'exporter du combustible fini vers l'Iran. Des experts iraniens devraient bientôt arriver au Vénézuéla pour soutenir les projets d'ingénierie parrainés par le gouvernement. Permettez-moi de m'empresser d'ajouter que l'Iran et le Vénézuéla, en tant que nations souveraines et indépendantes, ont le droit de poursuivre leurs propres intérêts, même si cela ne convient pas aux autres nations. C'est la prémisse du droit international. Alors que les relations énergétiques du Vénézuéla avec l'Iran se sont épanouies, ses relations énergétiques avec l'Occident ont évolué dans le sens inverse. Chavez a récemment annoncé que les taxes sur les compagnies pétrolières étrangères opérant au Vénézuéla passeraient de 16,7% à 33%, ce qu'il a appelé une "taxe sur l'extraction". Chavez a accusé les sociétés étrangères d'exploiter les ressources pétrolières de son pays sans indemniser correctement le peuple vénézuélien. Cette accusation est tout à fait fondée.

Malgré l'augmentation des taxes et la position de Chavez, le Vénézuéla reste un partenaire énergétique important pour les États-Unis. Selon les statistiques publiées par l'Energy Information Administration (EIA), le Vénézuéla se classe au quatrième rang des exportations totales de brut (1,2 million de barils par jour) et au troisième rang des exportations totales de produits pétroliers (1,5 million de barils par jour) vers les États-Unis (le Canada est premier, mais nous ne nous querellons pas avec lui). Étant donné que l'Amérique continue de dépendre du pétrole vénézuélien pour sa survie quotidienne et les difficultés liées à l'obtention de ressources énergétiques provenant d'autres parties du monde, toute implication de Téhéran dans le secteur énergétique vénézuélien devrait être perçue comme une menace pour la sécurité nationale des États-Unis, du moins c'est ce que dit Washington. Tout d'abord, ce que fait le Vénézuéla ne regarde pas l'administration Bush. Le Vénézuéla n'est pas le 51e État de l'Union.

Outre la coopération énergétique, les relations militaires et de renseignement entre Caracas et Téhéran se sont intensifiées. En mai, le département d'État américain a accusé le Vénézuéla d'entretenir une relation de partage de renseignements avec l'Iran et Cuba, deux pays que les États-Unis ont identifiés comme des parrains du terrorisme. Il ne s'agit là que d'une opinion, pas nécessairement d'un fait. Dans son rapport annuel sur le terrorisme international, le département d'État américain a cité Chavez pour avoir partagé une "affinité idéologique" avec deux groupes de guérilla de gauche opérant en Colombie — les FARC et l'Armée de libération nationale — tous deux considérés comme des organisations terroristes par Washington. Si tel est le cas, cela pose la question suivante : pourquoi Washington a-t-il souvent travaillé avec ces deux groupes colombiens qui sont indubitablement des groupes terroristes ? En conséquence, toutes les ventes d'armes et de pièces détachées à Caracas, qui s'élevaient à 33,9 millions de dollars américains en 2005, ont été interrompues. Pourquoi cet acte de guerre ? Quelles sont les preuves à l'appui de l'affirmation selon laquelle le Vénézuéla a des "affinités idéologiques" avec les groupes terroristes ? En réponse, le général vénézuélien Alberto Muller Rojas, un conseiller principal de Chavez, a recommandé que son pays vende ses 21 avions de chasse F-16 à l'Iran. Bien que ces avions de chasse de 20 ans soient obsolètes par rapport aux normes actuelles, cette proposition a aggravé les relations déjà tendues entre les deux pays. En quoi cela regarde-t-il l'Amérique si d'autres pays décident qui seront leurs clients et leurs amis ? Les informations selon lesquelles l'Iran et le Vénézuéla ont renforcé leur coopération dans le domaine de la technologie nucléaire ont déclenché des alarmes à Washington. Nous suggérons que l'ensemble de l'administration Bush soit obligée de lire le discours d'adieu de George Washington, et ce le plus rapidement possible !

Le journal argentin *Clarin* a rapporté que le gouvernement Chavez avait demandé à Buenos Aires de lui vendre un réacteur nucléaire. Comme le gouvernement iranien, les responsables de Caracas ont déclaré que des discussions avaient eu lieu, mais ont ajouté qu'elles ne concernaient que les moyens d'explorer "les utilisations scientifiques pacifiques de l'atome." Et pourquoi pas ? Pourquoi l'Inde, le Pakistan, la Corée du Nord, Israël, et pas le Vénézuéla ?

À la fin de l'année 2005, il a été signalé que des gisements d'uranium vénézuéliens étaient destinés à Téhéran dans le cadre d'un accord de 200 millions de dollars signé entre les deux pays. Des personnes, supposées être des missionnaires, ont envoyé des informations dans leur pays selon lesquelles une petite installation militaire et une piste d'atterrissage avaient été construites à proximité de l'endroit où se trouveraient les gisements d'uranium. Qui qu'ils soient, ils ne ressemblent pas vraiment à des missionnaires.

L'Iran et le Vénézuéla partagent une aversion intense pour l'Amérique, ce qui est tout à fait naturel étant donné l'énorme volume d'ingérence dans leurs affaires intérieures depuis des décennies. Il n'est pas surprenant qu'ils cherchent des moyens de riposter en soutenant des alliances anti-américaines au Moyen-Orient et en Amérique latine.

Lors d'une tournée de huit jours en Amérique latine, le président du Majiis iranien, Gholam-Ali Haddad Adel, a déclaré que l'unité stratégique forgée entre les deux pays est enracinée dans une réponse aux "menaces des puissances intimidantes comme les États-Unis". L'Iran et le Vénézuéla ont conclu que la meilleure façon d'atteindre leur objectif commun de déstabilisation mondiale par les États-Unis est d'unir leurs forces, rendant toute réponse ciblée de Washington beaucoup plus complexe et coûteuse.

Les efforts de l'administration Bush seraient mieux employés à restaurer La Nouvelle-Orléans et à combler le fossé entre les pauvres et les extrêmement riches en Amérique, un état qui est apparu à la suite de l'ALENA, du GATT et de l'Organisation mondiale du commerce.

Avec un Iran enthousiaste comme partenaire, Chavez, l'ancien révolutionnaire parachutiste, a réveillé le fantôme de Simon Bolivar, avec ses positions anti-américaines. L'administration Bush devra s'en accommoder ou risquer de raviver une guerre de 330 ans en Amérique latine. C'est peut-être là l'idée.

En 2007, le premier lot d'un total de 100 000 fusils Kalachnikov que le président vénézuélien Hugo Chavez a commandés à Moscou a commencé à arriver.

L'armée vénézuélienne subit une profonde transformation, avec une importante campagne de recrutement et de nouvelles technologies. Cette décision est susceptible d'inquiéter les États-Unis, qui considèrent Chavez comme une influence déstabilisatrice dans la région.

La plupart des experts en matière de défense s'accordent à dire que le président Chavez doit remanier son matériel militaire obsolète. Mais les États-Unis et la Colombie, pays voisin du Vénézuéla, considèrent l'arrivée de 33 000 fusils Kalachnikov comme une preuve supplémentaire que Chavez cherche à peser de tout son poids dans la région. Les fusils AK103 de fabrication russe sont livrés avec plus d'un demi-million de munitions, des lunettes de vision nocturne de pointe et des baïonnettes. 70 000 autres fusils devraient arriver avant la fin de 2008. Mais ce qui inquiète le plus Washington, ce sont les projets du Vénézuéla de construire ici une usine pour assembler et exporter ces fusils Kalachnikov ainsi que des balles.

L'administration de Chavez est actuellement en pourparlers avec le fabricant russe qui détient la licence pour fabriquer les armes. Les États-Unis, qui ont récemment ordonné une interdiction totale des ventes d'armes au Vénézuéla, ont accusé le président Chavez de tenter de déstabiliser l'Amérique latine. Mais le Vénézuéla insiste sur le fait qu'il a le droit d'acheter des armes à des fins défensives. Le président Chavez a averti à plusieurs reprises que l'administration Bush prévoyait d'envahir le Vénézuéla pour mettre la main sur les ressources pétrolières du pays.

Sir Maurice Hankey, premier secrétaire du cabinet de guerre britannique, déclarait en 1918 :

> "Le pétrole dans la prochaine guerre occupera la place du charbon dans la guerre actuelle, ou du moins une place parallèle au charbon. Le seul approvisionnement potentiel important que nous pouvons obtenir sous contrôle britannique est celui de la Perse (aujourd'hui l'Iran) et de la Mésopotamie (aujourd'hui l'Iraq)... Le contrôle de ces réserves de pétrole devient un objectif de guerre britannique de premier ordre."

Alan Greenspan, président de la Réserve Fédérale, 1987-2006 :

> "Quelle que soit leur angoisse médiatisée à l'égard des armes de destruction massive de Saddam Hussein, les autorités américaines et britanniques étaient également préoccupées par la violence dans une région qui abrite une ressource indispensable au fonctionnement de l'économie mondiale."

Nous ne pouvons pas quitter l'Iraq parce que des extrémistes pourraient être en mesure d'utiliser le pétrole comme outil de chantage à l'égard de l'Occident… et ils le feront à moins que nous n'abandonnions Israël.

George W. Bush, 1er novembre 2006 :

> Lorsqu'il y aura un changement de régime en Iraq, vous pourriez ajouter 3 à 5 millions de barils de production à l'offre mondiale.

Lawrence Lindsey, ancien conseiller économique en chef de George W. Bush, 2002 :

> La sécurité de l'approvisionnement en énergie est essentielle à notre prospérité et à notre sécurité. La concentration de 65% des réserves pétrolières connues dans le monde dans le golfe Persique signifie que nous devons continuer à garantir un accès fiable au pétrole à un prix compétitif et apporter une réponse rapide et adéquate à toute perturbation majeure de l'approvisionnement en pétrole.

CHAPITRE 25

L'Amérique ne peut pas continuer à mener des guerres pétrolières indéfiniment

Lorsque l'administration Bush-Cheney est entrée en fonction en janvier 2001, le prix international du pétrole était d'environ 22 dollars le baril. Aujourd'hui, près de huit ans plus tard, le prix du pétrole oscille autour de 150 dollars le baril, soit une augmentation de plus de cinq cents pour cent. Ainsi, en ce qui concerne le pétrole, les choses ne se sont pas déroulées en Iraq comme prévu et attendu par les néo-bolcheviks de l'administration Bush-Cheney. Premièrement, ils pensaient que le pétrole irakien jaillissant paierait l'invasion et l'occupation du pays. Au lieu de cela, les dépenses pour cette aventure devraient atteindre un trillion de dollars, et le coût total pour l'économie américaine devrait dépasser les trois trillions de dollars.

Deuxièmement, le prix du pétrole atteint des niveaux records sans qu'aucun sommet ne soit en vue, ce qui menace de faire basculer les économies américaine et mondiale dans une récession économique prolongée. Cela est dû en partie au fait que la production pétrolière irakienne n'a pas augmenté comme prévu et qu'elle est plutôt inférieure à ce qu'elle était lorsque les États-Unis ont envahi et occupé l'Iraq en 2003. D'un point de vue macroéconomique, cette guerre illégale et malavisée a été un véritable désastre.

Néanmoins, malgré des déclarations pieuses sporadiques sur le départ de l'Iraq lorsqu'on le leur demande, l'administration Bush-Cheney prévoit une occupation militaire américaine de

50 ans en Iraq. Ils ne veulent pas fixer de date pour mettre fin à l'occupation de l'Iraq, car ils la considèrent comme une occupation militaire à durée indéterminée. Il fallait s'y attendre puisque les véritables raisons de l'invasion de l'Iraq étaient de poursuivre l'objectif à long terme de contrôler le pétrole du Moyen-Orient et de protéger l'État d'Israël de ses voisins musulmans. En effet, tout le monde sait que l'invasion militaire de l'Iraq par les forces américaines n'avait rien à voir avec la "démocratie" ou les souhaits du peuple. Elle avait tout à voir avec la sécurisation des réserves pétrolières de l'Iraq et l'élimination d'un des ennemis d'Israël en la personne de Saddam Hussein.

Le 31 mai 2007, le secrétaire à la Défense Robert Gates a confirmé ces plans à long terme en déclarant que les États-Unis souhaitaient une "présence longue et durable" en Iraq. C'est la raison pour laquelle les États-Unis ont construit la plus grande ambassade du monde, à Bagdad, avec 21 bâtiments sur un site de 100 acres sur les rives du Tigre, qui pourra accueillir un millier d'employés. C'est aussi la raison pour laquelle ils sont en train de consolider plus de 100 bases militaires dans ce pays musulman en 14 bases super-militaires permanentes — toutes destinées à contrôler militairement cette partie du monde pendant très longtemps.

C'est aussi la raison pour laquelle l'administration Bush-Cheney pousse fortement le Parlement irakien à adopter une loi qui privatiserait l'industrie pétrolière irakienne. Si le régime fantoche actuellement en place en Iraq refusait d'adopter une telle loi, dite "loi sur les hydrocarbures", il perdrait plus d'un milliard de dollars de fonds de reconstruction qui seraient bloqués par l'administration Bush-Cheney. Cette mainmise militaire ouverte sur les ressources pétrolières d'une nation du Moyen-Orient est une recette sûre pour alimenter le terrorisme permanent dans le monde et la guerre permanente au Moyen-Orient pour encore longtemps.

Et si les Américains élisent un président républicain pour un troisième mandat en novembre 2008 en votant pour le candidat républicain présumé à la présidence, le sénateur John McCain, c'est ce qui se passera puisque ce politicien est déjà engagé dans une guerre de Cent Ans dans cette partie du monde. Selon les sondages, une grande majorité d'Irakiens est opposée à la privatisation de leur industrie pétrolière. Néanmoins, la privatisation du pétrole irakien est l'un des principaux "critères" que l'administration Bush-Cheney impose au gouvernement irakien.

Ils ont installé dans l'Iraq occupé un gouvernement fantoche qui livre la marchandise, même si certaines pressions ont été nécessaires. Le 3 juillet 2007, par exemple, le cabinet d'Al-Maliki, contrôlé par les États-Unis, a approuvé, en l'absence des ministres sunnites, un projet de loi sur le pétrole soutenu par les États-Unis, qui répartira la richesse pétrolière irakienne entre les trois principaux groupes irakiens, mais qui, surtout, laissera les compagnies pétrolières américaines et étrangères entrer dans le secteur pétrolier irakien et promulguera la privatisation dans le cadre d'accords dits de partage de la production. Il s'agit d'un objectif politique clé et même d'une "référence" fixée par la Maison Blanche Bush-Cheney, mais jusqu'à présent, le Parlement irakien a hésité à approuver la législation controversée requise, en raison des nombreuses protestations, de nombreux Irakiens étant très réticents à l'idée d'adopter une politique de partage de la production et des revenus pétroliers avec des compagnies pétrolières étrangères, en particulier lorsqu'ils leur ont été enlevés "sous la menace des armes".

L'industrie pétrolière irakienne est nationalisée depuis 1975, soit depuis environ trente-trois ans. En effet, avant l'invasion militaire et l'occupation de l'Iraq par les Américains, les champs pétrolifères Irakiens étaient contrôlés par le gouvernement irakien par le biais d'une société d'État. C'était la base d'un niveau de vie relativement élevé en Iraq, qui disposait de l'un des meilleurs systèmes de soins de santé de la région et produisait plus de doctorats par habitant que les États-Unis. Dans le cadre de leur occupation militaire de l'Iraq et des accords pétroliers envisagés, une grande partie de la production pétrolière irakienne et des revenus pétroliers passeraient sous le contrôle de compagnies pétrolières étrangères, principalement les américaines et britanniques EXXON/Mobil, Chevron/Texaco, BP/AMOCO et Royal Dutch/Shell.

L'une des deux principales raisons du lancement de l'invasion illégale de l'Iraq aurait été accomplie, c'est-à-dire maintenir le flux de pétrole, sous la surveillance des troupes américaines, l'autre raison étant la destruction d'un des ennemis stratégiques d'Israël. De nombreux observateurs avertis, tels que le ministre australien de la Défense, Brendan Nelson, ont déclaré que le maintien de la "sécurité des ressources" au Moyen-Orient était une priorité pour l'invasion et l'occupation de l'Iraq. C'est la raison pour laquelle, lorsque les armées américaines sont arrivées à Bagdad, au début du mois d'avril 2003, elles ont eu pour ordre de sécuriser un seul type de bâtiments publics, ceux du ministère irakien du Pétrole. Tout le reste n'avait pas d'importance.

Enfin, rappelons que le 11 octobre 2002, le Sénat américain a voté à 77-23 pour donner à George W. Bush et Dick Cheney l'autorisation de lancer une guerre d'agression contre l'Iraq. L'actuel candidat à la présidence, John McCain, et l'ancienne candidate à la présidence, Hillary Clinton, ont voté pour cette résolution. Rappelons également que dix jours auparavant, la Central Intelligence Agency (CIA) avait publié une version confidentielle de 90 pages du National Intelligence Estimate, qui contenait une longue liste de conséquences désastreuses à suivre si les États-Unis devaient envahir l'Iraq. Le rapport a été mis à la disposition des 100 sénateurs, mais seuls six d'entre eux ont pris la peine de le lire. Grâce à cette connaissance, les gens ont maintenant un aperçu de la façon dont les décisions ont été prises à Washington D.C. avant le début de cette guerre. Même sur des questions de vie ou de mort, l'improvisation prévalait à grande échelle. Et maintenant, les graines ont été semées pour des occupations militaires permanentes, des guerres permanentes et un terrorisme permanent au Moyen-Orient et dans le monde. En vérité, nous nous battons pour le pétrole.

Le prix à payer pour une politique aussi peu judicieuse sera élevé et persistera pendant des années. En effet, de nombreux Américains commencent à voir qu'il existe un lien entre les dépenses et le déficit liés à la guerre en Iraq, d'une part, et la récession actuelle et l'accélération de l'inflation, d'autre part. Ces gaspillages et dépenses de guerre réduisent le montant des ressources financières disponibles pour financer d'autres programmes gouvernementaux essentiels au niveau national, de l'éducation aux infrastructures. Ils augmentent le déficit de la balance des paiements et obligent les États-Unis à emprunter à l'étranger. Et lorsque la Réserve fédérale abaisse les taux d'intérêt pour atténuer la crise bancaire, le dollar s'effondre, ce qui alimente encore plus l'inflation lorsque les prix du pétrole et tous les autres prix liés au transport et aux matières premières échangées dans le monde augmentent. La stagflation actuelle est une conséquence directe des dépenses militaires excessives des États-Unis à l'étranger. Plus vite une majorité d'Américains s'en rendra compte, mieux ce sera.

Mais en 2008, alors que les prix de l'essence atteignent des niveaux records, il existe un moyen de sortir de ce gâchis, qui consiste à stabiliser les prix de l'essence et à stabiliser l'économie américaine. Que le gouvernement ouvre toutes les réserves stratégiques de pétrole et crée sa propre raffinerie pour produire de l'essence à un prix légèrement supérieur au coût, en utilisant une organisation à but non lucratif établie par une loi du Congrès. Supprimer la taxe sur les forages sauvages, ce qui permettrait à de plus en plus de petits foreurs de revenir dans le secteur de la prospection pétrolière aux États-Unis. Cela réduirait la rapacité des compagnies pétrolières et contribuerait à mettre un terme à leur appétit insatiable pour des profits toujours plus importants.

Les États-Unis ne peuvent pas continuer indéfiniment à mener des guerres pour le pétrole, même sous le couvert de la "lutte contre le terrorisme". Aussi puissante soit-elle, l'Amérique ne peut pas continuer à épuiser indéfiniment ses ressources dans des guerres sans fin, c'est pourquoi la Constitution a été écrite pour empêcher une telle chose de se produire. Mais en foulant aux pieds la Constitution et en ignorant la plus haute loi du pays, l'administration Bush-Cheney a lancé les États-Unis sur une telle voie désastreuse. La fin est prévisible.

Pendant ce temps, la guerre en Iraq se poursuit, bien que 87% des Américains y soient opposés, et les démocrates de la Chambre et du Sénat semblent impuissants à la faire cesser immédiatement, conformément au mandat qui leur a été confié lors des élections de novembre 2007.

Quel est donc l'avenir de l'Iraq ? La guerre va-t-elle s'éterniser en violation de la Constitution ou la nouvelle administration qui doit prendre ses fonctions en 2009 sera-t-elle en mesure de mettre un terme à ce désastre total ? Cela reste à voir.

Déjà parus

OMNIA VERITAS
OMNIA VERITAS LTD PRÉSENTE :
par John Coleman
LA HIÉRARCHIE DES CONSPIRATEURS
HISTOIRE DU COMITÉ DES 300
JOHN COLEMAN
Cette conspiration ouverte contre Dieu et l'homme, inclut l'asservissement de la majorité des humains

OMNIA VERITAS
OMNIA VERITAS LTD PRÉSENTE :
PAR
JOHN COLEMAN
LA DIPLOMATIE PAR LE MENSONGE
UN COMPTE RENDU DE LA TRAÎTRISE DES
GOUVERNEMENTS DE L'ANGLETERRE ET DES ÉTATS-UNIS
JOHN COLEMAN
L'histoire de la création des Nations Unies est un cas classique de diplomatie par le mensonge

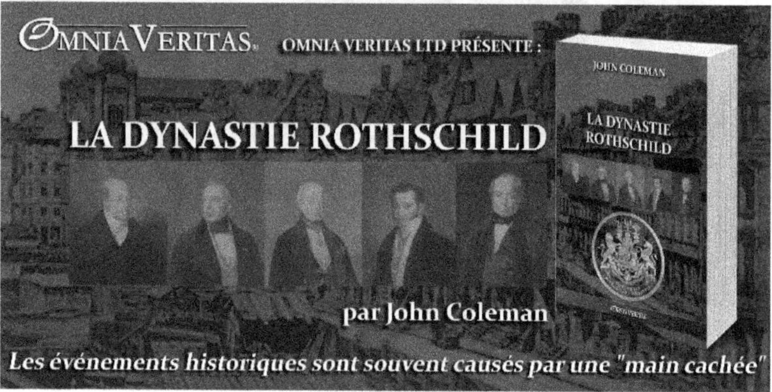
OMNIA VERITAS
OMNIA VERITAS LTD PRÉSENTE :
LA DYNASTIE ROTHSCHILD
JOHN COLEMAN
par John Coleman
Les événements historiques sont souvent causés par une "main cachée"

OMNIA VERITAS
OMNIA VERITAS LTD PRÉSENTE :
AU-DELÀ de la CONSPIRATION
DÉMASQUER LE GOUVERNEMENT MONDIAL INVISIBLE
par John Coleman
Tous les grands événements historiques sont planifiés en secret par des hommes qui s'entourent d'une totale discrétion
Les groupes hautement organisés ont toujours l'avantage sur les citoyens
JOHN COLEMAN

OMNIA VERITAS
OMNIA VERITAS LTD PRÉSENTE :
LE CLUB DE ROME
LE THINK TANK DU NOUVEL ORDRE MONDIAL
PAR JOHN COLEMAN
Les nombreux faits tragiques et explosifs du XXème siècle ne sont pas survenus par eux-mêmes, mais ont été planifiés selon un schéma bien établi...
Qui étaient les planificateurs et les créateurs de ces événements majeurs ?
JOHN COLEMAN

OMNIA VERITAS
OMNIA VERITAS LTD PRÉSENTE :
La GUERRE de la DROGUE contre L'AMÉRIQUE
PAR JOHN COLEMAN
Le commerce de la drogue ne peut pas être éradiqué parce que ses directeurs ne permettront pas que le marché le plus lucratif du monde leur soit enlevé...
Les véritables promoteurs de ce commerce maudit sont les "élites" de ce monde
JOHN COLEMAN

OMNIA VERITAS
OMNIA VERITAS LTD PRÉSENTE :
LA TRILOGIE WALL$TREET
PAR ANTONY SUTTON
"Le professeur Sutton restera dans les mémoires pour sa trilogie : Wall St. et la révolution bolchevique, Wall St. et FDR, et Wall St. et l'ascension d'Hitler."
Cette trilogie décrit l'influence du pouvoir financier dans trois évènements clés de l'histoire récente
ANTONY SUTTON
LA TRILOGIE WALL $TREET

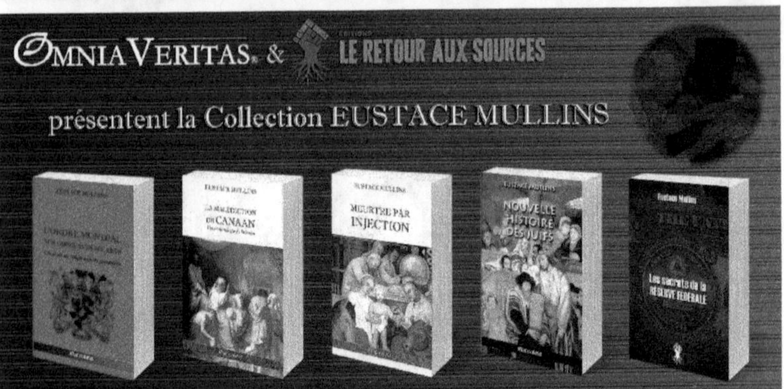
OMNIA VERITAS & LE RETOUR AUX SOURCES
présentent la Collection EUSTACE MULLINS
MEURTRE PAR INJECTION
NOUVELLE HISTOIRE DES JUIFS
Les secrets de la RÉSERVE FÉDÉRALE

OMNIA VERITAS
OMNIA VERITAS LTD PRÉSENTE :
JÜRI LINA
LES ARCHITECTES DU MENSONGE
L'HISTOIRE SECRÈTE DE LA FRANC-MAÇONNERIE
Un aperçu du réseau caché derrière les événements passés et présents qui dévoile les véritables raisons de plusieurs guerres et révolutions majeures.
Ce système politique a été construit par des forces agissant en coulisses...
LES ARCHITECTES DU MENSONGE

www.ingramcontent.com/pod-product-compliance
Lightning Source LLC
Chambersburg PA
CBHW070755270326
41927CB00010B/2146
9781915278494